U0620004

中国社会科学院创新工程学术出版资助项目

国家社科基金重大特别委托项目
西藏历史与现状综合研究项目

中国社会科学院创新工程学术出版资助项目

国家社科基金重大特别委托项目
西藏历史与现状综合研究项目

论藏族社会的和谐稳定

——以藏族和谐心理特质的研究为例

王 庆 著

社会科学文献出版社
SOCIAL SCIENCES ACADEMIC PRESS (CHINA)

西藏历史与现状综合研究项目
编 委 会

名誉主任 江蓝生

主　　任 郝时远

副主任 晋保平

成　　员 （按姓氏音序排列）

旦增伦珠　尕藏加　郝时远　何宗英

胡　岩　　江蓝生　晋保平　刘晖春

马加力　　石　硕　宋月华　苏发祥

许德存（索南才让）许广智　杨　群

扎　洛　　张　云　仲布·次仁多杰

周伟洲　　朱　玲

总　序

郝时远

　　中国的西藏自治区，是青藏高原的主体部分，是一个自然地理、人文社会极具特色的地区。雪域高原、藏传佛教彰显了这种特色的基本格调。西藏地区平均海拔 4000 米，是人类生活距离太阳最近的地方；藏传佛教集中体现了西藏地域文化的历史特点，宗教典籍中所包含的历史、语言、天文、数理、哲学、医学、建筑、绘画、工艺等知识体系之丰富，超过了任何其他宗教的知识积累，对社会生活的渗透和影响十分广泛。因此，具有国际性的藏学研究离不开西藏地区的历史和现实，中国理所当然是藏学研究的故乡。

　　藏学研究的历史通常被推溯到 17 世纪西方传教士对西藏地区的记载，其实这是一种误解。事实上，从公元 7 世纪藏文的创制，并以藏文追溯世代口传的历史、翻译佛教典籍、记载社会生活的现实，就是藏学研究的开端。同一时代汉文典籍有关吐蕃的历史、政治、经济、文化、社会生活及其与中原王朝互动关系的记录，就是中国藏学研究的本土基础。现代学术研究体系中的藏学，如同汉学、东方学、蒙古学等国际性的学问一样，曾深受西学理论和方法的影响。但是，西学对中国的研究也只能建立在中国历史资料和学术资源基础之上，因为这些历史资料、学术资源中所蕴含的不仅是史实，而且包括了古代记录者、撰著者所依据的资料、分析、解读和观念。因此，中国现代藏学研究的发展，不仅需要参考、借鉴和吸收西学的成就，而且必须立足本土的传统，光大中国藏学研究的中国特色。

作为一门学问，藏学是一个综合性的学术研究领域，"西藏历史与现状综合研究项目"即是立足藏学研究综合性特点的国家社会科学基金重大特别委托项目。自 2009 年"西藏历史与现状综合研究项目"启动以来，中国社会科学院建立了项目领导小组，组成了专家委员会，制定了《"西藏历史与现状综合研究项目"管理办法》，采取发布年度课题指南和委托的方式，面向全国进行招标申报。几年来，根据年度发布的项目指南，通过专家初审、专家委员会评审的工作机制，逐年批准了一百多项课题，约占申报量的十分之一。这些项目的成果形式主要为学术专著、档案整理、文献翻译、研究报告、学术论文等类型。

承担这些课题的主持人，既包括长期从事藏学研究的知名学者，也包括致力于从事这方面研究的后生晚辈，他们的学科背景十分多样，包括历史学、政治学、经济学、民族学、人类学、宗教学、社会学、法学、语言学、生态学、心理学、医学、教育学、农学、地理学和国际关系研究等诸多学科，分布于全国 23 个省、自治区、直辖市的各类科学研究机构、高等院校。专家委员会在坚持以选题、论证等质量入选原则的基础上，对西藏自治区、青海、四川、甘肃、云南这些藏族聚居地区的学者和研究机构，给予了一定程度的支持。这些地区的科学研究机构、高等院校大都具有藏学研究的实体、团队，是研究西藏历史与现实的重要力量。

"西藏历史与现状综合研究项目"具有时空跨度大、内容覆盖广的特点。在历史研究方面，以断代、区域、专题为主，其中包括一些历史档案的整理，突出了古代西藏与中原地区的政治、经济和文化交流关系；在宗教研究方面，以藏传佛教的政教合一制度及其影响、寺规戒律与寺庙管理、僧人行止和社会责任为重点，突出了藏传佛教与构建和谐社会的关系；在现实研究方面，则涉及政治、经济、文化、社会和生态环境等诸多领域，突出了跨越式发展和长治久安的主题。

在平均海拔 4000 米的雪域高原，实现现代化的发展，是中国改革开放以来推进经济社会发展的重大难题之一，也是没有国际经验可资借鉴的中国实践，其开创性自不待言。同时，以西藏自治区现代化为主题的经济社会发展，不仅面对地理、气候、环境、经济基础、文化特点、社会结构等特殊性，而且面对境外达赖集团和西方一些所谓"援藏"势力制造的"西藏问题"。因此，这一项目的实施也必然包括针对这方面的研究选题。

所谓"西藏问题"是近代大英帝国侵略中国、图谋将西藏地区纳入其殖民统治而制造的一个历史伪案，流毒甚广。虽然在一个世纪之后，英国官方承认以往对中国西藏的政策是"时代错误"，但是西方国家纵容十四世达赖喇嘛四处游说这种"时代错误"的国际环境并未改变。作为"时代错误"的核心内容，即英国殖民势力图谋独占西藏地区，伪造了一个具有"现代国家"特征的"香格里拉"神话，使旧西藏的"人间天堂"印象在西方社会大行其道，并且作为历史参照物来指责 1959 年西藏地区的民主改革、诋毁新西藏日新月异的现实发展。以致从 17 世纪到 20 世纪上半叶，众多西方人（包括英国人）对旧西藏黑暗、愚昧、肮脏、落后、残酷的大量实地记录，在今天的西方社会舆论中变成讳莫如深的话题，进而造成广泛的"集体失忆"现象。

这种外部环境，始终是十四世达赖喇嘛及其集团势力炒作"西藏问题"和分裂中国的动力。自 20 世纪 80 年代末以来，随着苏联国家裂变的进程，达赖集团在西方势力的支持下展开了持续不断、无孔不入的分裂活动。达赖喇嘛以其政教合一的身份，一方面在国际社会中扮演"非暴力"的"和平使者"，另一方面则挑起中国西藏等地区的社会骚乱、街头暴力等分裂活动。2008 年，达赖集团针对中国举办奥运会而组织的大规模破坏活动，在境外形成了抢夺奥运火炬、冲击中国大使馆的恶劣暴行，在境内制造了打、砸、烧、杀的严重罪行，其目的就是要使所谓"西藏问题"弄假成真。而一些西方国家对此视而不见，则大都出于"乐观其成"的"西化""分化"中国的战略意图。其根本原因在于，中国的经济社会发展蒸蒸日上，西藏自治区的现代化进程不断加快，正在彰显中国特色社会主义制度的优越性，而西方世界不能接受中国特色社会主义取得成功，达赖喇嘛不能接受西藏地区彻底铲除政教合一封建农奴制度残存的历史影响。

在美国等西方国家的政治和社会舆论中，有关中国的议题不少，其中所谓"西藏问题"是重点之一。一些西方首脑和政要时不时以会见达赖喇嘛等方式，来表达他们对"西藏问题"的关注，显示其捍卫"人权"的高尚道义。其实，当"西藏问题"成为这些国家政党竞争、舆论炒作的工具性议题后，通过会见达赖喇嘛来向中国施加压力，已经成为西方政治作茧自缚的梦魇。实践证明，只要在事实上固守"时代错误"，所谓"西藏问题"的国际化只能导致搬石砸脚的后果。对中国而言，内因是变化的依据，外因是变化的条件这一哲学原理没有改变，推进"中国特色、西藏特点"现代化建设的时间表是由中国确定的，中国具备抵御任何外部势力破坏国家统一、民族团结、社会稳定的能力。从这个意义上说，本项目的实施不仅关注了国际事务中的涉藏斗争问题，而且尤其重视西藏经济社会跨越式发展和长治久安的议题。

在"西藏历史与现状综合研究项目"的实施进程中，贯彻中央第五次西藏工作座谈会的精神，落实国家和西藏自治区"十二五"规划的发展要求，是课题立项的重要指向。"中国特色、西藏特点"的发展战略，无论在理论上还是在实践中，都是一个现在进行时的过程。如何把西藏地区建设成为中国"重要的国家安全屏障、重要的生态安全屏障、重要的战略资源储备基地、重要的高原特色农产品基地、重要的中华民族特色文化保护地、重要的世界旅游目的地"，不仅需要脚踏实地地践行发展，而且需要科学研究的智力支持。在这方面，本项目设立了一系列相关的研究课题，诸如西藏跨越式发展目标评估，西藏民生改善的目标与政策，西藏基本公共服务及其管理能力，西藏特色经济发展与发展潜力，西藏交通运输业的发展与国内外贸易，西藏小城镇建设与发展，西藏人口较少民族及其跨越式发展等研究方向，分解出诸多的专题性研究课题。

注重和鼓励调查研究，是实施"西藏历史与现状综合研究项目"的基本原则。对西藏等地区经济社会发展的研究，涉面甚广，特别是涉及农村、牧区、城镇社区的研究，都需要开展深入的实地调查，课题指南强调实证、课题设计要求具体，也成为这类课题立项的基本条件。在这方面，我们设计了回访性的调查研究项目，即在 20 世纪五六十年代开展的藏区调查基础上，进行经济社会发展变迁的回访性调查，以展现半个多世纪以来这些微观社区的变化。这些现实性的课题，广泛地关注了经济社会的各个领域，其中包括人口、妇女、教育、就业、医疗、社会保障等民生改善问题，宗教信仰、语言文字、传统技艺、风俗习惯等文化传承问题，基础设施、资源开发、农牧业、旅游业、城镇化等经济发展问题，自然保护、退耕还林、退牧还草、生态移民等生态保护问题，等等。我们期望这些陆续付梓的成果，能够从不同侧面反映西藏等地区经济社会发展的面貌，反映藏族人民生活水平不断提高的现实，体现科学研究服务于实践需求的智力支持。

如前所述，藏学研究是中国学术领域的重要组成部分，也是中华民族伟大复兴在学术事业方面的重要支点之一。"西藏历史与现状综合研究项目"的实施涉及的学科众多，它虽然以西藏等藏族聚居地区为主要研究对象，但是从学科视野方面进一步扩展了藏学研究的空间，也扩大了从事藏学研究的学术力量。但是，这一项目的实施及其推出的学术成果，只是当代中国藏学研究发展的一个加油站，它在一定程度上反映了中国藏学研究综合发展的态势，进一步加强了藏学研究服务于"中国特色、西藏特点"

的发展要求。但是，我们也必须看到，在全面建成小康社会和全面深化改革的进程中，西藏实现跨越式发展和长治久安，无论是理论预期还是实际过程，都面对着诸多具有长期性、复杂性、艰巨性特点的现实问题，其中包括来自国际层面和境外达赖集团的干扰。继续深化这些问题的研究，可谓任重道远。

在"西藏历史与现状综合研究项目"进入结项和出版阶段之际，我代表"西藏历史与现状综合研究项目"专家委员会，对全国哲学社会科学规划办公室、中国社会科学院及其项目领导小组几年来给予的关心、支持和指导致以崇高的敬意！对"西藏历史与现状综合研究项目"办公室在组织实施、协调联络、监督检查、鉴定验收等方面付出的努力表示衷心的感谢！同时，承担"西藏历史与现状综合研究项目"成果出版事务的社会科学文献出版社，在课题鉴定环节即介入了这项工作，为这套研究成果的出版付出了令人感佩的努力，向他们表示诚挚的谢意！

2013 年 12 月北京

目　录

1

绪　论

当前我国社会经济快速发展，已步入"黄金发展期"与"矛盾凸显期"的关键历史阶段，将全面实施以构建"民主法治、公平正义、诚信友爱、充满活力、安定有序、人与自然和谐相处""形成全体人民各尽其能、各得其所而又和谐相处的稳定社会"为目标的战略决策。这一决策反映了建设具有良性运行和协调发展的社会主义现代国家的内在要求，体现了全国各族人民的共同愿望。我国是一个多民族国家，社会的和谐稳定有赖于各个民族的和谐，而民族的和谐又是以个体心理特质的健康与和谐为基础。众多研究显示，个体的主观幸福感水平、自我和谐状态、心理健康水平及人格特征等与构建和谐稳定的社会组织形态之间存在内在的必然联系。心理不健康的个体是病态的个体，而没有健康和谐精神支撑的社会同样也是病态且危险的社会，是不可能得到稳定可持续发展的。因此和谐社会首先是健康的、良性运行的社会，而个体心理特质的健康、协调则是构建和谐稳定社会的精神基石和决定性因素。

本书试图立足民族文化心理的视野，以民族历史积淀的社会文化形成的客观存在和个体心理行为反应倾向为研究背景，以西藏地区藏族成年人的民族心理特质为主要研究对象，系统深入地研究西藏社会组织结构中最基本的单元——个体心理特质对构建和谐稳定社会的作用机制。

之所以以藏族社会的和谐稳定为研究对象是基于两方面的考虑。首先，西藏地处青藏高原，其独特的自然环境深刻地影响了当地的经济生产活动和人们的社会生活，造就了其独特的文化特质。在青藏高原繁衍生息的藏族，在严酷的自然条件中形成了勤劳勇敢、吃苦忍耐、热情外向的人格特质和生存智慧的同时，创造了丰富多彩的文化艺术，特别是佛教的传入和传播，更使得青藏高原的宗教文化具有十分独特的内容，如政教合一制度、寺院组织制度、寺属民户制度、活佛转世制度等。这些独特的文化内涵和地理环境使西藏地区的藏族成为我国 56 个民族中极为独特的民族之一，那么由他们组成的社会组织结构是否和谐、稳定，其独特的民族文化对个体的心理特质以及社会的和谐稳定具有什么影响，诸上问题是笔者将西藏地区藏族普通成年人作为研究对象的第一层原因。其次，自新中国成立以来，西藏社会的稳定一直关系我国的安全和稳定，党和政府高度重视，并从我国的国情出发，将边疆民族地区的社会稳定与祖国统一和民族团结有机结合起来。在 1994 年中共中央、国务院第三次西藏工作会议上，中央领导指出："西藏的稳定是保证西藏各项事业持续发展和人民生活水平逐步提高的前提，没有稳定，一切都谈不上。西藏的稳定，关系到国家的稳定；西藏的安全，涉及国家的安全；西藏的发展，关系到国家的发展；西藏的稳定，对于全国的改革开放也具有重大意义。"[1] 2014 年，习近平总书记在中央政法工作会议上也强调："没有稳定的社会政治环境，一切改革发展都无从谈起，再好的规划和方案都难以实现，已经取得的成果也会失去。"[2] 可见西藏社会的稳定发展具有国家战略意义。据此，本研究以西藏独特的社会组织结构的和谐稳定作为研究对象，同时以高原文化背景下西藏地区藏族成年人的主观幸福感、自我和谐、心理健康作为研究的切入点，以主观幸福感这个国际公认的社会综合性指标来反映藏族民生改善、衡量藏族社会和谐发展的良性运行水平。由此论证藏族个体的主观幸福感、自我和谐、心理健康与构建西藏和谐社会、增强社会稳定之间的内在联系和作用机制，也就有了不言而喻的必然性和必要性。

本书的章节安排体现了笔者在这一思考框架内的研究路径。绪论部分，从理论上论证和建构本研究的理论体系和概念体系，完成本研究各部分之间的逻辑建构；第一章、第二章，对现有相关研究成果做梳理和综述，在此基础上更有针对性地设计本研究的分析方向和研究途径；第三

---

① 转引自李德洙主编《中央第三代领导与少数民族》，中央民族大学出版社，1999，第301 ~ 302 页。

② 参见习近平总书记 2014 年 1 月在中央政法工作会议上的讲话。

章，论证和确定研究方法的选择思路以及具体采用的研究策略；第四章、第五章，主要是量化研究和质化研究部分，从实证研究的角度，深入系统地分析西藏社会的和谐稳定现状及其与个体心理特质之间的内在联系，为论证西藏社会的民生状况和社会稳定状况提供实证的论据；第六章到第八章，是在前面各章研究的基础上，进一步从文化和个体心理特质的角度，论证西藏社会和谐稳定的可能性和必然性，并最终形成本研究资料的综合分析和研究结论的理论表述。通过这一探索过程，笔者力图在心理学的层面来解释构建和谐稳定社会最本质的要素，并以此为依据来评估藏族社会的和谐稳定状态及未来发展的趋势。

一　研究背景概述

任何研究都必须先明确其研究对象和研究背景。本研究的范畴比较大，因而应该进行界定。

（一）研究对象——西藏地区的藏族成年人

斯大林曾指出，民族是人们在历史上形成的一个有共同语言、共同地域、共同经济生活以及表现于共同文化上的共同心理素质的稳定的共同体。[①] 民族的划分和定义由于受到族源、历史、文化、族群认同等多种因素的共同作用而十分复杂，一直以来都是民族学家热切关注和争议颇多的问题。本研究拟从地缘和文化两个角度来体现藏族与其他民族的区别。

藏族是指聚居在青藏高原地区的，以在心理、行为和思维方式上认同藏传佛教为基本文化特征的高原民族。[②] 藏族现有人口 450 万左右，主要分布在西藏自治区以及青海、甘肃、四川、云南等地。藏族大都信仰藏传佛教。藏传佛教是"七世纪到十一世纪由印度引进的大乘显宗佛教和金刚乘密宗佛教思想文化，在号称世界屋脊的中国青藏高原特殊的人文地理环境中形成的，是具有广泛思想内涵和鲜明地方与民族特色的佛教文化和信仰体系"[③]。长期以来藏传佛教作为一种信仰体系、一种潜在的精神力量渗透藏族的精神世界，深深地烙在了他们的脑海里，从而影响了藏族的

① 参见赵吕生、刘源《对民族精神概念的理解》，《广西民族学院学报》（哲学社会科学版）2005 年第 2 期。
② 石硕：《藏传佛教与藏民族的形成》，《四川大学学报》（哲学社会科学版）1997 年第 3 期。
③ 多识·洛桑图丹琼排：《爱心中爆发的智慧》，甘肃民族出版社，1998，第 404 页。

价值观、人生观，进而成为人们思想行为的准则，因此说藏族是以藏传佛教为基本文化特征的高原民族。藏族是汉语的称谓，藏族在藏语中自称为"博"，生活在这里的藏族自称"博巴"。"博巴"又按地域不同分为"兑巴"（阿里地区）、"藏巴"（日喀则地区）、"卫巴"（拉萨地区）、"康巴"（四川西部地区）、"安多娃"（青海、云南、川西北等地区）。①藏族有自己的语言和文字，属汉藏语系藏缅语族藏语支。藏语依地区又划分为卫藏、康、安多三个方言体系。

藏族是我国古老的民族之一。据史书记载：早在秦汉以前，藏族先民就聚居在雅鲁藏布江中游两岸②，由于这里草原辽阔，水草肥美，生产多以牧业为主，主要有绵羊、山羊和牦牛、犏牛。其中牦牛体大毛长，耐寒负重，除供奶、肉外，还是交通运载的"高原之舟"。农业以种植青稞为主，也有小麦、油菜、豌豆等农作物。由于这一地区地势高寒，气候恶劣，土地贫瘠，农作物生长缓慢、产量低，所以农业生产比较落后。

藏族人民性格热情开朗、豪爽奔放，他们以歌舞为伴，自由地生活。藏族民歌抑扬顿挫、悦耳动听，唱时还伴以各种舞蹈，舞姿优美、节奏明快，其中踢踏舞、锅庄舞、弦子舞流传最为广泛。藏族是一个充满活力、能歌善舞的民族。

藏族是中华民族大家庭中的重要成员，由于身处高原，生产方式和文化背景具有特殊性，藏族在人格特质、生活方式、人生观、价值观等很多方面表现出不同于其他民族的特质，正因如此藏族常被作为学术研究的对象。基于以上分析，考虑本研究是以藏族为主要研究对象，那就应选取在各方面能代表藏族基本特征的普通个体作为研究对象，因而在总体上考虑以藏族的普通成年人（18岁以上）为基本研究对象。因此量化研究部分研究样本的抽取，就是以此处所界定的藏族概念来考虑样本的区域及总体人群的。

（二）藏族文化——藏传佛教与藏族传统文化构成的复合体

文化是人们在社会实践过程中所创造的物质财富与精神财富的总和，

① 石硕：《藏传佛教与藏民族的形成》，《四川大学学报》（哲学社会科学版）1997年第3期。
② 藏族简史编写组：《藏族简史》，西藏人民出版社，2000，第13页。

而民族文化是根植自己民族土壤中最稳定的东西，它不仅表现在各种程式化的理论形态方面，而且更广泛地表现在人们的风尚习俗、生活方式、心理特征、审美情趣、价值观念、宗教信仰等非理论形态方面。随着民族文化心理学研究的兴起，越来越多的学者从民族文化视角去解读各民族在心理和行为上的特点。

以藏族普通成年人为研究对象应将其放在藏族的文化背景中加以分析和解读，因此就必须先了解藏族文化的特点。而藏族文化中最引人注目的是藏传佛教的宗教文化特色，但笔者个人认为宗教文化不是藏文化的全部，它只是藏族文化中最重要的组成部分，因此要比较全面地了解藏族文化，就应将藏传佛教的宗教文化与藏族自身原有的传统文化所构成的复合体作为本研究的宏观视阈。

对于藏族文化的复合体来说，首先，藏传佛教是其最显著的特征，是藏族文化的核心内容之一。可以说藏传佛教在其一千多年的发展历程中，无论是内在的价值观念还是外在的表现形式，都深刻地影响着这个民族的性格，塑造着这个民族的文化和生活。藏传佛教作为藏文化的核心部分，其特殊的社会心理价值体系、思维定势、时空观念、道德标准、伦理观念、审美观念等构成了藏族特有的文化模式。藏传佛教作为一种出世宗教，就其信仰实质而言，它所追求的理想人格是超尘绝俗、消灭贪欲的佛格。在藏传佛教的理论中，以治人性为目的，依据宇宙三个层次的模型，将其分为下、中和上三个人格境界：下是指脱离三恶趣往生人天善趣的人格境界；中是指在下的人格基础上进一步厌恶现实社会、脱离三世轮回而证得涅槃的人格境界；上是指以利益众生的菩提心，救众生出苦海的人格境界，修行的最终目的是脱离现实社会，实现涅槃境界。此宗教理论体系的形成，一方面使藏族伦理规范化、标准化，另一方面使之更趋于出离尘世、神秘莫测，从而全面持久地影响了藏族的社会心理和社会情感。随着时间的推移，使藏族个体更倾向于淡泊人世，淡化权利意识，淡化社会角色，形成了藏族求善克己，出世成佛的文化特征和行为特征，造就了藏族不求闻达、淡泊名利、淡泊权力、与世无争、不计得失、荣辱不惊、进退从容的价值取向和普遍的出世态度。杨文法认为在当代藏族社会转型过程中，藏传佛教对藏族社会心理的影响依旧十分深远，并进而影响着西藏地区的社会稳定与发展。

其次，藏传佛教与藏族自身原有的传统文化之间是"你中有我，我中有你"，达到了难分难解的程度，这是由漫长的历史造成的。青藏高原的藏族原始文化，自一千三百多年前创制藏文以来，就通过藏族知识界对梵文和汉文以及佛经的学习、翻译与介绍而世代相传，并深受佛教文化的影响。一方面寺院僧侣文人阶层基本垄断了书面创作活动，使许多藏族传统文化艺术都以宣扬佛家思想为宗旨，带上了浓厚的佛教文化色彩。另一方面佛教在西藏的传播过程中又大量吸收藏族原有文化的高原特色，从而形成了藏传佛教独特的青藏高原文化特色。那么这种亲密无间的关系究竟是怎样形成的呢？

藏传佛教吸收了藏族自身原有传统文化的多种成分。特别是元明清三代封建王朝大力扶持该教以来，寺院经济相对集中，经院教学制度逐步形成，区域性的政教合一制度也逐渐形成，这都为藏传佛教吸收藏族原有文化成果创造了有利条件，许多藏族原有传统文化成果被寺院知识阶层所吸收、所利用，变成了一种佛教色彩极其浓厚的文化艺术形式。这一切都是在潜移默化中进行的。

例如，早在史前文化时期，藏族民众就与高原疾病做斗争，积累了丰富的诊疗经验，8 世纪时由于藏文创制已有了近百年的历史，藏族医学家们在记录民间单验方、总结先民们的医验成果的同时，着手从印度医学、中原医学中汲取大量养分，形成了系统的藏族医药学。特别是当时以吐蕃医师宇妥·元丹贡布为首的各方医学家们编纂成藏医经典著作《四部医典》，奠定了藏族医学的理论基础。藏传佛教兴起后，以佛家慈悲为怀、普度众生的理念作为吸收藏族医学的根据，大寺院都建有医学经院，建立了一整套学医、诊治组织，设立了僧侣医学学位制，僧侣医师平时都要念诵佛经，但在诊病治病包括药剂、方剂等方面则都遵循藏族医学固有的方法。这就是藏传佛教吸收藏族原有文化成果在医学方面的具体表现。

其他方面也是如此，如藏族的民间说唱艺术。有许多民间小调在文学、音乐上独具特色并为藏族广大民众喜闻乐见。这很快为一些僧侣文人掌握，形成一种独特的文学艺术体裁即"道歌"。最著名的"道歌"作者有宋代的噶举派名僧米拉日巴，他通过"道歌"的形式传播教义，在藏传佛教史上是一大创举。后来明末清初的青海隆务寺夏日仓一世嘎旦嘉措又出了一本道歌集，以明快、诙谐、生动的语调，唱出了他僧侣生涯中的万般心境。这种"道歌"调子悠扬而低沉，抒情而忧郁，寄藏传佛教僧侣劝善化导、悲苦人生的情感于其中。再如，藏族的一些舞蹈发达地区如青海玉树和四川甘孜等都属于康巴方言区，民众将寺院舞蹈称为"法舞"，将民间舞蹈称为"民舞"。"法舞"和"民舞"同出于藏族古代先民的舞蹈，其步伐、动律特点以及装饰装扮等方面既有相同的一面，又有不同的一面，可以说是同源而异流。换言之，藏传佛教寺院舞蹈仍然吸取了藏族舞蹈成果，用来表现佛教护法神祇的动态形象。而广大藏族民众观看这种舞蹈，除了享受一定的文化娱乐，更重要的是历代藏族民众对这些舞蹈扮演者都顶礼膜拜，祈愿通过这些形象获得平安、攘灾、护正除邪。寺院也将这种舞蹈视作一种宗教仪规，使这些音乐配器、服饰、舞蹈动作以及扮相为宗教服务。由此可见藏传佛教的宗教文化内涵中包含着浓烈的藏族传统文化色彩，可以说正是因为佛教在传入西藏的过程中很好地吸收了藏族原有的高原文化精髓才演变出世界上最具特色的藏传佛教文化。

　　最后，藏传佛教反过来又影响了藏族自身原有传统文化的发展走向。藏传佛教在广泛吸收藏族原有文化成果的同时，反过来又影响了藏族传统文化的发展。这种影响主要表现在佛家思想对藏族传统文化的渗透。例如，佛教"四法印"中的"诸法无常"和"有漏皆苦"，把世间的一切事物视作一种暂时的、变幻不定的东西，把世间一切众生以及众生所寄予感情之物都看成痛苦之源而力求从中解脱。如藏戏《朗萨姑娘》，反映的是西藏江孜地区的一位古代妇女被山官强娶为儿媳，受虐待被迫害致死的悲惨故事，但作者又加上朗萨因冤死而还魂，再生后即看破红尘，丢下爱子出家为尼的情节。当她的儿子苦苦哀求母亲留下时，朗萨在唱词中将人生比喻成草尖的露珠、天空的闪电、屠刀下的羔羊，决定走向佛门。这种情节在很大程度上是由作者的世界观和人生观决定的，因为藏族历史上掌握文化知识和懂得文字的人绝大多数是僧侣文人，在他们的创作活动中，必然要塑造符合佛教世界观和人生观的佛教信徒形象。藏戏《朗萨姑娘》的基本情节源于藏族社会现实生活，朗萨的悲惨遭遇在西藏古代社会里是现实存在的，但作者在人物性格中加上了佛性，因为他们所处的社会环境是一个崇尚宗教的环境。可以看出藏传佛教对藏族传统文化的思想影响也是多方面的、深刻的，如六道轮回、三世观念、因果报应等，经过潜移默化的方式使广大信教民众受到熏陶，从而使得藏族的世界观、人生观、行为方式和民族文化心理特质都深深地烙上了宗教的印记。

由此可见，藏传佛教与藏族传统文化之间的关系密切，它们共同构成了西藏地区藏文化的复合体，藏传佛教是以吸收藏族原有传统文化为其显著特征，而正是这一特征使佛教得以长期在该地传播弘扬，形成了极具独特性的藏传佛教文化体系。千百年来广大藏族民众生活其间，必然会生出与此种文化契合的民族文化心理特质，它将从本质上影响藏族民众的心理、行为和人格。由此也就决定了我们在分析研究藏族地区所有问题时都不能脱离藏族文化这个大的背景。据此，本研究提出在民族文化心理视野下研究藏族民生及个体心理特质与社会和谐稳定的内在作用机制的总体思路。

二 概念界定与研究思路

在这一总体思路之下，笔者进一步梳理了与藏族民生和社会和谐稳定相关联的概念体系，以及个体和谐心理特质的概念体系，以便进一步厘清本研究的基本内涵和框架。

（一） 与藏族民生有关的概念界定

之所以将藏族民生问题与社会和谐稳定放在一起加以研究，是因为民生问题是社会组织结构中与政治、经济、社会意识形态密切相关的一个外显指标。民生政策的制定、实施体现了政府的执政理念、社会意识形态，并必然与所处社会历史阶段的生产力和经济发展水平有紧密联系。同时民生政策的不同内涵又与社会组织结构中的每一个体的生活息息相关，并以潜移默化的方式影响着个体的心理特质，比如影响着个体对生活的满意度，对自我、对社会、对他人、对自然的反映和态度。如果政府制定和实施的民生政策是以人为本、以广大民众的利益为最高利益，是能够真正惠及普通百姓的民生政策和制度，比如通过法律和政策的形式以符合公平、公正和正义的原则确保社会各个阶层、团体、个人之间在经济收入、社会地位、福利待遇等方面的差别在一定的范围，避免两极分化，同时政府制定的各项制度能够保障每一个社会成员均有机会通过自己的努力，不断提高或改变自己的社会地位，社会各层级之间是开放而不是封闭的，各阶层之间可以在一定的范围内自由流动，那么它必然会让受惠的民众对生活持满意态度，个体与社会、与自然之间必然是和谐的良性关系。试想一个社会大多数人都能对自己的生活持满意态度，大多数人在日常生活中都能体验到更多的正向情绪、建构和谐的人际关系，那么这个社会定是一个和谐稳定、良性运行的社会。笔者正是在这样一个逻辑推理的思考中将藏族民生与藏族社会的稳定放在一个框架中进行分析，试图从这样一个微观角度来分析个体心理特质与构建稳定社会形态之间的内在联系。因此在本研究中"藏族民生"概念就应有它特有的内涵及外延。

"藏族民生"是特指西藏自治区政府坚持以人为本，全心全意为人民服务宗旨，关注民生、重视民生、保障民生、改善民生而制定、颁布、实施的与藏族民众生存与发展息息相关的各项制度、政策措施以及藏族民生状况的总称。其中藏族民生政策主要以最近五年的政策为例，而藏族民生状况主要是通过主观幸福感和自我和谐这两个心理学的量化指标来反映的，即如果大多数藏族民众的主观幸福感和自我和谐水平高，则可以说明西藏地区藏族民生状况是良性的。

大量研究结果显示，民生是和谐之本，只有始终关注民生、不断改善民生，让普通民众对生活充满希望、对生活持满意的态度，每个个体能与自我、他人、自然之间构建起和谐的关系，才能凝聚民心、集中民智、发挥民力，构建起真正和谐稳定的社会组织结构。

（二）社会和谐、稳定的理论解释与概念界定

"和谐"是中国传统文化的核心理念和根本精神。和是"禾＋口"，各种不同的禾苗生长为一体；谐是"言＋皆"，人人能言语、各种声音糅合、协调一致。可见"和谐"两字在传统的语境中主要是指各种不同的声音合拍与禾苗的共同生长，"和"即是"谐"，"谐"即是"和"，引申表示为各种事物有条不紊、井然有序和相互协调，即《中庸》里所说的"致中和，天地位焉，万物育焉"，《周礼》说的"以和邦国，以统百官，以谐万民"的一种社会组织结构形态。千百年来，我们一直在追求这种政治和谐、社会和谐、个人身心和谐的理想社会形态。当然这种理想的社会形态在不同的社会历史时期具有不同的内涵和外延。

今天所说的社会和谐，就是指构成社会的各个部分、各种要素之间存在一定的差别（可以表现为社会地位、经济收入水平、个人行为方式以及个性特点等方面的差异），但彼此之间又能够和谐相处、相互协调的社会。

按照这样的标准来衡量，所谓社会主义和谐社会，应当是各方面利益关系得到有效协调，社会管理体制不断创新和健全，稳定有序的社会。具体说来，就是一种实行民主法治、公平正义、诚信友爱、充满活力、安定有序、人与自然和谐相处，全体人民各尽其能、各得其所而又和谐相处的稳定社会形态。

社会稳定主要指整个社会运转有序，无明显阶级、等级差异或贫富差距，较少或者不发生恶性事件，民众生活安定舒适的社会状态。本课题主要研究的正是现阶段建构的社会主义和谐西藏，因此在后面的研究中我们是以此概念来界定社会和谐与社会稳定的。

社会和谐与社会稳定是前后相继的关系，社会不稳定谈不上和谐，社会不和谐就有可能引起社会不稳定，两者相辅相成密不可分。一般来说，在实现了社会稳定以后，紧接着就应当向"和谐社会"迈进，"和谐社会"是"社会稳定"的更高阶段。本课题研究表明社会和谐稳定的形式是多样的、丰富的，但最本质的和谐稳定应是社会中每个个体心理的健康和谐，人格的完善健全，这样才能从本质上构成社会内在的、持续的、真正的稳定，而不是表面的和谐稳定，即所谓的"伪和谐"。由于社会的和谐稳定是一个复杂的、多层次结构系统，因此，我们有必要从理论上分析社会和谐、稳定的基本结构特征。

第一，社会和谐必然是政治、经济、社会意识形态的相互适应、相互协调。意识形态与一定社会的经济和政治直接相联，构成整个社会共同的观念、观点、概念系统，形成政治思想、法律思想、道德、文学艺术、宗教、哲学和其他社会科学体系。一个社会的意识形态内容，反映了社会的经济基础和政治制度以及人与人的经济关系和政治关系，同时也反映了以生产劳动为基础的社会物质生活。随着经济基础的变化，政治思想、法律思想、道德、文学艺术、宗教、哲学和其他社会科学等也会随之改变，力求获得平衡。社会和谐与否在很大程度上是由这三者之间的关系决定的，政治制度促进和保障经济的良性发展，社会意识形态通过政府的执政理念、方针、政策和社会文化使整个社会发展保持稳定协调。如果这三者之间出现了矛盾冲突就势必破坏社会的稳定和协调，社会就必然进入不稳定的动荡时期。

第二，和谐社会是社会资源兼容共生的社会。民族、宗教、党派、阶层是国家重要的社会资源，这些社会资源之间固然有诸多差异，但它们都是共存、共生于一个社会之中，它们各有各的生命力。从历史上看，和谐的社会应当给各类群体提供谋取一定物质利益、生存与发展的条件，使各个阶层、群体之间可以自由流动、相互转化的，由此各类社会资源互相促进而又互相制衡，交织成稳定的社会形态。

第三，和谐社会是社会结构合理的社会。所谓"合理"，是说社会的各个组成部分，也就是各子系统之间有一个比较匀称、比较均衡、比较稳定的关系。这些子系统通常是指个体心理结构、家庭结构、人口结构、职业结构、地区结构、经济结构等。社会结构是社会的框架，社会结构合理是社会和谐的前提。如果一个社会的结构不合理，必然会加剧社会矛盾，与此相应地是社会张力也大。社会张力增加，社会容易发生冲突；反之，如果社会结构合理，社会距离适当，社会矛盾也会比较小，在这种情况下进行社会管理、社会整合、社会控制的难度也比较小，因此更容易建构和谐稳定的社会。

第四，和谐社会是个体行为规范的社会。社会规范是个体行为的准则，是社会控制的防火墙，是社会发展的支撑点。社会规范包括法律法规、风尚习俗、道德规范、宗教信仰等。它们是社会中个体行为的依据，是人与人之间构成各种关系的凭证。而一定社会形态的社会规范又会通过社会化过程来塑造每个社会成员的人格特质，个体人格特质一旦形成，则个体的行为即具有相对的稳定性和一致性，由此保证社会规范能内化每个个体的心灵深处，使个体行为与社会规范高度重合，使人成为真正的"社会人"。一个和谐的社会应该由遵守共同行为规范的社会人构成。

第五，和谐社会是社会运筹得当的社会。所谓社会运筹得当是指在调节社会不同群体利益时，管理者能兼顾各方，使社会成员各尽其能、各得其所。这样才能尽可能降低社会管理成本，最大限度地发挥社会资源的作用，使社会步入可持续发展的轨道。

以上从理论上概括分析了社会和谐稳定的基本概念和基本特征，从宏观的角度厘清了和谐社会的主要内涵。但本研究试图从社会个体心理特质的微观角度分析其与社会和谐、稳定的内在逻辑关系，或者分析如果一个社会中大部分个体对生活持满意的态度，自我是和谐的、人格是健全的、身心是健康的，那么这对构建和谐社会有什么作用和意义。在这一思考之下，笔者根据心理学的相关理论，选择了主观幸福感、自我和谐、心理健康、人格等心理学概念作为本研究的核心概念，并将这几个概念定义为个体"和谐心理特质"的心理指标体系。本研究正是以此作为研究的切入点，展开对藏族民生与社会和谐稳定的系统研究。

（三）个体和谐心理特质是社会和谐稳定的内在标志和精神内涵

主观幸福感与自我和谐是个体心理健康的两个显著标志，而正如前面已经阐释的个体是组成社会的基本单元，只有基本单元是健康和谐的，整个社会组织结构才有可能达到和谐、稳定，因此个体具有和谐心理特质是决定社会和谐稳定的基本前提。下面，我们在这个思路上进一步阐述个体和谐心理特质对社会和谐稳定的内在作用机制。

社会和谐是一个复杂的组织结构系统，而其中人的和谐健康是核心，构建和谐社会，根本的着眼点是社会个体。每个个体的自由全面发展是社会主义社会的本质要求，而只有身心健康的社会个体才能不断爆发出创造力，保持社会前进的活力；只有互信互爱互助的良好人际关系，才能最大限度地减少社会生活中的各种内耗和摩擦，减少社会生活的风险和代价，才能不断增加社会的价值认同和凝聚力，使人们在彼此信任和相互关爱中，感受做人的价值和尊严，体验生活的美好和人生的幸福；并在尊重和认同人类其他成员价值的同时，尊重和认同自然环境中所有生物的共同价值，唯有如此社会才能走向真正的和谐稳定。中共十六届六中全会通过的《中共中央关于构建社会主义和谐社会若干重大问题的决定》明确指出和谐社会的基本特征是：民主法治、公平正义、诚信友爱、充满活力、安定有序、人与自然和谐相处。① 那么，个体和谐心理特质与这些基本特征之间又有着怎样的内在联系呢？

民主法治，就是社会组织系统的运行必须以民主为基础，以法律为依据，才能使社会组织系统运行有序，调动起各组织结构的积极因素；公平正义，就是社会各方的利益关系得到妥善协调，人民内部矛盾和其他社会矛盾得到正确处理，社会公平和正义得到切实维护。研究表明，

---

① 《中共中央关于构建社会主义和谐社会若干重大问题的决定》，人民出版社，2006，第25页。

要真正实现社会组织系统运行的民主法治、公平正义，不仅需要社会组织系统的制度保障，还需要个体心理健康的精神支撑。当前我国正处于社会发展的关键转型期，世界发展历史表明，在国家或地区的人均 GDP 处于 1000～3000 美元的发展阶段，往往对应着社会人口、资源、环境、效率、公平等社会矛盾的瓶颈约束期，社会经济容易失调，社会容易失序，个体心理容易失衡，是社会伦理需要调整重建的关键时期。从世界历史发展的规律来看我国也必然会进入社会矛盾尖锐、社会问题多发、社会最不稳定的时期。特别是我国正经历着以建立社会主义市场经济体制为目标的改革，这打破了原有的利益格局，同时也催生了大量的利益主体和利益群体，形成了多元化的利益格局，不同利益主体、利益群体之间的矛盾冲突在不断积累，导致现实社会中存在着许多与民主法治和公平正义精神不相符的尖锐问题或矛盾。从现实的角度看民主法治、公平正义是很好的概念，但在当前中国这样复杂的社会形态中，靠单纯的说教或国家强制力并不能真正解决这些问题，有时甚至会进一步激化社会矛盾。所以，换一个角度，如果采用以人为本的理念，通过提高全民的心理健康水平，通过心理调适、融合，引导和培养社会个体具有健全的心理机能、完整的人格结构，自我和现实经验和谐统一，每个个体能用正当手段满足自己基本需要，能体验到幸福的感觉，可能在某种程度上能缓和现阶段存在的各种社会矛盾。人本主义心理学从人性本善的人性观出发，相信人都有积极向善、自我发展的天性，如果每个社会公民都具有健康的心理素质，那么，许多社会矛盾或可以得到妥善解决，许多违法犯罪或可以避免。我们无法想象，一个人格扭曲的人会真正具有公平正义的精神和法治观念。因此在构建和谐社会的过程中，一方面注重挖掘人性之善，以人为本，体现法权为民所用的人文情怀和价值，为社会个体提供自我实现的合理途径，调动积极因素，减少不和谐现象；另一方面运用法律手段处理各种社会矛盾，强调人性化和制度化并重，体现公共权力与公民权利之间的最佳互动与合作关系，尽可能合情合理合法地处理各类纠纷，使失衡的社会关系迅速修复，使失和的人际关系重新达到健康和谐状态。积极创建体现心理健康内核的充满民主和科学精神的法治文化，使社会公民不仅在理性层面上认同并接受司法权威，而且在情感层面上尊重并信仰司法权威，这样才能真正实现和谐社会中的民主法治和公平正义。

充满活力、安定有序是和谐社会的基本要素。只有创造性高、竞争性强的社会才可能充满活力，心理健康的个体才可能具有蓬勃的生命活力，积极的内心体验，良好的社会适应能力，才能够创造性地发挥自身潜力，实现社会和谐。众多研究证明，只有当个体对社会有正确认知，具有积极进取、奋发向上、百折不挠的人生态度，勇于实践、勤学好问，具有远大的理想和脚踏实地的敬业精神，个体才能实现创造潜能的开发。人本主义心理学家认为，人是追求不断成长与自我实现的，需要是一切动力的源泉，因此只有充分了解构建和谐社会各要素的基本需求，采取相应的激励措施，才可能实现和谐社会充满活力这一基本目标。强调充满活力有利于激发创造力和竞争性，但无序竞争将极大地破坏社会和谐。社会安定为个体发挥创造力提供了重要的外部环境保障，安定有序强调的是人民群众安居乐业，社会保持安定团结。健康心理学认为，人既是追求新的刺激与不断成长的，也是趋向平衡的。趋向平衡与追求不断成长，既反映了人格完善的不同水平，也反映了个体心理主动性的不同程度。因此从心理健康出发，在激发创造力的同时，倡导健康的竞争心理，为构建充满活力而又安定有序的和谐社会提供坚实的精神内涵。

社会组织系统中各社会成员之间的诚信友爱，是指在全社会形成互帮互助的风尚，营造社会成员之间平等友爱、融洽相处的社会氛围。诚信的个体具有合理的自我意识和律己意识，能够做到言必信、行必果，在真诚、真实、守信的基础上建立与他人的和谐关系；友爱是个体利他意识的表现，在平等、互信、互爱的基础上确立人与人之间的联系方式，更重要的一点是，诚信友爱还包含社会和个体尊重每一个社会成员的个人价值选择。社会诚信的理念作为一种引导社会活动朝有序方向发展的社会意识，其本质是通过对信用、信任、信誉等属性和价值的抽象概括而形成的社会认同观念。在现实社会环境中真实的信用行为，是社会诚信观的重要认知基础；可靠的信任态度，是社会诚信观的重要评价内容；高度的信誉价值，是社会诚信观的重要价值取向标准。[①] 从心理健康的外部特征看，心

---

① 庞跃辉：《关于社会诚信观的哲学认知分析》，《南昌大学学报》（人文社会科学版）2003年第 2 期。

理健康的个体行为是符合社会规范，人际关系和谐，社会适应良好；从心理健康的内部特征看，则是其个体拥有诚信、积极、通达、健康的人生态度，能享受人生的乐趣也能直面人生的困难，懂得尊重差异，乐于吸取新经验，结交新朋友，拥有富有建设性的人际关系。同时心理健康的个体富有同情心和利他精神，能在帮助他人、尝试付出的过程中发展自己并增强自我价值感。因此只有心理健康的个体才可能真正发自内心地去践行诚信友爱的社会交往，也只有在健康和谐的社会环境中社会成员才可能真正实现诚信友爱的普遍社会交往。人本主义心理学认为，个体之所以会出现心理障碍，出现自我的不和谐，是因为他感觉到内心的需求没有办法得到实现，或这些需求即使得到了实现，也得不到社会的赞许，而个体的个人价值选择得到的尊重程度越低，个体的心理健康程度就可能越低，诚信友爱的人际关系和社会交往氛围的形成就越难。因此，一个良性运行的社会组织系统应该是在不违反法律、不损害他人和社会利益的前提条件下，所有个体的个人价值选择都应该得到尊重、接纳。从社会组织系统的运行规律来看，积极发掘心理健康的社会交往和社会适应意义，倡导诚实守信、平等友爱、与人为善的社会交往准则，鼓励个体发展建设性的人际关系，尊重多样化的生活方式和思维方式，积极吸纳社会生活中有益于自身发展的新思想、新观念、新技能，将有利于调节社会情感和社会认知，促进社会成员人格、意志、品格的完善，形成诚信友爱、积极健康的良好社会氛围。建立和谐社会的根本目的在于提高社会成员的主观幸福感水平，增强个体的自我和谐，达到心理健康的高水平。人们最终追求的是幸福，而不是低层次的物质满足，因此和谐社会的终极目标不是利益最大化，而是幸福最大化，个体心理健康是诚信友爱的社会大环境重要的构成要素。

　　从人类社会产生至今，人与自然的关系经历了三个阶段：崇拜阶段、征服阶段和协调阶段。人类社会的发展观也相应地从亲和型发展观、对抗型发展观发展到今天的共生型发展观。和谐社会发展观是可持续发展观，属于共生型发展观。可持续发展观关怀人与自然的未来价值，把人类和自然的生存价值作为终极关怀目标。人与自然和谐相处是可持续发展最核心的问题①，然而这个问题的决定性因素体现在人对待自然的观念和态度上。

---

①　李明华：《和谐社会中的人与自然》，《学术研究》2004 年第 11 期。

工业革命以来形成的科技崇拜导致了严重的生态破坏，直接引发了对人与自然关系的深刻反省。这一反思始于哲学，并迅速扩展到社会学、伦理学、经济学、农学甚至建筑学等学科。而心理学视野中关于人与自然关系的深刻反思来自于生态心理学。产生于 20 世纪 90 年代的生态心理学是一门新兴的学科，研究者们试图把生态学和心理学相结合，来考察人与自然的关系，探究保护生态环境的心理根源，探讨人与自然的和谐问题。生态心理学以格式塔心理学派的整体主义观点为指导思想，认为人类只是普遍联系、相互作用的生态系统中的一小部分，生态系统的健康、平衡和完整决定着人类的生活质量，破坏它就是对人类自己的损伤。生态心理学认为，人类保护自然不仅仅是为了获得持续的、更好的外在生存环境，也是人们内心本能的需求。人类与自然界之间除了物质联系，人的心灵与自然界还有一种强烈的情感联结，即生态潜意识（ecological unconscious）。这种情感联结是人类固有的天性，是进化的产物。[1] 生态心理学探寻人类的环境意识和环境行为背后的心理根源，认为生态潜意识是人的本性之一，是人类保护自然行为的最深层情感根源。工业革命至今，人类的生态潜意识虽然时时显露，但总体上一直是被掩盖和抑制的，是神秘的、微弱的而又与所谓的工业文明和科技文明背道而驰的。[2] 而确立以人与自然和谐相处为核心的和谐社会则为生态潜意识的合理显现提供了现实的可能。同时生态心理学着重研究了自然对人类的心理价值，在保护生态的更深层次上重新定义了心理健康和心智健全的概念，指出人与自然和谐相处是人类的内心本能，是心理健康的自然要求和重要标志。[3] 实际上，个体悦纳自我、善待他人、善待与人类共同存在的生物和人类所赖以生存的环境，具有良好自我发展能力和环境适应能力，恰恰就是心理健康的核心内容。心理健康的个体具有积极的自我观念，能接受自己肯定自我，体验到自我存在的价值，他在悦纳他人的同时能得到他人和社会的尊重和接受，感受做人的

① 刘婷、陈红兵：《生态心理学研究述评》，《东北大学学报》（社会科学版）2002 年第 2 期。

② 金一波、王大伟：《心理健康是和谐社会的精神基石》，《山东师范大学学报》（人文社会科学版）2006 年第 3 期。

③ 刘婷、陈红兵：《生态心理学研究述评》，《东北大学学报》（社会科学版）2002 年第 2 期。

价值和尊严，体验生活的美好和人生的幸福。正是自我尊重和尊重人类其他成员的价值这一逻辑体系，使心理健康的个体能够尊重和认同其他生物乃至环境的价值，实现人与自然的和谐相处共生发展，从而走向真正的和谐社会。因此，心理健康是人与自然和谐关系的精神内核。

从社会成员的和谐心理特质出发，研究其对社会组织系统的"民主法治、公平正义、诚信友爱、充满活力、安定有序、人与自然和谐相处"等方面的作用机制和内在联系，将进一步从概念和理论的层面厘清本研究想着力澄清的疑问，那就是到底社会个体的和谐心理特质对社会的和谐稳定起到怎样的作用？从以上的分析可以初步得出一个观点：构建和谐社会既需要从社会的政治、经济、意识形态等方面入手做完备的法律、法规和各项规章制度的设计，同时也需要从社会成员的心理特质和个体心理健康的角度进行研究和分析，才能从更本质的角度找到社会和谐稳定的精神内涵。唯具有精神支撑的和谐社会才是真正具有生命力的、稳定的社会形态，可见个体"和谐心理特质"是建构和谐稳定社会的核心支撑。为了更加详细地论证这一观点，特将构成个体"和谐心理特质"的主观幸福观、自我和谐、心理健康这三个重要概念的理论体系做如下梳理和界定。

（四）主观幸福感、自我和谐、心理健康的理论体系及概念界定

1. 主观幸福感的内涵与结构

（1）主观幸福感的内涵

在对幸福的认识和界定上，有两种观点。一种观点主张以外在的标准来衡量幸福。古希腊哲学家苏格拉底认为幸福是由知识和智慧决定的；柏拉图认为幸福是善的理念[①]；亚里士多德则将"价值"和"成功"看作幸福的判断标准[②]；德谟克利特认为幸福是由个人的品性——正直和公允导致的。[③] 儒家哲学认为幸福来自人们努力朝向至善境界的过程；佛家哲学认为幸福是一种远离欲望、没有竞争、积德行善、无忧无虑的心灵宁静

[①] 〔古希腊〕柏拉图：《理想国》，刘静译，外文出版社，1998，第173页。
[②] 〔古希腊〕亚里士多德：《尼各马可伦理学》，王旭凤、陈晓旭译，中国社会科学出版社，2001，第16页。
[③] 北京大学哲学系外国哲学史教研室编译《西方哲学原著选读》上卷，商务印书馆，1981，第52页。

和谐的境界。① 这些看法都是建立在研究者自身的价值体系和标准之上的，认为幸福是一种外在的评价标准尤其是道德的评价标准，只有当人们达到标准时，才会产生幸福。另一种观点是从被研究者的立场和主观感受出发来研究人们的幸福感。美国心理学家迪勒尔（Diener）认为幸福的感觉更多来自人们的内心和精神世界，幸福不幸福，人们自己的体会最为真实和深刻，因而真正的幸福感具有明显的主观性，不同的人在主观上有不同的理解。因此，在心理学界被大多数研究者普遍认同的对幸福的界定是指以人们的主观判断为标准界定的幸福，即人们依据自己设定的标准对其生活质量所做的整体评价。② 由于它是以人们自己设定的标准来判断幸福与否，所以被称为主观幸福感（subjective well-being）。本研究，笔者也是以此定义作为研究和测量依据的。

主观幸福感的概念在 20 世纪 60 年代一经形成，就常被用作衡量社会群体生活质量的综合性心理指标，同时也被经常作为政府制定各种国计民生政策、检讨政府行为和衡量社会进步的社会性指标而得到广泛的应用。③ 鉴于此，本研究在考察西藏社会的民生状况、个体对自己所处的生活状态是否持满意态度时，就是以我们所抽取样本的主观幸福感的测量水平为重要指标来加以说明和分析的。所以主观幸福感被作为本研究的核心概念。

（2）主观幸福感的结构

关于主观幸福感的构成，众多心理学家在理论上做了大量的探索。迪勒尔认为主观幸福感的结构取决于社会文化和人们的生活方式。④ 加拿大心理学家安德鲁斯（Andrews）和怀斯（Withey）进一步提出主观幸福感应由三个基本成分构成：生活满意度、正性情感和负性情感。⑤（参见图 1-1）

生活满意度是人们对生活总体质量的认知评价，即在总体上人们对生

---

① 杨曾文：《中国佛教基础知识》，中国文化出版社，1999，第 54~59 页。

② P. T. Costa, J. Robert, R. McCrae, and A. B. Zonderman, "Environmental and Dispositional Influences on Well-Being: Longitudinal Follow-up of an American National Sample," in *British Journal of Psychology* 78, 1987, pp. 299–306.

③ 杨国枢等：《中国人的性格》，台湾民族文化研究所，1971，第 56 页。

④ E. Diener, "Subjctive Well-being," in *Psychology Bulletin* 95, 1984, pp. 302–315.

⑤ A. Campbell, "Subjective Measures of Well-being," in *American Psychologist* 31, 1976, pp. 117–124.

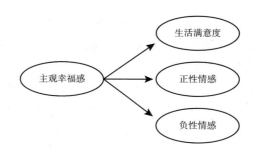

图 1 - 1　主观幸福感结构图

活做出满意判断的程度。作为认知因素，它是评估主观幸福感的关键指标；正性情感和负性情感是指人们生活中的情感体验，正性情感包括愉快、轻松、满意等情绪体验，负性情感包括抑郁、焦虑、紧张等情绪体验。迪勒尔等人进一步指出，情感平衡是个体所体验到的正性情感和负性情感测量数据的差，正性情感和负性情感之间并不是相互独立的，两种情感会互相抑制，尽管目前对这种抑制产生的过程并不十分清楚，但正是这种抑制机制，使两种类型的情感在发生频率上呈现负相关，即正性情感发生的频率越高，负性情感发生的频率就越低。主观幸福感就是由生活满意度、正性情感的体验和负性情感的缺乏构成的。对生活整体的满意程度愈高，体验到的正性情感越多，负性情感就越少，则个体的主观幸福感体验越强，水平越高；反之，个体的主观幸福感体验就越弱，水平就越低。[①]

（3）主观幸福感的特征

在上述对主观幸福感结构认识的基础上，迪勒尔提出主观幸福感有三个特征。[②] ①主观性。主观幸福感的评定主要依赖个体认为的标准，而不是他人或外界的标准，一个人幸福与否只有他自己体验得最真实，因此主观幸福感具有很强的主观性，本研究多采用主观报告法进行评定。②整体性。主观幸福感包括生活满意度、正性情感和负性情感三方面，是对生活的总体满意感，是一种综合性的心理指标，具有整体性、综合性的特征。③相对稳定性。主观幸福感主要测量长期情感体验和生活满意度，是一个

①　E. Diener and R. Biswas-Diener，"Will Money Increase Subjective Well-being?" in *Social Indicators Research* 57，2002，pp. 119 - 169.

②　E. Diener，"Subjective Well-being," in *Psychology Bulletin* 95，1984，pp. 542 - 575.

相对稳定的值，它不随时间的流逝或环境的改变而产生重大变化。如人们在遇到积极或消极事件时的正性或负性情绪体验，会在一段时间内恢复到人们主观幸福感的基线水平。

由此看来，主观幸福感完全是由人们主观判断和体验形成的一种心理状态。也就是说，在相同的境遇下，人们的主观感受可能会有差别，那么决定人们主观判断和体验的本质因素是什么呢？是不同的自然生态环境和文化取向？或是由自然生态环境和文化取向塑造的群体人格特质？人格特质又怎样影响人们的主观幸福感呢？如果个体的主观幸福感水平较高，是否能对社会的和谐稳定产生积极的影响和作用？其作用的原理又是怎样的呢？这些正是本研究所关注和需要探索的核心问题。

（4）主观幸福感的理论体系

关于主观幸福感的理论研究最早源于西方的积极心理学，进入 20 世纪70 年代至 90 年代，西方关于主观幸福感的研究进入一个系统构建理论的时期，在这一过程中主要完成了如下三方面的工作。第一，研究了主观幸福感的生理基础。其内容包括主观幸福感产生的脑机制，研究发现大脑对主观幸福感的影响主要是通过对情绪的调控来完成的。[①] 情绪分为正性情绪和负性情绪，正性情绪与主观幸福感的高水平相关，负性情绪与主观幸福感的低水平相关。第二，研究了主观幸福感的心理机制。研究发现人格是决定和预测主观幸福感最好的指标之一，人格作为最稳定和最本质的心理特征通过影响人们的情绪、认知、目标等心理要素而制约着人们对自己生活满意度的判断和情绪体验，从而影响人们主观幸福感的水平。[②] 第三，研究了影响主观幸福感的人口学因素和各种心理因素，如性别、年龄、民族、受教育程度、收入、婚姻、人格特征、社会事件、自尊、社会支持、价值取向等对主观幸福感的不同影响。[③] 这些内容相互联系、相互补充，共同构成了西方关于主观幸福感的理论框架。

笔者认为，在这一理论体系中，人格是研究主观幸福感不能回避的核

① A. Martinez, L. Anllo-Vento, M. I. Sereno, et al., "Involvement of Striat and Extrastrate Visual Cortical Areas in Spatial Attention," in *Nature Neuroscience* 2, 1999, pp. 364 – 369.

② E. Diener, "Subjctive Well-being," in *Psychology Bulletin* 95, 1984, pp. 542 – 575.

③ 任志洪、叶一舵：《国内外关于主观幸福感影响因素研究述评》，《福建师范大学学报》（哲学社会科学版）2006 年第 4 期。

心问题，它与主观幸福感的主观性、整体性和稳定性密不可分，是从最本质的方面探讨主观幸福感的切入点。因此在这里要比较详细地梳理前人在这一领域的研究成果。

所谓人格是指人们在适应环境的过程中形成并表现出来的一种稳定的行为模式或个人特点，是人们在与环境的交互作用中逐渐形成的内心世界的组织与结构。① 也就是说人格是一种结构化的内在系统，它的形成受到遗传和环境的交互影响，并且对人们的反应特点和体验特点进行调控。虽然人们的行为方式和体验特点会随着时间的推移而发生变化，但其内心的自我认同和对外界环境的知觉以及发生模式则会保持相对稳定。因此人格被认为是个体或群体心理结构中最本质和最稳定的因素之一。而人们的主观幸福感同样具有主观性和稳定性的特点，因此两者之间的关系一直受到研究者的热切关注。古希腊哲学家德谟克利特说过"幸福并不仰赖于掌握的财富和物质条件，而在于看待事物的心态"。这说明人格、价值观等内在心理因素对主观幸福感具有重要的影响和作用。

在人格和主观幸福感关系的研究中，西方一般常以英国心理学家艾森克（Eysenck）的"大三人格"理论为基础，从特质性、内外向和稳定性三个维度来研究人格与主观幸福感的关系。艾森克将人格划分为三个大的维度，他认为特质性代表人们在精神方面表现出来的特质，在该维度上得高分的个体或群体表现出社会化程度偏低、以自我为中心、攻击性的、缺乏同情心的，而得分低的个体或群体则表现出温柔、善感等特点。内外向是指人们的性格是内向还是外向，外向者乐观、爱交际，是随遇而安的，内向者安静、沉默，喜欢井然有序的生活，重视道德标准等。稳定性主要指人们的情绪反应倾向，是稳定还是不稳定，在该维度上得高分的个体或群体情绪不稳定，他们会对微小的挫折和问题情景产生强烈的情绪反应，而且需要很长一段时间才能平静下来，而在该维度得低分的个体或群体，则能很快从困境中解脱出来，他们在情感方面是稳定的，很少动摇不定。这三个维度构成了艾森克对人格的综合评价体系。在此理论结构基础上，艾森克于1985年完成了"艾森克人格测量量表"的编制，在已发表于心

① 王登峰、崔红：《解读中国人的人格》，社会科学文献出版社，2005，第1~3页。

理学期刊上的研究论文中，它是最常用的人格量表之一。①艾森克人格测量量表具有很高的结构效度，并且该量表简短、可靠、使用方便、实用性强。它不仅适合高中生、大学生和具有正常或超常智力的成人，而且也适用于较低教育水平的成年人。②鉴于此，本研究将以艾森克"大三人格理论"为基础，采用艾森克人格测量量表对藏族样本的人格特点进行测量（为了方便比较也采用此量表对汉族样本进行测试）。

众多的研究表明，外向性和稳定性与主观幸福感呈显著正相关③，特质性和主观幸福感呈显著负相关④。心理学家卢卡斯（Lucas）和福吉塔（Fujita）研究发现，外向性和正性情感的相关度为0.38。福吉塔在用结构方程模型评估特质性和负性情感之间相关的强度时，也得到了类似的高相关结果。我国学者郑雪等人的研究也发现外向性分数与主观幸福感分数存在显著的正相关，而特质性分数与主观幸福感分数存在显著负相关。由于这些研究结果的一致性，许多研究者认为，人格应该是预测主观幸福感最强有力的因素。就人格类型来看，稳定外向型被试的主观幸福感分数最高，主观幸福感分数最低的是内向不稳定型被试，中等分数的是内向稳定型被试。具体分析人格特征与正性和负性情感的关系，发现外向性与正性情感相关最高，而特质性与负性情感相关最高。这一结果支持了艾森克的一个重要观点，即"幸福"可称之为稳定的外向性，幸福感中的正性情感与易于社交的性格有关，这样的性格容易与他人自然和谐地快乐相处，因而幸福是与外向性相联系的。同样，抑郁性和焦虑性产生负性的情感而不是幸福感，因而我们容易看到情绪不稳定或特质性偏高与不幸福相联系。⑤由此我们可以初步设想个体人格特质的不稳定性容易导致个体幸福感水平偏低，而这些个体会对社会的和谐稳定产生怎样的影响呢？是不是个体人格特质的不稳定性会导致个体主观幸福感偏低，由此引起社会的不稳定

---

① Costa 和 McCrae 在 1986 年评论说："艾森克人格测量量表是一种优秀而且非常可靠的测试，对于很多研究者而言，艾森克人格测量量表是测量外倾与神经质的黄金标准。"参见张兴贵《青少年学生主观幸福感与人格的关系》，华南师范大学博士学位论文，2003，第 14 页。

② 张兴贵：《青少年学生主观幸福感与人格的关系》，华南师范大学博士学位论文，2003。

③ 石满、丁新华：《军校研究生主观幸福感和人格特征的关系研究》，《中国健康心理学杂志》2005 年第 3 期。

④ 资料来源 Frances 等人于 1998 年对来自美国、澳大利亚等国的被测试者进行的研究。

⑤ 郑雪、严标宾、邱林、张兴贵：《幸福心理学》，暨南大学出版社，2004，第 118 页。

呢？这正是本研究力图澄清的问题。

围绕人格何以与主观幸福感相关的问题，各研究者从不同的角度论证和解释了人格与主观幸福感的关系以及相互之间的作用机制，并形成了以下理论模式。

第一，气质模式。

气质模式的研究者认为人们的主观幸福感可由动力平衡学说和心理生物学理论来加以解释。

心理学家威瑞（Wearing）提出了动力平衡学说，他认为人们通常都有一套平衡生活事件水平和平衡主观幸福感水平的方法，它们都建立在稳定的人格特点之上，这使得个体或群体的主观幸福感均有独特的基准水平。不同的社会生活事件对不同人格特征的人们有三种可能的影响：主观幸福感水平的提高、降低或保持平衡水平。当生活事件处于平衡水平时，主观幸福感水平不变；当生活事件偏离正常水平，如变好或变坏时，主观幸福感水平就会升高或降低。但这种偏离是暂时的，因为稳定的人格特点具有重要的平衡功能，会使生活事件和主观幸福感都返回到基准水平。[①] 这一学说从人们的人格特征出发解释了主观幸福感的稳定性特点。正因为主观幸福感具有稳定性的特点，才为我们采用一定的工具测量个体或群体的主观幸福感水平提供了可能性。

心理生物学观点则认为，人们具有快乐和不快乐的遗传倾向，这是由神经系统的个体内在差异导致的，具有某种气质倾向的个体会体验到特定水平的主观幸福感。支持这一结论的研究是特勒根（Tellegen）等人于 1988 年在对同一家庭和不同家庭中抚养的双生子的主观幸福感的研究中发现的。他们发现在不同家庭中抚养长大的同卵双生子主观幸福感水平的接近程度，比在同一家庭中抚养长大的异卵双生子高得多。[②] 他们还发现 40% 的积极情感变异、55% 的消极情感变异以及 48% 的生活满意度变异是由基因造成的，而共同的家庭环境只能解释 22% 的积极情感变

---

① E. Diener, M. S. Eunkook, E. Richard et al, "Subjective Well-being: Three Decades of Progess," in *Psychology Bulletin* 125, 1999, pp. 276 – 294.

② A. Tellegen, D. T. Lykken, et al., "Personality Similarity in Twin Reared Apart and Together," in *Journal of Personality and Social Psychology* 54, 1988, pp. 1031 – 1039.

异、2% 的消极情感变异和 13% 的生活满意度变异。[①] 这说明由遗传基础决定的个体特质在某种程度上决定了人们的情感反应倾向，因而可以认为主观幸福感是一种带有先天成分的特质，即有的人天生就是快乐的，而有的人天生就是不快乐的。当然先天的神经类型和特质类型只是构成人格特征的一个方面，人格特征的形成还会受到生活环境、文化背景的综合影响。

气质模式理论说明两点。第一，主观幸福感的稳定性是由人格的稳定性决定的，因而人格控制和调节着人们的主观幸福感水平。第二，个体的遗传因素在某种程度上影响着人们的情绪反应倾向，因此有的人天生就是幸福的，有的人天生就是不幸福的。这一理论对于本研究试图探讨主观幸福感最为本质的影响因素提供了必要的理论基础，从现有的研究成果看，先天遗传因素和人格特征应该是影响主观幸福感的核心因素。

第二，认知模式。

心理学家斯克尔（Scheier）认为认知加工影响主观幸福感。该理论认为认知影响行为，行为影响外在的情景和主观幸福感。乐观代表了人们期待有利生活结果的普遍趋势，那些相信自己的行为将导致有利结果的人会坚持自己的行为，并从这些行为中体验到快乐和幸福，相反那些相信失败是不可避免的人将放弃努力，脱离自己设定的目标，并体验到消极的情绪。[②] 瑞斯汀（Rusting）从另一个角度认为，人们加工愉快信息比加工不愉快信息更准确和有效，可能由于人们加工愉快信息和不愉快信息时的精确性和效率导致了不同水平的主观幸福感，那些能够回忆更多积极刺激的人们更有可能报告他们是幸福的。研究进一步发现，认知对主观幸福感的作用，是通过人们的社会比较倾向实现的。[③]

中国有句俗语叫"比上不足，比下有余"，这恰当地阐释了社会比较对主观幸福感的影响作用。所谓社会比较是指人们于某一特定层面（例如

---

① E. Diener, "Subjective Well-being and Personality," in M. Hersen, Van Hetal, ed., *Advanced Personality*, The Plenum Series in Social Psychology. New York: Plenum Press, 1998, pp. 311 – 334.

② 陈少华：《不同认知任务中人格特质对信息加工的影响》，华南师范大学博士学位论文，2002。

③ 杨波：《人格结构模型的研究进展》，《西南师范大学学报》（哲学社会科学版）1998 年第 5 期。

生活、事业、人际等），对于社会刺激（例如周围的人、朋友等）所做的比较性认知评估。[1] 社会比较一般分为向上比较和向下比较两种倾向。一般认为向下比较是自我增强的，向上比较是自我威胁的，但具体到社会比较倾向对主观幸福感的影响作用，我国学者严标宾、郑雪、邱林做了详细的研究。研究发现当参照点与人们现在的情况相似时，向下比较会提升主观幸福感，因为它可以让人们感受到自己的优势，向上比较会降低主观幸福感，因为它可以使人们感受到自己的不足和缺陷；当参照点与未来的情况相似，代表未来的可能发展方向时，向上比较会增强主观幸福感，因为它可以给予人们希望和信心，向下比较会使人们体验到威胁。[2] 这表明社会比较倾向与主观幸福感的关系并没有固定的模式，两种比较倾向同时对主观幸福感具有正面和负面影响。不同人格特质会对社会比较倾向带来影响，高特质性者对社会比较信息似乎更为敏感，更能从不利的比较中受益，更能从有利的社会比较中受到威胁，而低特质性者既能从有利的社会比较中受益，又能避免不利的社会比较危害。对内、外向者而言，外向者对社会比较信息的反应类似于低特质性者，而内向者无论在向上比较和向下比较中都会受到伤害，降低主观幸福感。研究表明，外向、低特质性者的主观幸福感水平高，可视为快乐者，内向、高特质性者的主观幸福感水平低，可视为不快乐者。对于社会比较信息，快乐者会以一种维持甚至提升主观幸福感和自我观念的方式做出反应，不快乐者会以一种坚持甚至增进其不快乐的方式做出反应。[3] 有学者进一步研究认为这种社会比较方式的差异源于他们的自我观念差异，外向、低特质性者具有积极的自我观念，具有内在稳定的标准，较少依赖社会比较信息来评价自己，因此幸福感较少受到影响；内向、高特质性者具有不稳定的甚至是消极的自我观念，他们更加依赖不利的社会比较信息来评价自己，因此，社会比较尤其是不利的社会比较对其主观幸福感会产生巨大的影响。

---

① E. Diener, "Subjective Well-being and Personality," in M. Hersen, Van Hetal, ed., *Advanced Personality*, The Plenum Series in Social Psychology. New York：Plenum Press, 1998, pp. 311 – 334.

② 严标宾、郑雪、邱林：《主观幸福感研究综述》，《自然辩证法通讯》2004 年第 2 期。

③ E. Diener, M. S. Eunkook, E. Richand et al, "Subjective Well-being：Three Decades of Progess," in *Psychology Bulletin* 125, 1995, pp. 203 – 207.

这一理论模型说明不同的人格特质可能通过社会比较的认知评估影响人们对自己生活质量的总体评价，从而影响到主观幸福感的水平。

第三，目标模式。

心理学家奥希（Oishi）等人于1999年提出了主观幸福感的目标模式，他们认为人们的主观幸福感产生于需要的满足及目标的实现，目标是主观幸福感模型的调控装置。① 所谓目标就是人们行为的内在目的，它被视作情感系统重要的参照标准，检验它可以很好地了解人们的行为及主观幸福感的变化。这个模型的基本假设是：目标和价值取向决定人的主观幸福感，是人们获得与维持主观幸福感的主要来源。目标的种类、结构、向目标接近的过程和目标达成，均会影响人们的情感和生活满意度。一般认为，正性情感与目标的出现和维持有关，也与趋近目标及实现目标有关；而缺少目标、目标之间存在矛盾和冲突、指向目标的活动受到干扰等则会产生负性情感。

心理学家布朗斯特（Brunstein）认为：当人们能以内在价值和自主选择的方式来追求目标并达到目标时，幸福感才会增加，目标必须与人的内在动机或需要相适宜，才能提高幸福感，与人们需要不一致的目标，即使达到也不能增加主观幸福感。② 生活有目标使人感到生活有意义并产生自我效能感。同时，努力实现目标的过程帮助人们应对各种日常生活问题，使人在社会生活和困境中保持良好状态。③ 该研究还认为，目标只有与人们的文化背景相适应，才能提高主观幸福感水平；不同的文化会导致人们不同的目标选择，从而影响主观幸福感。④ 在一种文化中影响主观幸福感的重要因素在另一种文化中则未必奏效。某些基本生理需要具有跨文化一致性，在不同文化背景中都是主观幸福感的影响指标。而基本生理需要满足后，较高级的需要就成为影响主观幸福感的重要因素，如自尊的需要、自我实现的需要等，这时可能出现跨文化的不一致性。⑤

---

① S. Oishi, E. Diener, R. E. Lucas et al., "Cross-cultural Variations Inpredictors of Life Satisfaction: Perspectives from Needs and Values," in *Personality and Psychology Bulletin* 25, 1999, pp. 789 – 812.

② 严标宾、郑雪、邱林：《主观幸福感研究综述》，《自然辩证法通讯》2004 年第 2 期。

③〔印度〕阿马蒂亚·森等：《生活水准》，徐大建译，上海财经大学出版社，2007，第 4 页。

④ 苗元江、余嘉元：《跨文化视野中的主观幸福感》，《广东社会科学》2003 年第 1 期。

⑤ 郑莺：《文化与主观幸福感文献综述》，《社会心理科学》2005 年第 5 – 6 期。

　　这一理论模型说明人们不同的价值观、文化背景有可能通过控制目标的确定、选择、实施来影响主观幸福感的水平，同时主观幸福感的个体差异或群体差异可能是在其基本生理需要满足后由更高级需要的不同差异引起的。比如当人们的基本物质需要得到满足后，增加收入就不会成为影响主观幸福感水平的主要因素了。

　　从以上对西方关于人格与主观幸福感关系既有研究成果的梳理和分析中，不难看出人格是影响主观幸福感的关键因素。这些理论模式从不同的角度解释了人格特征对主观幸福感的作用机制。在气质模式中，研究者探讨了人格对于保持人们主观幸福感基准水平的作用机制，从而证实了人格是主观幸福感最可靠、最稳定、最有力的预测指标；在认知模式中研究者通过认识人们加工愉快信息的准确性和有效性以及社会比较的倾向性解释了认知对主观幸福感的影响作用；在目标模式中，研究者进一步弄清了人格因素与人们目标的确定、选择和达成目标的过程都有直接的联系，并且会进一步影响人们的情感和生活满意度，一般认为，正性情感与目标的出现和维持有关，也与趋近目标及实现目标有关，而缺少目标、目标之间有矛盾和冲突、指向目标的活动受干扰等则会产生负性情感。可见人格主要是通过调控情绪、影响认知以及确立目标这些中介变量来影响主观幸福感水平的。而人们的人格特征又深受除遗传以外的自然生态环境以及文化因素的影响①，因而"遗传、生态环境和文化环境—人格—情绪、认知、目标—主观幸福感"这一理论构想则成为本研究的基本研究思路，即不同的自然生态环境和文化环境通过塑造群体的人格特征，而人格特征又通过调节情绪、认知和目标等中介变量间接地影响人们的主观幸福感水平，而个体主观幸福感水平的高低对社会组织结构的和谐稳定又具有影响和制约作用。

　　2. 自我和谐的内涵

　　心理学对自我和谐（self-consistency and congruence）有较长的研究历史，其中最具代表性的是美国人本主义心理学家罗杰斯建构的自我和谐理论。

　　关于自我和谐的概念是由普瑞斯考特（Prescott）首先提出的，他认为

——————————

　　① 邹琼：《主观幸福感与文化的关系》，《中国心理卫生杂志》2005 年第 2 期。

人的内心是由各种观念和态度构成的一个有组织的系统，如果内部各种成分之间没有严重冲突，个体就会逐步实现内部和谐或一致性，个体在成长的过程中就会逐渐形成其特有的自我概念，同时个体会把自身的经验融合统一并形成其独特的人格。① 普瑞斯考特认为影响这种整合过程的主要因素包括个体的需求、观念、态度和目标，当自我概念与经验之间没有冲突，则会逐步实现自我内部的和谐，这又是形成完整人格的基本条件。后来罗杰斯对自我和谐又进行了描述：是指一个人自我观念中没有冲突的心理现象，也就是自我内部的协调一致以及自我与经验的协调。② 罗杰斯认为个体有着维持各种自我知觉间一致性以及协调自我与经验之间关系的机能，个体所采取的行为大多数与自我观念相一致。当各种自我知觉之间出现冲突或者个体体验到自我与经验之间存在差距时，个体就会出现内心紧张和纷扰，即不和谐的状态。此时个体会运用防御机制（歪曲、否认、选择性知觉）来对经验进行加工，使之在意识水平上达到与自我相一致。如果防御成功，个体自我达到和谐状态，就不会出现适应障碍，若防御失败就会出现心理适应障碍，导致行为异常。因此罗杰斯认为个体的自我和谐与个体心理健康之间有着必然的内在联系，同时它也是个体行为符合社会规范的心理保证，是社会和谐稳定的重要基础。

我国学者也认为自我的和谐是心理健康的标志，是社会和谐的必然要求。并且我国学者还在更具体的层面做了进一步的分析，他们认为一个人的现实自我与他最终要达到的目标之间一定会有差距，社会各层次之间也必然存在这样那样的差异，而自我和谐的人就是能够在这种情况下仍然保持良好心态的个体。

鉴于前人对自我和谐概念的研究成果，结合本土的历史文化特点，笔者在本研究中界定自我和谐的内涵为：个体具备的对自身各种矛盾的主动调节，使其达到相互协调统一状态的一种能力。人在社会化过程中，个体与客观世界的相互作用，反映到主观世界经常表现出各种不一致、不统一的现象，如自我意识中的理想我与现实我的矛盾，个人自我概念与社会自

① L. Prescott, "Self-consistency: A Theory of Personality," in *The American Journal of Psychology* 59, 1946, pp. 716 – 717.

② C. R. Rogers, *Client-centered Therapy*, London: Constable &Company, 1951, p. 1.

我概念的矛盾，个体与个体之间在各个方面存在的差异；当个体能主动地在实践中调整解决这些矛盾，协调这些差异，就实现了自我和谐，身心得到和谐发展，随后在实践中还会出现新的矛盾，个体又需通过运用这种能力而达到新的自我和谐。如此我们可以认为这就是一个自我和谐的个体。在本研究中，我们希望通过自我和谐量表来考察抽取的样本所具有的自我和谐能力的水平状况，同时探索个体自我和谐与社会和谐稳定之间的内在联系。

人的本质属性是社会性，人是组成社会的细胞，没有人这个细胞的和谐就不会有社会这个躯体的和谐。如果每个个体内心都充满着矛盾、冲突和对抗，是不可能实现社会的和谐和稳定的；如果每个个体内心充实、积极、乐观、友善，那么构建和谐社会就有了重要的基础。由此可见，要实现人与人、人与社会、人与自然的和谐相处，关键在个体自身的和谐。

3. 心理健康的理论体系

（1）心理健康的概念

健康，有三个方面的含义：生理健康；心理健康；适应社会。笔者通过对心理健康相关文献的梳理，发现较为成熟的定义有如下两个。①第三届国际心理学会把心理健康界定为：个体在身体、智力、情绪方面都能达到一个较为协调的状态；能够积极地融入身边的环境之中，在人际交往中懂得分寸；能够发挥自己的潜在能力。②《简明不列颠百科全书》对心理健康的界定是：人能够维持与自我、周围环境的相互协调，这样的和谐状态就是心理健康。综合来看心理健康应指没有心理疾病和各种心理与行为异常；可以维护好自身的心理健康，有自动解决问题的行为和排除心理困难的能力。自从积极心理学思潮出现后，心理健康的外延更加宽泛。心理健康不仅是没有心理疾病，而且是个体积极关注自身的长处，给自己力量，以获得个人成就感和价值感的一种状态。

（2）心理健康的评价标准

对于心理健康的评价标准，学者持如下几种观点。

人本主义心理学家马斯洛和贝拉·米特曼合作的《变态心理学原理》一书把心理健康界定为符合 10 个标准：①自身拥有较好的安全感；②对自我有着深刻的觉察，能对自我的能力采取理性的评价；③理想与现实生活相匹配；④与身边的现实环境不脱离；⑤能维持人格的完整及和谐；

⑥擅长从经验中获得成长；⑦拥有较为优秀的人际交往能力；⑧理性地处理情绪的发泄与控制；⑨在不违背团体规范下，可以较为充分地施展个人特质；⑩在符合社会规范的条件下，能够合理地满足个体的基本需要。①

奥尔波特（Gordon W. Allport）把心理健康界定为 6 个标准：①拥有自我扩展的能力；②有建立亲密人际交往的能力；③获得安全感和自我认同的情绪；④展现知觉的现实性；⑤表现自我客观化；⑥展现统一的人生观。②

北京师范大学林崇德教授把心理健康界定为：只要是对有利于心理健康的事情与行动采取积极手段以应对的个体，其心理就是健康。他把心理健康划为 10 个标准：①了解自己，对自我有足够的认知与了解，并有理性的评判自身的能力；②信任自己，对自身拥有足够的信任感，可以战胜困难，在挫折前面不畏惧，能够以理性的眼光看待自身的失利；③悦纳自己，对自我的外貌特点、性格、智商、能力等可以合理地接纳与认可；④控制自己，能对自身的情绪和行为有一定的把握；⑤调节自己，对不符合现实的生活目的、心理纠结、新环境的适应，可以及时地采用反馈、调整、选择、变革等措施；⑥完善自己，可以持续地完善自身，维持自身人格的完整、和谐；⑦发展自己，拥有从经验中成长的能力，提高智力，发展人格；⑧调适自己，拥有安全感，维持较为优秀的人际关系状态；⑨设计自己，生活理想与现实保持一致；⑩满足自己，在遵守社会规范前提下，能够基本满足个体的需要。③

笔者认为，个体的健康应该是建立在生理健康、心理健康和社会健康基础上，这与 1947 年世界卫生组织（WHO）提出的健康是生理、心理和社会上完好状态的理念是一致的。其中，心理健康是本书研究的重点。我们把它的概念界定为：①自我拥有充足的精力，可以应对日常生活，有压力，但不处于过度紧张之中；②处事积极乐观，勇于肩负责任，细心但不吹毛求疵；③较好的应变能力，有能力处理外界环境带来的变化。2003 年，许军等人依据世界卫生组织对健康的界定，从生理、心理、社会三个维度挑选出自测健

---

① Abraham H. Maslow and Béla Mittelmann, *Principles of Abnormal Psychology：The Dynamics of Psychic Illness*, Oxford, England：Harper, 1941.

② 段鑫星、赵玲：《大学生心理健康教育》，科学出版社，2005，第 5～30 页。

③ 参见林崇德《心理健康教育》（学生用书），高等教育出版社，2005。

康评估标准，设计了本土化的自测健康评定量表。其中心理健康子量表包含正向情绪、心理症状与负向情绪、认知功能这三个维度。笔者查阅已有研究成果显示，该心理健康子量表与人格特质具有高度相关的关系。

（3）心理健康的测量工具

目前，关于心理健康状况的测量工具主要有：①《症状自评量表－SCL90》；②《卡特尔人格因素测评量表－16PF》；③《明尼苏达多项个性测量表－MMPI》；④《自测健康评定级表－SRHMS》；⑤《焦虑自评量表－SAS》；⑥《抑郁自评量表－SDS》；⑦《生活事件调查问卷－LES》等。

根据查阅资料显示：多数心理健康的研究成果，都倾向于问题取向。问题取向的相关理论基础、研究方法、研究工具等都比较完善，因此本研究也采取问题取向的测量方法。

依据本文对心理健康研究理论的建构以及研究思路，我们决定采用许军编制的《自测健康评定级表－SRHMS》作为此次调研的研究工具。该测量工具是国内比较通用的健康测量方法之一，能有效地协助本研究了解藏族成年人心理健康程度。它由3个子量表构成，它们分别是自测生理健康、心理健康以及社会健康。该量表可用于14岁以上人群（普通人群）的健康测量，量表是以定量化手段为切入点，能够直观、全面、准确地测查到被试的健康情况，并且很容易管理、操作。

笔者在查阅文献后，发现《自测健康评定级表－SRHMS》中的心理健康子量表与人格特质具有高度相关关系。例如，汪念念、崔红、王登峰等人通过不同的研究工具，都发现了中国不同民族的人格与心理健康之间的关系，这些研究成果证实了人格对心理健康的影响机制。

鉴于此，本研究选取在生态环境和文化背景上具有特殊性的藏族作为研究对象，试图从测量和比较分析藏族主观幸福感、自我和谐与心理健康的基本现状入手，以生态环境和民族文化背景作为自变量，以藏族民生政策的制定、实施、效果等因素为背景变量，以人格为中间变量，来讨论其对藏族个体和谐心理特质（本研究将主观幸福感、自我和谐与心理健康水平统称为个体"和谐心理特质"）的作用机制及其影响作用，进而分析藏族普通个体的和谐心理特质水平与构建西藏社会的和谐与稳定之间的内在关系。

构建和谐社会是一个内容极其丰富和复杂的大课题，需要从不同的层面加以考量。随着人类社会的发展，社会个体的心理状态已越来越成为社会得以生存和发展的动力源泉和影响社会生活的基本社会资源和现实力量。探讨和谐社会与个体和谐心理特质的关系，对于促进个体发展，提高个体社会生活品质，让人们生活得更幸福，有着十分重要的意义。因此，在以下各章节笔者将在这一逻辑框架内继续探索，以期能以客观、理性的研究方式获得解答疑问的证据。

第一章　民族文化心理视野下的和谐思想研究

　　我国是一个多民族国家，和谐思想在各民族文化中普遍存在。为此，本研究想就我国传统文化中的和谐思想和藏族文化中的和谐思想做一系统的梳理，使我们在研究社会组织系统的和谐稳定时有更清晰的理论依据。

第一节　民族文化与和谐思想

一　中国传统文化中的和谐思想研究

（一）中国传统文化中的和谐思想

　　"和谐"是人类社会共同的理想追求，从古至今无数先哲上下求索，希望建构和谐稳定的社会组织结构，以实现人类的终极理想。古希腊哲学家毕达哥拉斯是第一个提出"美是和谐"的人，他认为宇宙是一个和谐的整体，"和谐起于差异的对立，是杂多的统一，不协调因素的协调"。柏拉图则提出了"公正即和谐"的命题，他将自己设计的理想国称作一首"和谐的交响曲"。赫拉克利特提出了"对立和谐"观，认为自然"是从对立的东西产生和谐，而不是从相同的东西产生和谐"。亚里士多德也说："德性就是中间性，中庸是最高的善和极端的美。"① 从古希腊哲学家提出的观点中我们可以看出，他们对和谐的理解与中国古代先贤对和谐的理解有相似之处，都以和谐为美，认为和谐是对立的辩证的统一。

　　"和"在中国传统文化中占有重要的地位。王淑梅等认为中国传统文

---

① 方克立：《关于和谐文化研究的几点看法》，《高校理论战线》2007 年第 5 期。

化的内在精神和显著特征就是"和",中国传统文化中有着非常丰富的关于融合、和谐、和睦、平和的思想和观念。"和"贯穿整个中国传统文化发展的全过程,体现着中国传统文化的首要价值和精髓,"和"就是体现在人与自然、人与社会、人与自我关系上的三重和谐统一。① 张立文也指出:"中国文化中'一以贯之'之道,或中国人文精神的生命之道,即是'和'。'和'是被普遍认同的、一般的原理及法则,亦是思维自由创造的理想价值。"② 在中国古代典籍中,"和"字最早出现于金文中,而其通假字"龢"也已经见于甲骨文。和,最初是指调味之和与声音之和。"龠,乐之竹管,三孔以和众声也"③,"龠"字的本意是指一种竹制的乐器,形类似笛,竖吹,有三孔、六孔或七孔。后来进一步引申为从此乐器里吹奏出来的标准乐曲,起调和各种音响之用,即"和,相调也"④。金文中,和又作"咊",咊在《说文解字》中被解释为:"咊,相应也。"⑤ 而和的另一个通假字"盉"在《说文解字》被解释为:"盉,调味也。"⑥ 在《左传·昭公二十年》中晏婴与齐景公这样说:"和如羹焉,水、火、盐、梅、醢、醯,以烹鱼肉"⑦,就是调味的意思,合成一种新味道——羹。另外《逸周书·商誓》中有"亚明祀上帝,亦惟我后稷之元谷,用告和、用胥饮食⑧,"和"在这里是指用成熟的嘉谷,用以求告民和。因此从字源角度看"和"字,有三种原始意义:其一为声音相和,其二为五味调和,其三为稼禾成熟。因此,"和"的本质含义是和谐美,使人感到开心、愉悦,即声音和音乐美,五味和食物美,庄稼熟农民内心美,这些都使人心情愉悦。所以"和谐"之意从心理学的角度来解读,是让人能感受到愉悦的正性情绪,因此"和谐"总是让人心向往之。

（二）儒家理论中的"和谐"思想

"和谐"可以说是儒家理论中的核心概念,在我国传统儒学中包含

---

① 王淑梅、王艳华:《传统文化对构建社会主义和谐社会的价值》,《河北大学学报》(哲学社会科学版) 2005 年第 5 期。

② 黄如金:《和合管理的真谛:和气生财,合作制胜》,《管理学报》2007 年第 3 期。

③ (汉) 许慎:《说文解字》,中华书局,1963。

④ (汉) 许慎:《说文解字》,中华书局,1963。

⑤ (汉) 许慎:《说文解字》,中华书局,1963。

⑥ (汉) 许慎:《说文解字》,中华书局,1963。

⑦ 《左传·昭公二十年》,上海古籍出版社,1966。

⑧ 《逸周书·商誓》,上海书店,1966。

着许多有关"和"的思想资源。《礼记·礼运》中的"大同"思想可以说已为中华民族勾画出一幅"和谐社会"的理想蓝图。而最早将"和"作为哲学概念使用的应该是西周的太史史伯，他在与郑桓公分析天下大势时讲道："夫和实生物，同则不继。以他平他谓之和，故能丰长而物归之。若以同裨同，尽乃弃矣。故先王以土与金木水火杂，以成百物。是以和五味以调口，刚四支以卫体，和六律以聪耳，正七体以役心，平八索以成人，建九纪以立纯德，合十数以训百体……声一无听，物一无文，味一无果，物一不讲。"① 史伯用金木水火土相协调能生成万物，五种滋味相调和能调出好的口味，六种音律相配合能奏出动听的乐章，来说明"和实生物"；又用一种声调组不成美妙动听的音乐，一种颜色构不成绚烂夺目的色彩，一种味道算不上是美味，一种物体无法对它做优劣的评判，来说明"同则不继"。史伯将"和"与"同"区分开来，现代引申过来"和"是指协调事物的矛盾、差异，"同"是等同，完全抹杀矛盾，泯灭差异，在这里"和"与"同"是辩证统一的。《左传·昭公二十年》齐侯与晏婴的一段对话则进一步区分了"和"与"同"。齐侯对晏婴说："唯据与我和夫。"晏子对曰："据亦同也，焉得为和？"公曰："和与同异乎？"对曰："异。和如羹焉，水火醯醢盐梅以烹鱼肉，燀之以薪。宰夫和之，齐之以味，济其不及，以泄其过。君子食之，以平其心。君臣亦然。君所谓可而有否焉，臣献其否以成其可。君所谓否而有可焉，臣献其可以去其否。是以政平而不干，民无争心……今据不然。君所谓可，据亦曰可；君所谓否，据亦曰否。若以水济水，谁能食之？若琴瑟之专一，谁能听之？同之不可也如是。"② 用现代汉语来说，"和"作为一个哲学概念强调的是事物的差异性与多样性，同时还特别强调对立双方的包容与转化，万事万物正是在这种既对立又融合的状态下，不断寻找平衡、实现和谐、求得发展。而"同"则强调的是事物的同一性，是形而上学的。

孔子"和"的思想，是对上古优秀思想文化的继承。《论语》中孔子直接谈到"和"的地方只有两处，一处是"君子和而不同，小人同而不

---

① 《国语·郑语》，中华书局，2002。

② 《左传·昭公二十年》，上海古籍出版社，2004。

和"(《子路》)。至于"君子周而不比，小人比而不周"（《为政》），虽未直接谈到"和"，但在这里"周"即为"和"，"比"则为"同"，这两句话其实意义相同。另一直接谈到"和"的地方是："丘也闻有国有家者，不患寡而患不均，不患贫而患不安。盖均无贫，和无寡，安无倾。"（《季氏》）孔子讲的"和"是与"同"相对而言的，不是一味求和，乃至抹杀矛盾、差异，而是恰当地处理矛盾、差异，保持对立统一，达到和谐的结果。《论语》中孔子的学生子有（冉求）也谈到"和"，提出："礼之用，和为贵。先王之道，斯为美，小大由之。有所不行，知和而和，不以礼节之，亦不可行也。"① 这里"和"的释义有些争议，主要有三种不同的解法，和顺、中和与调和。带入原文比较，笔者认为"和顺"比较贴合原文，即礼的功用是以能让人们和顺相处最为贵重，上古圣王之道也就美在这和顺之上，不论大小事情都应一律依循着和顺来进行。如果有行不通的地方，如果因为只知道和顺的可贵，就一味地拿它来做行事的准则，而不用礼来做适当的限制，那也是行不通的。孔子讲的"和"，与"中庸"有密切关系，也即"中和"。《中庸》中提到："喜怒哀乐之未发，谓之中；发而皆中节，谓之和。中也者，天下之大本也；和也者，天下之达道也。致中和，天地位焉，万物育焉。"② 意思是指喜怒哀乐各种感情没有表露出来的时候，叫作"中"；表露出来以后符合常理，叫作"和"。"中"是天下的根本；"和"是通贯天下的原则。达到"中和"的境界，天地便各在其位了，万物便生长发育了。"中和"是宇宙万物的最高法则，这种法则要求人们在国家社会治理、为人处世等方面，坚持适度的原则，把握分寸，恰到好处，从而使整个社会达到和谐的状态。在这个意义上，"和"就是儒家所推崇和追求的一种最高的价值理想和价值目标。

和谐社会是两千年来儒家所追求的社会目标。儒家在以"尽性""位育""利者义之和"为内涵的和合哲学基础上，形成了和谐社会理念，同时还进行了以"伦理社会"和"福利国家"为特征的实践，并设计"大同社会"作为和谐社会的终极蓝图。儒家和谐思想包括自我和谐、人际和谐、天人和谐几个方面。在人与人、人与社会的关系上，儒家要求人们

---

① 《论语·学而》。
② 《中庸·第一章》。

"和为贵",互相容忍、互相尊重、和谐共处;在人与自然的关系上,儒家文化提倡"天人合一""天人相分"等思想;在人之身与心两方面,儒家重视对精神境界的追求,要求人们重视生命与道德、物质追求与精神追求的和谐统一。儒家的这些思想精神无疑为缓解和解决当代人与人、人与社会、人与自然以及物质文明与精神文明之间的失衡和矛盾提供了智慧源泉。在人与自然的关系上,如何开发而不破坏,从而为子孙后代留下广阔的发展空间;在人与人的关系上,如何竞赛而不对抗,从而实现社会的健康发展;在物质生活与精神生活的关系上,如何使两者协调统一,从而实现人的身心全面发展,正是当代社会发展亟待解决的问题。这些问题的解决固然是一个复杂的系统工程,儒家思想不能也不可能为解决这些问题提供现成的答案,但弘扬和继承儒家和谐思想的优秀成分,对提高人的道德素质,培育和形成人与人、人与社会、人与自然和谐发展的观念,建设现代精神文明,具有重要意义。

(三)道家体系中的"和谐"思想

道家创始人老子也十分重视"和"。他说:"道生一,一生二,二生三,三生万物。万物负阴而抱阳,冲气以为和。"① 他认为,"和"是"道"的作用,顺"道"则"和"。道之所以能够生万物,是因为道蕴含着阴阳两个相反相成的方面,阴阳相互作用,形成了宇宙万物的和谐。而老子又说:"知和曰常,知常曰明,益生曰祥,心使气曰强。"② 这是老子从自然之道引入人之道,我们懂得了"和"就是懂得了"道",从而人会变得明智、吉祥、强大。老子的承继者庄子则主张齐万物以逍遥,把和合之境看成万物所追求的理想境界。他提出:"夫明白于天地之德者,此之谓大本大宗,与天和者也;所以均调天下,与人和者也;与人和者,谓之人乐;与天和者,谓之天乐。"③ 在庄子看来,获得人际关系的和谐,就会感到做人的快乐;能与天保持和谐,则能获得无穷的快乐。道家追求的正是这种超越了一切对立的天人和合、天人同乐的境界。

《周易》是中国古代群经之首,而第一卦乾卦就提出"太和"观念,

---

① 《老子·四十二章》。
② 《老子·五十五章》。
③ 《庄子·天道》。

《象传》曰:"乾道变化,各正性命。保合太和,乃利贞。首出庶物,万国咸宁。"① 所谓保合太和,"保谓常存,合谓常和"。(《周易程氏传》卷1)唯常存常和,万物始得利而贞正。《周易》当中的细缊、和会、相摩、和合、相通,都含和合、融和之义,都是保合太和的具体表现。张载在其《正蒙》太和篇中进一步解释道:"太和所谓道,中涵浮沉、升降、动静、相感之性,是生细缊、相荡、胜负、屈伸之始。其来也几微易简,其究也广大坚固。起知于易者乾乎! 效法于简者坤乎! 散殊而可象为气,清通而不可象为神。不如野马、细缊,不足谓之太和。语道者知此,谓之知道;学易者见此,谓之见易。不如是,虽周公才美,其智不足称也已。"② 张载在这里明确提出了"太和"的意义就在于它作为"道",其中含性与气,是一大全。

由此可见道家和谐思想作为中国传统和谐思想的重要组成部分,不仅涉及人的身心健康,而且关系社会的稳定发展与全面进步。道家的和谐思想也主要包括三方面内容:人与自然的和谐、人与人的和谐以及人的身心和谐。自然和谐是道家思想体系中最显著的特征,它是一种合目的与合规律的生存状态。道家认为人与自然、人与人的身心本来是和谐的,只是由于违背了自然万物的运行规律,才失去和谐。老子云:"人法地,地法天,天法道,道法自然。"③ 所以,只有遵从"道",不违背自然规律,才能实现三者的和谐。道家的和谐思想对诸子百家思想的发展产生了深远的影响,对当时历史的发展也起到了一定的促进作用。不仅如此,这一思想还为现代人建构当代的和谐观念提供了价值参考和理论资源。在实践上它有利于环境保护和社会的可持续发展,有利于社会稳定,有利于人的身心和谐。

综上所述,"和"在中国传统文化中主要表现为五个方面。(1)"天人之和",即中国人在人与自然的关系上追求和谐;(2)"人际之和",即在处理人与人(群)的关系上追求和谐;(3)"身心内外之和",即在处理身与心、内与外的关系上追求和谐;(4)"内心之和",即个体在调节自己

---

① 《周易》,中华书局,2010。
② 张载:《正蒙·太和篇》,中华书局,1978。
③ 《老子·二十五章》。

内心世界时追求和谐；（5）"审美之和"，即在审美情趣上流露出"以和为美"的心态。今天我们希望建构的和谐社会是在继承中国传统文化"和"的基本要素上发展的。

二 藏族文化中的和谐思想研究

西藏自治区的面积占全国总面积的 1/8，人口以藏族为主，还有汉族、回族、门巴族等。各民族文化相互交流碰撞，出现相互融合的趋势。特别是汉藏文化在长期的历史发展过程中，相互影响、相互融合，形成西藏文明东向发展的大趋势。① 在拉萨市内有一座建于清朝的关帝庙，当地藏族人称格萨尔拉康。格萨尔是藏族传统的英雄人物，而关羽是汉族传统的英雄，由此可以看出汉藏文化交流的影响。历史上，唐朝的文成公主远嫁松赞干布不只是为地区和平做出了杰出贡献，更重要的是增进了汉藏的文化交流。因此，中国传统文化也对西藏产生着重要影响。

藏族文化是中国民族文化中最具特殊性的文化之一。其特殊性表现在，它是以藏传佛教文化和藏族的传统文化融合而成的复合体，并以其丰富深奥的内涵和色彩斑斓的形式引起广泛的关注，成为世界范围的研究热点。7 世纪中叶吐蕃松赞干布执政时期，佛教由印度传入藏区后，逐渐代替了藏族原始苯教文化，成了藏族的主体文化，使藏族脱离了嗜杀好战的原始状态，逐渐转变为宽厚慈悲，热爱和平，具有深邃哲理思想和利他价值观，富有精神内涵的文明民族。佛教传入藏区一千三百多年来，对藏族地区的政治、经济、哲学、文学、艺术、天文、历算、法律、科技、医学、建筑等领域产生了巨大的影响，尤其对西藏社会的进步、稳定、和谐起到了十分重要的作用。经过对藏传佛教思想理论的梳理分析，我们发现其中蕴含着丰富的和谐思想。

（一）藏传佛教的普世思想与和谐社会

藏传佛教教义的核心是普度众生、拯救苦海中的劳苦大众，以慈悲、施舍、忍让等伦理道德品行作为精神上的最高追求。在藏传佛教中，作为信佛的僧众，首先必须具备舍身救人和无私奉献的思想境界。宗喀巴大师曾经说过："心善者地和路也善，心恶者地和路也恶，努力常做心地善良

---

① 石硕：《西藏文明东向发展史》，四川人民出版社，1994。

者。"这就说明藏传佛教在根本上提倡慈悲之心、普世众生的理念。历史上出现的高僧大德,都具备这样的慈悲之心,舍弃财富、名利,甚至生命而不惜一切地去帮助别人。而在现实生活中,在全民信教的藏族地区,只要有空闲,信教民众就会右手持嘛呢经筒,左手持念珠,口念六字真言,磕长头、转山、转湖,其目的是祈祷众生平安幸福。可以看出藏传佛教与和谐社会所提倡的人与人、人与社会相互协调、相互帮助、和谐共生的理念具有一定的一致性。

(二)藏传佛教的慈悲心与和谐社会

藏传佛教的教义历来重视人与自然、人与人的和谐。藏传佛教的"十善"就强调人与人和谐的重要性,并提出众生不能做有悖人伦,有悖自然法则的坏事;认为人和万事兴,待人处世以和为贵,天时、地利、人和,尊老爱幼,反对暴力,提倡慈悲之心等。只有人和,社会才能进步、安宁、幸福。藏传佛教自古以来也重视人与大自然的和谐。佛教持"万物有灵""不杀生害命"等理念,主张众生平等,即不仅人与人平等,而且人与包括动物在内的一切有情众生平等,视圣水为神灵,对神山而膜拜,敬畏每一口泉眼,呵护每一朵花草,反对损害自然,反对挖掘草山、污染水源、侵犯野生动物。他们认为世上的一草一木都是有生命的,倘若你踩死一只蚂蚁或砍伐一棵树木都是有罪过的;污染河流泉水,等于侵犯了龙王的领地,杀死一只小狗小猫,等同于杀了一个人,其罪孽深重,罪大恶极。佛教的慈善、和谐理念,在信教民众中根深蒂固。总之,藏传佛教在人与人的和谐相处中不仅过去而且现在都起到了不可低估的作用。因此在藏区从古到今只要有寺院的地方,有信教群众的地方,就是保持原生态最好的地方,大多数地方山清水秀、鸟语花香、景色宜人,寺院周围栖息着石羊、盘羊、黄羊、鹿、獐子、雪豹等多种野生动物,构成人与人和睦相处,人与动物和谐相处的自然景观,这种景观在其他地方都很难见到。藏传佛教中的这些朴素的生态理念与和谐社会所提倡的以人为本、人与自然和谐相处的科学发展观具有一致性。

(三)藏传佛教的道德观与和谐社会

藏传佛教以自修清净道德,不损害别人为人生最高价值准则;而汉传佛教则认为修佛的目的是拯救众生离苦得乐,菩萨道行也要通过利众的善德善行来完成，故敬爱众生、利乐众生是汉传佛教的最高价值。在《华严经·十地品》中说："成就诸佛法，救摄群生众。""菩萨最胜道，利益诸众生。"《入菩萨行论》中说："心生利众一念头，功德远胜供养佛，为求一切众生利，做事功德何须说。""十善戒"，即戒杀生、戒偷盗抢劫、戒淫乱、戒说谎骗人、戒挑拨离间、戒恶言伤人、戒说是非语、戒贪欲、戒暴躁怒气、戒背理邪见等。这些戒条不但是佛教道德的要求，也是符合世间道德要求的，如果人人能坚持这"十善戒"，人间定会成为和谐世界。藏传佛教的这种道德教化，有利于国泰民安，保持良好的社会秩序，因此在历史上得到朝廷和上层社会的器重和信奉。同时人类社会的一切矛盾和纠纷，一切犯罪行为皆由贪欲、嗔恨、愚痴、嫉妒、傲慢、邪知见引起。因此，想要化解社会矛盾和人际纠纷，消除犯罪根源和各种不安定因素，建设和谐社会，除了完善社会制度，加强和完善法制，消除外部的各种因素，更重要的是要重视内因，从净化人心着手，弘扬慈悲利众的佛教文化，提高人们的理性意识和道德自律意识。藏传佛教道德观对净化人心，提高人们的道德素质，增强人们的自律意识，协调人际关系，消除矛盾纠纷，预防社会犯罪活动，增强民族团结，安定人心，稳定社会具有积极的作用。

综上所述，藏传佛教的慈悲心、道德观以及它所提倡的各种生命之间以和为贵的理念，在维护西藏地区的和谐、稳定与发展中起到了潜移默化的作用，而对于社会稳定、民族团结，尤其对构建生态的、科学的、以人为本的和谐社会起到了积极的作用。

从以上分析可以看出，"和谐"思想根植中国传统文化和藏文化之中，而生活于其间的中国人在心理和行为上，特别是在处理人与人、人与社会、人与自然的关系时会潜移默化地形成一种维护和保持"和谐"关系的心理倾向。我们把这种心理倾向叫作"和谐心理"。当社会中的个体具备了和谐心理的各种特质时，则社会必然走向和谐、稳定。

第二节 "和谐心理"与中国社会和谐稳定相关研究概述

关于"和谐心理"的提法和相关研究还不多见，特别是未见经过实证且比较成熟的研究成果。我们通过梳理现有的相关研究文献，希望形成本研究的重要理论支撑：建构和谐稳定的社会组织系统的关键是社会个体必须具备"和谐心理"的基本特质。在本研究中，笔者选择了主观幸福感、自我和谐、心理健康的量化指标作为评价个体"和谐心理"水平的工具，同时也用这三个指标来反映西藏地区藏族民生状况的基本情况和西藏社会和谐稳定的基本状况。

一　"和谐心理"的基本结构

已有研究认为"和谐心理"是由和谐认知、和谐情绪、和谐动机与和谐行为四个层次组成的基本结构（见图 1－2）。[①]"和谐"认知是指人们对"和谐"的性质、特征和作用理解程度的认识，包括对"和谐"心理与行为的赞同或反对；"和谐"情绪是指人们表现出"和谐"行为时内心的一种情绪体验，包括对"和谐"的正性情绪体验（即积极体验）和负性情绪体验（即消极体验），如在"和谐"情境下个体感到愉快、喜欢、积极、主动等情绪体验，本研究根据前述的核心概念界定和理论梳理，选择主观幸福感来反映个体的"和谐"认知与"和谐"情绪特质；"和谐"动机是指人们在人际交往过程中是否愿意、积极、主动地表现出"和谐"行为，包括对"和谐"心理及行为的趋向性和回避性，本研究选择自我和谐来反映个体"和谐"动机特质；"和谐"行为是指人们在人际交往过程中是否能表现出"和谐"的言行，本研究认为心理健康的个体能很好地反映个体的言行是否和谐。据此，本研究确定以个体主观幸福感、自我和谐、心理健康三个指标作为藏族个体"和谐心理特质"的指标体系，这也构成本研究的核心研究内容。

在这个结构中，首先是个体完成对"和谐"的认知，即个体在人际交往过程中对"和谐"的内涵、性质和功能等要有所了解，在此基础上产生对"和谐"行为的认同或回避。当个体认为以和为贵对自己的人际交往产生积极作用时，就会认同自己或他人的"和谐"行为，并表现出"和"的行为；反之，当个体认为以和为贵会对自己的人际交往产生消极作用时，

---

① 常丹：《当代大学生尚"和"心理测量量表的编制》，四川师范大学硕士学位论文，2014。

就会回避该行为，从而在人际交往过程中表现出"不和"的行为。其次是个体对"和谐"的情绪体验，即在人际交往过程中个体对自己或他人出现"和谐"行为会产生一定的情绪体验，若在交往过程中个体遇到自己或别人出现"和谐"行为时，产生的是积极的情绪体验，比如愉快等，则个体就会在以后的交往过程中继续保持或产生"和谐"的行为；反之，在交往过程中个体面对自己或别人产生"和谐"行为时，出现的是消极的情绪体验，比如厌恶、懊恼等，个体就会在以后的交往过程中回避"和谐"行为。再次是个体"和谐"的动机，即人们在人际交往过程中是否愿意、积极、主动地表现出"和谐"行为愿望。最后是个体的"和谐"行为，"和谐"行为是人们在人际交往过程中对他人所做出的"和谐"的行为反应，是"和谐"的外在表现形式，是衡量个体是否具有"和谐"心理的重要标志。

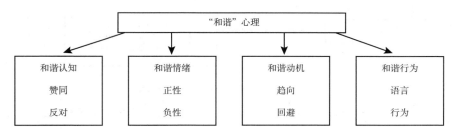

图 1 - 2　"和谐"心理的理论结构

"和谐"心理的产生不是单一的，而是由注意、感知、想象、思维等多种心理过程综合作用的结果。心理学的社会知觉标准模型认为，对行为的印象是由许多阶段组合而成的，对行动类型进行基本的等级分类后，感知者首先产生对这些行动为何发生的最初特征的想法，随后，探查这些最初特征的任何正确性信息，并做出反应。[①] 由此可知"和谐"心理产生的重要前提是存在潜在的或真实的情境，如直接的人际冲突或矛盾、潜在的尴尬氛围等，只有当这种威胁被个体注意和知觉，才会影响人们能否产生"和谐"的心理反应（见图 1 - 3）。

---

① Daniel C. Molden, Carol S. Dweck, "Finding 'Meaning' in Psychology: A Lay Theories Approach to Self-Regulation, Social Perception and Social Developmen," in *American Psychologist 61*, 2006, pp. 192 - 203.

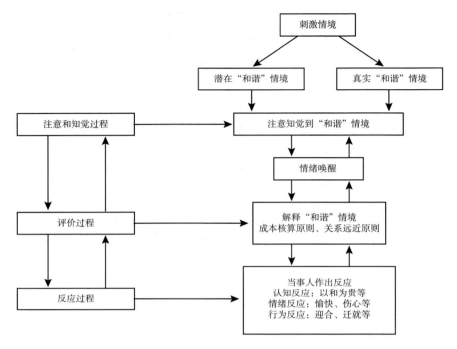

图 1 - 3　"和谐"心理的运作过程

注：黄曪莉：《华人人际和谐与冲突：本土化的理论与研究》，重庆大学出版社，2007。

　　而"和谐"心理是否产生并做出行动往往取决于个体心理评价过程。一般来说，当个体面临"和谐"刺激情境时，往往会根据以下两条原则做出评价。

　　（1）成本核算原则。社会交换理论创始人霍曼斯认为，"分配公正"是社会交换的基本要求，并把"分配公正"视作成本与报酬的比例，其衡量标准有两个：一是经验性标准，即把自己过去成本与报酬的比例和现在成本与报酬的比例进行对比，若现在的比例降低，就会产生不公正感；二是比较性标准，即人们在社会交换中把自己成本与报酬的比例，同那些与自己类似的人进行比较，当一个人与别人做相同的工作，有同样资历，但在交换中获得报酬较少，那么他就会感到不公正。霍曼斯提出的这两个衡量标准，揭示了社会生活的一个普遍规律：自己的成本与报酬、自己与类似他人的成本与报酬之间的比例恰当会使人产生公正感。另外，公平理论假设，陷入不公平关系中的个体感到难以把握关系并感到难过，那些收获大于付出的人会有负罪感，而那些收获小于付出的人会感到难过、失望、气愤、受伤害。① 据此可知，个体通过衡量自己的成本与报酬、自己与他人的成本与报酬后，若感到收获大于付出，就会感到心情愉快，这些情绪又反作用于人的心理和行为，从而引发"和谐"行为。这里的成本与报酬是从人际关系角度出发考量的，成本与报酬即是个体在内心衡量，若在此刺激情境中做出"和谐"行为是否会对现在和未来的和谐人际关系有利，从而选择获利或避免麻烦等。研究证明，个体大多是为了避免未来负面的人际效果而选择"以和为贵"的方式解决问题。

（2）关系远近原则。台湾心理学家杨宜音认为，关系远近的亲疏判断是中国人对人际关系的首要分类标准，关系越是靠近亲缘的核心，其人际关系反应越具有肯定性、情感性、亲密性、和谐性。越是远离亲缘核心，越是具有否定性，越少合作，越疏淡。② 杨国枢分析了中国人的社会取向，其中关系取向是中国人在人际网络中的一种主要运作方式，他把人际关系分为家人、熟人及生人关系，而由关系类型又决定了人们在交往过程中不同的对待原则、对待方式。③ 如与家人交往时，如有矛盾或冲突，人们大都会选择以和为贵，这会促进家庭的和谐、稳定，"毕竟是自己的父母，也是为我好""都是一家人，何必呢"等，足以见得中国人对家的维护之心；与熟人交往时，以和为贵就是不伤双方的"面子""人情"，这些"面子""人情"都是大福，可维系社会人际关系，对自己的未来有莫大的好处，避免不必要的麻烦，"不愿意承受关系破裂之后相处的不便和尴尬"等；而与生人交往时，中国人往往顾虑没有那么多，个体在刺激情境下往往会不太愿意压抑自己，"如果对方态度不好，那就不用给他面子了，会据理力争"④。另外，评价过程也受情绪的影响，特定的情绪往往易激活记忆深处的自我或他人"和谐"经历的图

---

① Ari Väänänen, et al., "When It is Better to Give than to Receive: Long-Term Heath Effects of Perceived Reciprocity in Support Exchange," in *Journal of Personality and Social Psychology* 89, 2005, pp. 176 – 193.

② 杨宜音：《试析人际关系及其分类——兼与黄光国先生商榷》，《社会学研究》1995 年第 5 期。

③ 杨国枢：《中国人的社会取向：社会互动的观点》，《中国社会心理学评论》（第一辑），社会科学文献出版社，2005。

④ 杨国枢：《中国人的社会取向：社会互动的观点》，《中国社会心理学评论》（第一辑），社会科学文献出版社，2005。

式，从而产生此情境下的评价。同时情绪的性质也会影响人的评价方式，较之消极情绪状态，积极情绪状态下个体往往易于对事件、情境产生积极评价，更愿意做出以和为贵的举动，从而避免争端，使自己保持良好的情绪。

"和谐"的反应主要包括言语和行为两个方面。通过日常观察可知，个体在遭遇人际冲突或矛盾时的行为反应类型主要有自控型、回避型、冷战型和冲突型。自控型的个体会先自我控制情绪，等冷静下来再解决问题，也就是说用理性从容的言语和行为去解决矛盾。这一类型的个体有明确的自我观念，能够有效地控制自己的情绪，进而从容地解决人际关系中的摩擦，更好地构建自己和谐的人际圈；回避型个体会先压抑自己的情绪，使之不爆发，然后选择沉默面对或不予作答，表面没有反应，内心实则劝慰自己、说服自己以维持表面上的和谐；冷战型个体则会就此与对方冷战，无论对方再说或再做些什么都不予反应，将对方视为空气；冲突型个体不会压抑自己，不能很好地控制自己的情绪，会与对方据理力争，以争吵、争执甚至打架的方式分出高下。当然，这种划分是相对的，因为个体有时不一定只是表现出单一的行为反应倾向，有时会表现出两种或两种以上的行为反应，如冷战加回避、自控加冲突等类型。以上是从个体心理层面来分析和谐心理行为运行的机制，它有利于我们从本质上认识和了解和谐稳定社会运行的组织系统。可见研究西藏社会的和谐稳定需要从我们特有的和谐文化思想和由此决定的和谐心理特质的层面加以分析和研究，才能触及问题的本质。

综合以上关于和谐思想以及和谐心理运行机制的梳理和分析，前人丰硕的认识成果可以为本研究提供重要的理论支撑，那就是个体心理和谐是社会和谐稳定的根本保证。只有当社会组织结构中的基本单元——个体具有了和谐所要求的心理特质之后（在本研究中实际是将主观幸福感、自我和谐和心理健康三个指标作为个体和谐心理特质的基本内涵），整个社会组织系统才有可能构建真正意义上的和谐社会。中共十六届六中全会以来明确提出构建社会主义和谐社会的目标，至此在学术界和理论界涌现出大量有关和谐社会的相关研究成果，这些成果为我们系统分析西藏社会的和谐稳定提供了分析研究的平台，故在此也给予一并梳理。

二 中国社会和谐稳定的相关研究成果

（一）社会和谐稳定研究的基本命题

近年来关于社会和谐稳定的研究主题大致包括以下六个方面：社会主义和谐社会的构建；和谐社会的现代意义；和谐社会与社会阶层结构；和谐社会与社会安全；和谐社会与社会改革的新问题；和谐社会与社会公平等议题。对这些议题的研究，又集中反映出几个难点和热点问题：（1）我们现在要建设的和谐社会与过去的和谐社会有什么区别？（2）构建社会主义和谐社会究竟是如何提出来的？（3）如何落实以人为本和互利双赢这个社会主义和谐社会的深层理念？（4）如何理解社会进步与代价的关系？（5）如何理解社会主义和谐社会中社会治理和善治的关系？（6）社会主义和谐社会建设分哪些层次？（7）协调社会利益关系的长效机制有哪些？等等。对于这些热点、难点问题必须要做初步的澄清，才能具备研究西藏地区社会和谐稳定的大前提。当然由于篇幅限制我们也只能就相关的问题做简要的归纳和梳理。

现在要建设的和谐社会与过去的和谐社会有着本质的不同。社会的现代性完全改变了个人、社会和自然及其相互关系，原生性、自发性的和谐秩序已不复存在。现代性不断产生出个人主体性的加强与社会一体化需要之间的矛盾，个人需要自由，社会需要秩序。[①] 这就决定了今天要构建的和谐社会首先必须处理好个人与社会的矛盾冲突，社会个体要具有健康和谐的心理特质，要容许社会各方存在合理的差异，今天的和谐一定不是全社会整齐划一的和谐，而是要达成有差别的和谐。而在建构和谐社会中最具挑战的是具有差别的各方要能实现各安其位、各得其所达到互惠双赢的理想状态，也就是在社会发展的过程中"要促进社会进步、缩减社会代价"，就是要促进社会的协调发展、可持续发展以及社会个体的全面发展，保障社会弱势群体的基本生活，维护社会弱者的基本权益，尊重他们的人格尊严，以实现社会优化和社会进步的最大化，社会问题和社会代价的最小化。构建和谐社会还必须有社会治理的理念，特别是"善治"的理念，

[①] 郑杭生：《构建社会主义和谐社会的几个难点、热点问题》，载黄家海、王开玉编《社会学视觉下的和谐社会》，社会科学文献出版社，2006。

任何和谐社会都不可能自然到来，它凭借的只能是对社会组织系统的设计和管理，特别是"善治"的不断尝试和努力，目前大多研究证明由国家力量、公共部门、社会组织与公民共同管理社会是对现阶段构建和谐社会而言的最佳选择。以上是对和谐社会构建过程中的一些基本命题研究成果的初步梳理，这为我们接下来对西藏社会的实证研究提供了分析讨论的背景和平台。

（二）社会和谐稳定的相关研究成果梳理

相关研究成果可依据其研究类别分为三类。

（1）理论研究类。如谭明方《从社会学视觉解析"构建和谐社会"》；郑杭生《构建社会主义和谐社会的几个难点、热点问题》；李强《从社会学角度看"构建和谐社会"》；翟学伟《中国人传统和谐的社会心理基础及其嬗变》；黄家海《对构建和谐社会的思考》；黎昕《构建和谐社会的现代意义与实现路径》① 等。这类研究成果多从社会学的角度出发思考讨论在中国现阶段构建和谐社会的相关理论问题。比如谭明方认为在社会主义和谐社会的总体特征中，"公平正义"属于"道德价值"层面的特征，"民主政治制度、公平的法律制度"属于"规范体系"层面的特征，而"诚信友爱、充满活力、安定有序、人与自然和谐相处"则是互动层面的特征，因此他将构建和谐社会放在社会系统中的"道德价值""规范体系"和"互动行为"三个要素之间的整合关系中展开讨论，并提出构建和谐社会要确立"具体道德价值"，围绕具体道德价值的内涵来制定"规范体系"，同时以具体道德价值与规范体系去引导和规制人们的互动行为的研究思路。翟学伟则从社会心理的角度深入分析了中国人在传统文化的背景下，在心理和行为模式上具有和谐的心理倾向，这种心理倾向主要表现在中国人的人际交往中，它为构建中国式的和谐社会提供了心理学的理论依据。

（2）社会阶层结构研究类。如戤海鹏《关于中产阶级"类型"的提问与思考》；方金友《扩大农村中等收入者比重，构建社会主义和谐社会》；吕红平、李英《基于出生性别比的人口安全与和谐社会建设的关系研究》；张蕾《和谐社会与生活质量评价体系的再建构》；赵定东《"群体"失业者的转型适应与社会认同》；李春玲《社会经济地位获得的制度与非制度

---

① 黄家海、王开玉编《社会学视觉下的和谐社会》，社会科学文献出版社，2006。

路径：流动劳动力与非流动劳动力的地位获得过程之比较》；关信平《论现阶段中国社会保障制度的转型与重构》等。这类研究主要针对构建社会主义和谐社会过程中社会各阶层的定位和各阶层的职能，特别是对弱势群体的保障制度设计等问题进行分析研究。崑海鹏认为中国的中产阶级大约占总人口的15%～18%，他们不同程度地占有社会的经济资源、文化资源、组织资源。[①] 中产阶级在中国是作为地位群体出现的，并且他们的出现代表了政治性分层的解体和市场化时代分层结构的开始，其在中国的快速发展是全球化时代产业结构以及生活方式的产物，中产阶级的出现和发展对于我国现阶段构建和谐社会具有重要意义。关信平则认为我国过去30年的改革过分强调经济效益和经济增长，对社会公平和再分配等社会目标重视不够，在制度设计上对农村劳动力转移等重大社会过程估计不足，因此需要对现有的社会保障制度进行重构。吕红平、李英认为在构建社会主义和谐社会的过程中我国人口数量、素质和结构的安全问题值得做深入的系统研究，比如人口出生性别比就直接关系一定时期的社会和谐稳定，必须提前进行研究并制定出客观合理的人口政策。张蕾主要完成了中国生活质量评价体系的建构，这个评价体系分生活质量保障状况评价体系和生活质量需求满足程度评价体系，体系内由经济系统、社会系统和自然系统三个维度组成，这为我们从更精细的角度研究社会各阶层的生活质量提供了量化研究的可能性。

（3）社会失范和冲突研究类。如吴金芳《贝克风险社会理论及其对构建社会主义和谐社会的意义》；李亚雄《失范：对当前劳资冲突问题的一种解释》；朱力《化解失范：建设和谐社会的一项基础性任务》等，这类研究主要针对社会各种矛盾冲突提出怎样建立预警机制，在具体实践过程中政府怎样制定客观合理的民生政策来化解矛盾冲突。

通过对以上研究的梳理，笔者基本掌握了现阶段关于和谐社会的研究现状，这些研究成果是我们研究西藏社会和谐稳定的重要基础。因为我们借以通过社会个体所具有的主观幸福感、自我和谐和心理健康的"和谐心理"特质来说明西藏社会和谐稳定的现状和特征，所以在此还需对主观幸福感和自我和谐、心理健康的相关研究成果进行梳理，以使我们接下来的讨论和分析能在更广泛的层面展开。

---

① 陆学艺：《当代中国社会阶层研究报告》，社会科学文献出版社，2002。

第二章 主观幸福感、自我和谐与藏族个体心理健康研究

第一节 主观幸福感

一 主观幸福感研究的起源

主观幸福感的研究缘起于 20 世纪 50 年代至 60 年代西方国家兴起的生活质量研究运动和幸福心理学研究。

第二次世界大战以后，以美国为代表的西方国家的经济迅速发展，人们的物质生活水平不断提高。但是物质资料生产的发展总是赶不上人们对富裕生活的要求。于是有的学者开始怀疑幸福生活的客观物质条件对于人类幸福的决定意义，并对传统经济学中仅以人均国民经济收入增长率、人均寿命和教育等作为衡量社会发展程度及国民生活水平的方法提出挑战。为此，他们在寻求有效的生活质量指标以监控社会发展和改善社会政策的背景下，提出"生活质量"的概念。这一概念主要是一种评价人们生活质量的量化的主观性指标，强调主观的精神生活水平对人们的生存和社会发展的意义。它表明人们尽管生活在一个客观的环境中，但当他们评价自己的生活时通常依据的是自己主观感受到的世界。从 20 世纪 50 年代中后期，学者们进行了大量实证性研究，取得了丰富的研究成果，这些成果为幸福心理学的形成打下了坚实的基础。

在 20 世纪 50 年代以前，心理学研究对人类社会生活产生最重要影响的是临床心理学，包括心理障碍和心理问题诊断、咨询与治疗等。长期以来，心理学家更多地关注人们心理和行为的消极方面，包括非正常人的心

理与行为，或者关注一般人的不健康的心理和行为，极少有人研究关注人们心理和行为的积极方面，如健康心理、人生幸福和事业成功等。有统计资料表明，过去 100 项心理学研究中有 99 项是研究消极心理的，而只有 1 项是研究有关积极和健康心理的。^① 为此，在 20 世纪 50 年代初期，西方心理学家格兰特（Grantel）、马斯洛（Marslu）等人倡导积极心理学运动。该运动关注人们的心理健康、幸福感和自我实现等问题，并提出了幸福心理的重要理论观点和测量工具，主观幸福感就是其中的核心概念之一。在生活质量研究和积极心理学运动的共同推动下，主观幸福感的研究蓬勃发展并取得了丰硕成果。

20 世纪 60 年代以来，主观幸福感的理论研究和实证研究有了长足的发展。1973 年，《国际心理学摘要》开始把"幸福感"列为一个词条索引。1974 年，国际社会指标研究杂志创刊，从此给予幸福感以特别的关注，刊发了大量的相关文章。到了 2000 年《美国心理学家》杂志列出专题讨论积极心理学，前美国心理学会主席塞尔基曼（Seligeman）博士称心理学研究范式已由"不幸模式和疾病模式向幸福模式或积极心理学模式"转变。^② 到 2000 年 5 月，主观幸福感已成为一个非常流行的心理学研究主题，这表明主观幸福感的研究已进入一个相对成熟的阶段。

综观西方主观幸福感研究的发展历程，我们可以将 20 世纪 50 年代起源的主观幸福感研究归纳为三个阶段。（1）描述性研究阶段（20 世纪 50 年代至 70 年代），研究主要局限在资源分类和人口统计项目上。研究者只是将各类人群的主观幸福感进行了简单的测量，并描述和比较了相应的主观幸福感水平。（2）理论建构阶段（20 世纪 70 年代至 90 年代），在这一时期建立了许多关于主观幸福感的心理理论模型，并且仔细地研究、验证、解释了这些模型，逐渐形成和完善了主观幸福感的理论体系。（3）实证性研究阶段（20 世纪 90 年代至今），研究重点是结合多种方法测量主观幸福感，并通过跨文化的比较，寻找影响主观幸福感的因素，探讨提高人们主观幸福感的方法和途径。不难看出西方主观幸福感的研究从最初的描述比较，发展到后来的理论建构，产生了一系列的量表与理论模型，直至

---

① 郑雪、严标宾、邱林、张兴贵：《幸福心理学》，第 23～24 页。
② 吴明霞：《30 年来西方关于主观幸福感的理论发展》，《心理学动态》2000 年第 4 期。

近年来在实证研究中深入理解主观幸福感的多样化心理过程和确定因素之间的因果关系，并试图在研究中加入心理过程的干预等要素，这是一个不断向前发展的过程，这无疑进一步表明西方关于主观幸福感的研究工作正向着更加成熟的阶段迈进。

二 中国主观幸福感的研究现状

我国对主观幸福感的研究始于20世纪80年代中期，比西方大约落后30年，但发展的速度却比较快，特别是最近10年的发展突飞猛进。通过对30多年来我国主观幸福感研究情况的归纳，从研究对象上看，最初主要集中在老年群体，20世纪90年代中后期逐渐展开了对大学生、中学生主观幸福感的研究，近年来的研究对象主要集中在一些特定人群，例如女性、青年、患者群体等，到目前为止还未见专门针对某一具体民族主观幸福感的系统研究。在我国这样一个多民族多文化共存的国度中，这无疑是一个具有很大空间的研究领域。从研究内容上看，大部分是研究某一时期、某一群体主观幸福感的特征；或者是研究同一时期不同群体主观幸福感的差异情况；同时对影响主观幸福感的因素也做了大量研究，结果显示影响主观幸福感的因素主要有人格特征、自尊、社会支持、价值取向、家庭经济收入、生活事件、性别等因素。从这些研究内容上看，较少有涉及跨文化的和纵向的研究模式，特别是缺少探寻各影响因素与主观幸福感的因果关系以及如何提升人们的主观幸福感水平等这些方面的深入研究。因此，我国主观幸福感的研究水平与西方等国的研究还存在着一定的差距。从研究方法上看，我国关于主观幸福感的研究大都采用自陈量表调查法，主要采用国外现成的量表，测评工具建设主要表现为引进、修订国外量表，近期也有研究者试图编制一些本土化的测量量表，但使用和普及率不是很高，这也在某种程度上制约了我国主观幸福感的研究进程。

（一）研究进程

我国主观幸福感的研究进程可分为三个重要阶段。（1）20世纪80年代中期到90年代中期，属于国外理论和量表的引进阶段，主要表现为这一阶段的研究成果零散于各个年份，成果较少，研究对象主要集中在一些特定人群。（2）20世纪90年代中期到21世纪初期，属于应用国外研究工具小范围测查阶段，主要表现为这一阶段几乎每年都有研究成果发表，主要是针对大学生、教师和老年人的调查研究，样本都在 400 人以下，同时这一阶段也介绍了一些国外的研究成果。（3）21 世纪初至今，为我国主观幸福感研究飞速发展阶段。这一时期我国经济飞速发展，人们物质生活不断丰富和提高，这使人们开始普遍关注自己的生活质量，追求主观幸福感。于是，这一阶段主观幸福感研究主要表现为研究成果大批涌现，研究者不仅探讨人们的主观幸福感状况，还开始研究相关变量对主观幸福感的影响。一些学者还开始了主观幸福感的本土化研究，探讨适合我国文化特点的研究工具和理论，而且也出现了不少总结性的研究和学术专著，采用跨文化研究主观幸福感已初现端倪。这个阶段著述颇丰的学者有郑雪、邢占军和万明钢等。

（二）研究成果

综观我国关于主观幸福感的研究，由于起步较晚，其研究成果比较零散，缺乏系统性。笔者将收集到的现有资料做了梳理分析，大致有三个方面的内容。

1. 国内学者的研究专著

郑雪、严标宾等著《幸福心理学》① 是目前为止国内在主观幸福感理论研究上比较成熟和完善的一本专著，它着重讨论了主观幸福的构成要素，如何测量和评估人们的主观幸福感，主观幸福感与文化、人格、遗传、社会比较等因素的关系等一些基本的理论问题。其特别之处在于书中加入了大量本土化的研究成果，如 2000 年该书作者参加了由美国著名的主观幸福感研究专家迪勒尔主持的一项由 48 个国家和地区参与的大学生主观幸福感跨文化的研究项目。该研究调查了 48 个国家和地区的 9997 名大学生对生活的满意度、正性情感和负性情感，其结果显示不同文化群体之间主观幸福感存在显著的差异，其中拉美文化背景下的大学生对生活的满意度显著高于儒家文化背景下的被试，在情绪方面也有相同的差异存在。这项研究的思路和方法为推进我国主观幸福感的跨文化研究提供了有益的尝试，也给本研究的选题和研究思路以及操作路径以极大的启发，因此这本专著成为本研究最基本的理论参考用书。邢占军的《测量幸福——主观幸

---

① 郑雪、严标宾、邱林、张兴贵：《幸福心理学》，暨南大学出版社，2004。

福感测量研究》①，主要研究测量主观幸福感的理论和方法，并编制出具有较高信效度的测量中国城市居民主观幸福感的测量量表，实现了测量工具的本土化，但由于种种原因该量表目前还没有得到广泛的运用。刘次林的《幸福教育论》②，主要从哲学的层面追述了不同时期的幸福观，并从德育教育的角度阐释了人们获得幸福的途径，其基本思路对本研究也有很大的影响。总体上看，这几本专著比较系统地介绍了西方主观幸福感的理论体系和研究方法，也实现了测量量表的本土化，但由于真正意义上的本土化实证研究成果积累不够，特别是对我国这样一个多民族、多元文化并存的国家的各个民族主观幸福感的系统研究较少，所以其研究层面还有待提高和完善，还需要广大的心理学研究者做大量深入细致的调查和研究，为形成我国本土化的主观幸福感的理论体系打下坚实的基础。本研究也正是在这一认识基础上开展的对藏族主观幸福感的系统研究，试图为补充我国主观幸福感的本土化研究成果做些许尝试。

2. 综述类论文

要开展主观幸福感的本土化研究，必须首先了解和掌握大量的相关研究，特别是西方国家的已有研究成果。为此，笔者将国内概括介绍西方主观幸福感研究成果和进展的论文做了梳理，其中代表性的文章有：吴明霞《30 年来西方关于主观幸福感的理论发展》③；黄立清、邢占军《国外有关主观幸福感影响因素的研究》④；邢占军、黄立清《西方哲学史上的两种主要幸福观与当代主观幸福感研究》⑤；任志洪、叶一舵《国内外关于主观幸福感影响因素研究述评》⑥；杨俊龙《主观幸福感的跨文化研究述评》⑦；

① 邢占军：《测量幸福——主观幸福感测量研究》，人民出版社，2005。
② 刘次林：《幸福教育论》，人民教育出版社，2003。
③ 吴明霞：《30 年来西方关于主观幸福感的理论发展》，《心理学动态》2000 年第 4 期。
④ 黄立清、邢占军：《国外有关主观幸福感影响因素的研究》，《国外社会科学》2005 年第 3 期。
⑤ 邢占军、黄立清：《西方哲学史上的两种主要幸福观与当代主观幸福感研究》，《理论探讨》2004 年第 1 期。
⑥ 任志洪、叶一舵：《国内外关于主观幸福感影响因素研究述评》，《福建师范大学学报》2006 年第 4 期。
⑦ 杨俊龙：《主观幸福感的跨文化研究述评》，《甘肃政法成人教育学院学报》2007 年第 2 期。

美国麦伊尔斯、戴勒《幸福的科学》①；何瑛《主观幸福感概论》②；邹琼《主观幸福感与文化的关系研究综述》③；郑莺《文化与主观幸福感文献综述》④；苗元江、余嘉元《跨文化视野中的主观幸福感》⑤；严标宾、郑雪《主观幸福感研究综述》⑥；邢占军《主观幸福感测量研究综述》⑦。这几篇综述对西方主观幸福感的理论体系、影响因素、跨文化研究、幸福的哲学观和主观幸福感的测量等各个方面做了比较详细的介绍和梳理，为研究者从宏观上把握主观幸福感的理论框架提供了线索。

此外，系统介绍我国主观幸福感研究状况的文章还有：李志、谢朝辉《国内主观幸福感研究文献述评》⑧；宋海燕《我国主观幸福感研究现状与趋势》⑨；李幼惠、吉楠《主观幸福感研究的新进展》⑩；王晓娟、夏春《主观幸福感差异性研究现状及分析》⑪。介绍我国主观幸福感研究现状的这类综述文章比较概括地展现了国内关于主观幸福感的研究成果和研究进展，其中以宋海燕《我国主观幸福感研究现状与趋势》一文为代表，文章分析了主观幸福感概念的形成与发展，系统介绍了近年来我国主观幸福感研究的现状，特别指出了我国主观幸福感研究应向方法的多元化和本土化方向发展，应该不断扩大研究对象的范围，比如以广大的农民和各民族作为研究样本，同时还应该深入研究文化对主观幸福感的影响作用，探索提高主观幸福感的有效途径。这类文章为本书形成研究的基本思路提供了重要参考。

3. 实证研究类论文

这类研究论文一般都有具体的研究对象，并且大都是以主观幸福感与

---

① 〔美〕麦伊尔斯、戴勒：《幸福的科学》，《电子科技大学学报》（社会科学版）1999 年第 2 期。
② 何瑛：《主观幸福感概论》，《重庆师院学报》（哲学社会科学版）1999 年第 4 期。
③ 邹琼：《主观幸福感与文化的关系研究综述》，《心理科学》2005 年第 3 期。
④ 郑莺：《文化与主观幸福感文献综述》，《社会心理科学》2005 年第 6 期。
⑤ 苗元江、余嘉元：《跨文化视野中的主观幸福感》，《广东社会科学》2003 年第 1 期。
⑥ 严标宾、郑雪：《主观幸福感研究综述》，《自然辩证法通讯》2004 年第 2 期。
⑦ 邢占军：《主观幸福感测量研究综述》，《心理科学》2002 年第 3 期。
⑧ 李志、谢朝辉：《国内主观幸福感研究文献述评》，《重庆大学学报》2006 年第 4 期。
⑨ 宋海燕：《我国主观幸福感研究现状与趋势》，《社会心理科学》2006 年第 2 期。
⑩ 李幼惠、吉楠：《主观幸福感研究的新进展》，《天津师范大学学报》2006 年第 2 期。
⑪ 王晓娟、夏春：《主观幸福感差异性研究现状及分析》，《社会心理科学》2004 年第 3 期。

某一具体因素之间的关系为研究主题，其研究的思路和程序一般是：选择
一种或多种测量工具（以选择国内外现有的测量工具居多）对选定的某一
对象进行测量，根据测量结果分析这一群体的主观幸福感现状以及影响主
观幸福感的主客观因素，有个别研究还进一步阐述了提高主观幸福感的有
效途径和方法。在研究对象的选择上主要集中于特定人群和弱势群体，如
大学生、中学生、小学生和教师、城市居民、老年人、钟点工、妇女等，
很少见以某一民族作为研究对象的成果。这类论文多见于高校硕博毕业论
文中，比较有代表性的有：邱林《主观幸福感的结构及其与大三人格关系
的研究》①；张兴贵《青少年学生主观幸福感与人格的关系》②；李岚《成
都市钟点女工主观幸福感结构研究》③；李艳玲《城市居民主观幸福感特点
及影响因素研究》④；吴丹伟《大学生的社会支持、自我价值对主观幸福感
的影响研究》⑤；尹海兰《大学生主观幸福感及其与人格特征的相关研
究》⑥；王陈《高校女教师主观幸福感研究》⑦；何彩平《寄养儿童主观幸
福感影响因素研究》⑧；王巍《青年军官主观幸福感和婚姻质量的关系研
究》⑨；张艳《西安国有企业退休老年人主观幸福感及其影响因素研究》⑩；
耿文秀《上海城市弱势妇女群体主观幸福感及其影响因素的研究》⑪ 等。
这类成果的总体特征是研究的面比较集中，寻求的影响因素比较具体和单
一，如生活事件、婚姻质量、人际关系、人格特征等对主观幸福感的影

① 邱林：《主观幸福感的结构及其与大三人格关系的研究》，华南师范大学硕士学位论文，
2003。

② 张兴贵：《青少年学生主观幸福感与人格的关系》，华南师范大学博士学位论文，2003。

③ 李岚：《成都市钟点女工主观幸福感结构研究》，四川大学硕士学位论文，2006。

④ 李艳玲：《城市居民主观幸福感特点及影响因素研究》，山东大学硕士学位论文，2006。

⑤ 吴丹伟：《大学生的社会支持、自我价值对主观幸福感的影响研究》，河北师范大学硕士
学位论文，2004。

⑥ 尹海兰：《大学生主观幸福感及其与人格特征的相关研究》，河南大学硕士学位论文，
2004。

⑦ 王陈：《高校女教师主观幸福感研究》，广东汕头大学硕士学位论文，2005。

⑧ 何彩平：《寄养儿童主观幸福感影响因素研究》，华东师范大学硕士学位论文，2006。

⑨ 王巍：《青年军官主观幸福感和婚姻质量的关系研究》，河北师范大学硕士学位论文，
2005。

⑩ 张艳：《西安国有企业退休老年人主观幸福感及其影响因素研究》，陕西师范大学硕士学
位论文，2003。

⑪ 耿文秀：《上海城市弱势妇女群体主观幸福感及其影响因素的研究》，华东师范大学硕士
学位论文，2002。

响，比较缺乏对影响主观幸福感本质层面宏观因素的探索视野，其研究成果显得一般或偏重局部。

因此，本研究试图站在较为宏观的角度，拓展研究对象的范围，以藏族的普通成年人（年满18岁以上）为研究对象，考察其主观幸福感的水平，以客观反映藏族社会的和谐稳定状态，以补充和扩展本土化的主观幸福感实证研究成果。

三　藏族主观幸福感的研究现状

目前尚未见到专门针对藏族主观幸福感的系统研究成果，仅见一些零星的相关研究。如万明钢主编的《多元文化视野价值观与民族认同研究》①一书中有一个章节研究了"不同民族中学生主观幸福感的跨文化研究"。这一研究以汉族、回族、藏族三所民族中学初中一年级至高中三年级的在校生为研究对象，以分层随机抽样的方法抽取自然班共计1710名被试，采用自编《中学生生活满意度量表》进行了集体测试。研究结果显示汉族、回族、藏族三个民族中学生的主观幸福感受文化环境的制约，不同民族中学生主观幸福感的特征不同。三个民族中，藏族中学生的生活满意度最高，其次是回族中学生，生活满意度最低的是汉族中学生；汉族中学生与回族中学生在生活满意度和负性情绪上有显著差异，汉族中学生与藏族中学生在主观幸福感的所有维度上都有显著差异。这说明不同民族之间由于文化、生活方式的差异会影响到中学生们对生活满意度的评价，并且这种影响是深刻而长远的。无论是对本研究的操作程序还是研究思路，这一研究成果都具有很大的启发意义。另外近期在甘肃省藏学研究所编的《藏学论文》第二辑上还有一篇与本研究有关的论文《试述藏传佛教祈愿礼俗与健康》。② 该文系统论述了藏族民众日常的祈愿礼俗不仅是信仰和精神的寄托，而且还有益于人们的身心健康，人们的主观幸福感与身心健康有直接的联系，这为我们从宗教的角度认识人们的主观幸福感提供了有益的启发。这些资料虽然稀少，但却不失为本研究珍贵的参考材料。但总体来

---

① 万明钢：《多元文化视野价值观与民族认同研究》，民族出版社，2006。
② 华锐·东智：《试述藏传佛教祈愿礼俗与健康》，甘肃省藏学研究所编《藏学论文》（第二辑），民族出版社，2006。

讲，由于藏族主观幸福感研究材料的稀缺性，在研究中，无法对通过从测量和访谈收集到的资料在藏族内部做横向的比较分析，这给本研究带来了很大的难度，为此本研究又专门在汉族地区选取了样本作为参照和背景，通过对两者测量数据的统计分析说明藏族主观幸福感的特点，从而弥补资料的不足。

从另一个角度看，笔者在大量阅读藏学研究资料的过程中有一个总体的感受，那就是大部分学者都认为藏族是一个乐观、快乐，积极向上的民族，是一个充满了幸福感的民族，只是很少有人从民族文化心理的角度进行实证性的系统研究而已。为此本研究可以视作一个尝试和开端，一种具体的从实证和调查角度进行藏族主观幸福感研究的努力，笔者希望研究结果能对人们分析藏族社会的和谐稳定提供实证性的支撑。

通过以上的系统梳理，我们对主观幸福感的研究现状有了一个概括的了解。这些已有的研究成果为本研究提供了参考思路和较高的研究起点，是本研究的重要前提和可借鉴汲取的资源。下面对构成个体心理特质结构的另一个核心概念"自我和谐"的相关研究成果也做系统的梳理。

第二节　自我和谐

心理学中对自我和谐（self-consistency and congruence）的研究有着很长的历史，其中最具代表性的学者为美国人本主义心理学家罗杰斯。我国学者黄希庭、王登峰等人于 20 世纪 90 年代开始展开对自我和谐的深入研究，并编制了适合我国情况的自我和谐量表。

一　自我和谐的研究现状

目前国内对自我和谐的研究主要是现状调查，其中对群体的研究多集中在学生群体和不同职业群体。对大学生的研究发现，不同性别、年级、学校、专业的大学生其自我和谐有不同程度差异，其中男生的自我刻板性高于女生；文科、理科大学生在自我与经验的不和谐及自我灵活性上有显著差异；师范类大学生自我不和谐程度高于非师范类。[①] 此外，生活条件、

---

① 姚琼：《大学生自我和谐及其与生活满意度的相关研究》，《中国校医》2007 年第 21 期。

教育条件、社会经历等因素也可影响大学生的自我和谐状况，研究发现贫困大学毕业生的自我和谐水平低于普通大学生的常模水平。[①] 与大学生相比，硕士研究生自我和谐状况优于大学生[②]，而职业学校学生自我和谐状况低于大学生[③]；不同的职业人群其自我和谐也有差异，其中护士的总体自我和谐程度偏低，而中学校长及高校教师的自我和谐程度较高。[④] 对军人的调查研究发现，文化水平低的军人自我和谐程度低于文化水平较高的军人；来自农村的军人自我和谐程度低于来自城市的军人。[⑤] 这些研究成果还比较单一，还缺乏在较宏观背景下的整体性研究，同时也还未见有专门针对藏族普通成年人自我和谐的相关研究以及将自我和谐作为评估社会组织结构和谐稳定和良性运行的评价指标的相关研究成果。

（一）自我和谐的测量问题

人本主义心理学家罗杰斯在心理咨询、临床观察以及相关研究中，了解到自我与经验在心理治疗过程中出现的一些不一致和矛盾冲突是造成心理障碍的原因。为了能清楚了解心理治疗过程中个体的自我与经验相互协调的改变情况，罗杰斯编制出一个自我和谐程度改善情况的评定量表。该量表是由七个维度构成的，即情感及其个人意义、体验、不和谐、自我交流、经验的构成以及与问题的关系、关系的方式，这七个维度中的每个单独维度都由七个等级组成。这个量表所使用的测量方法是由心理治疗师或其他的独立评分人对来访者在心理治疗过程中的各种表现进行评定。此量表在评定上存在着一定的局限性，量表中"现实自我"与"理想自我"之间差距的指标，会受到个体生理年龄、智力等因素的影响，而量表却没有予以反映，所以该量表在使用的过程中受到许多研究者的质疑。

我国学者王登峰编制的《自我和谐量表－SCCS》是目前我国影响力最大的自我和谐量表。《自我和谐量表－SCCS》是王登峰教授依据罗杰斯评定量表编制的测量自我与经验之间关系的一种自陈量表。这个量表有三个

① 郭志峰：《大学生自我和谐相关因素分析》，《临床心身疾病杂志》2009 年第 2 期。
② 钟艳兰、赖小林：《汕头大学硕士研究生自我和谐状况及其与主观幸福感的相关》，《中国健康心理学杂志》2009 年第 1 期。
③ 张旭锦：《职校生自我和谐与自尊水平调查研究》，《职业教育研究》2007 年第 1 期。
④ 江有琴、乐燕：《护理人员自我和谐性的调查研究》，《解放军护理杂志》2008 年第 2 期。
⑤ 王儒芳、李红、阴山燕等《军人自我和谐与总体幸福感及其关系的研究》，《中国公共卫生》2005 年第 3 期。

维度，即自我与经验的不和谐、自我灵活性以及自我刻板性。（1）自我与经验的不和谐指的是个体对经验的一些非理性的期待，当自我与经验相互矛盾、不协调时，个体的自我就会有不和谐状况。（2）自我刻板性描绘的是个体面对困难与问题时，思维所呈现的刻板程度；刻板性测试分数高的个体，其在处理困难与问题时会有僵化、古板的倾向，不能良好地依据事物的变化进行恰当的调整，与偏执呈显著相关。（3）自我灵活性与自我刻板性呈现负相关，自我灵活性测试分数高的个体，反映其在成长与发展的过程中能够依据内在的机体评价，适时调整策略以应对生活中出现的某些状况。该量表通过对这三个维度的测试反映被试自我和谐的能力水平。

该量表一共有 35 个项目，要求测试对象进行五级评定。各分量表的得分为其包含的所有项目得分之和。在计算总分时，自我灵活性需要反向计分。总分越高，自我和谐程度越低。该量表获得了大量的数据与研究支持，具有良好的信度和效度。但是由于该量表的常模是以大学生群体为被试对象，在群体的适用范围上可能存在问题，需要进一步得到不同样本的验证。本研究就是采用该自我和谐量表对藏族样本进行测量的。

（二）自我和谐的影响因素研究概况

研究自我和谐影响因素的成果占到该类总成果的 65% 左右，经过梳理可以概括出影响自我和谐的因素主要有应对方式、自尊、心理健康、社会支持、主观幸福感等。未见有专门针对藏族自我和谐的相关研究。

应对方式与自我和谐存在不同程度的相关。李志凯等对大学生的调查发现，采用消极应对方式对自我和谐有不利影响，而采用积极应对方式将促进大学生的自我和谐。[①] 林良章等对大一新生的研究显示，自我和谐水平高的学生较多使用解决问题、求助等成熟的应对方式，自我和谐水平低的学生较多使用自责、幻想、退避、合理化等不成熟的应对方式，而采取积极、灵活的方式应对问题有助于学生自我和谐的人格发展。[②]

有学者做了自尊与自我和谐这两个自我概念关系的研究，结果表明高

---

① 李志凯、崔冠宇、赵俊峰等《本科大学生自我和谐及其与应对方式的关系》，《中国健康心理学杂志》2006 年第 4 期。

② 林良章、蒋怀滨：《大学新生自我和谐与应对方式的调查研究》，《中国健康心理学杂志》2009 年第 4 期。

自尊的人群其自我和谐程度较高。① 张旭锦运用自我和谐量表和自尊量表对职业学校的学生进行调查发现，职业学校学生自尊与自我和谐呈显著相关，自我刻板性和自我与经验的不和谐对自尊水平有显著的影响与作用。② 蒋灿、阮昆良对大学生自我价值感与自我和谐进行相关研究并认为，大学生的自我价值感与自我和谐程度显著正相关。③

自我和谐在一定程度上能预测心理症状的变异量。王玮等研究发现，大学生焦虑与自我和谐存在较高的相关，自我和谐与自我的刻板性对焦虑有较好的预测作用。④ 杜天骄等对医科大学生的调查研究发现自我和谐与心理健康呈显著正相关，对医学大学生心理健康影响最大的是自我与经验的不和谐。⑤

有研究表明社会支持对自我和谐有一定预测作用。刘海英等对师范类研究生进行调查发现，研究生自我和谐与社会支持之间存在显著正相关。⑥

自我和谐程度高的大学生感受到更高的生活满意度。⑦ 钟艳兰、赖小林对研究生的调查发现，自我和谐与主观幸福感显著相关。⑧ 汤万杰调查发现，高校教师自我和谐整体状况良好。高校教师学历越低，职称越低，刻板性越低；学历越高，职称越高，刻板性越高。⑨ 但高校教师的自我和谐与主观幸福感的相关程度不高，这与王儒芳等发现的自我和谐与总体幸福感存在显著相关这一结果有所不同。

① T. Elliott, C. Gregory "Self-esteem and Self – Consistency: A Theoretical and Empirical Link between Two Primary Motivations," in *Social Psychology Quarterly*, 1986.

② 张旭锦：《职校生自我和谐与自尊水平调查研究》，《职业教育研究》2007 年第 1 期。

③ 蒋灿、阮昆良：《大学生自我价值感与自我和谐的相关研究》，《西南大学学报》2006 年第 3 期。

④ 王玮、安莉娟：《大学生自我和谐状况及其与焦虑的相关研究》，《中国行为医学科学》2006 年第 5 期。

⑤ 杜天骄、于娜、郭淑英：《医学大学生自我和谐、人际关系与心理健康关系研究》，《中国高等医学教育》2007 年第 1 期。

⑥ 刘海英、李颖、于福洋：《研究生社会支持、自我和谐与心理幸福感的关系》，《中国健康心理学杂志》2009 年第 7 期。

⑦ 姚琼：《大学生自我和谐及其与生活满意度的相关研究》，《中国校医》2007 年第 5 期。

⑧ 钟艳兰、赖小林：《汕头大学硕士研究生自我和谐状况及其与主观幸福感的相关》，《中国健康心理学杂志》2009 年第 1 期。

⑨ 汤万杰：《高校教师的自我和谐及其与主观幸福感关系研究》，《中国健康心理学杂志》2009 年第 3 期。

（三）自我和谐的研究趋势

国内对自我和谐的研究主要集中在不同人群自我和谐的状况、影响自我和谐的相关因素等方面。总体上人们是从比较微观的角度对自我和谐状况进行调查，研究的群体主要集中在大学生、军人，少数研究涉及公务员、教师、医务人员及病人等，对于低自我和谐水平的人群缺少干预方法的研究，所采用的研究工具多为王登峰教授编制的自我和谐量表。目前还未见有对藏族普通成年人自我和谐的系统研究。

第三节　藏族个体心理健康

通过分析 CNKI 检索系统、万方数据库等系统的检索资料，发现对藏族个体心理健康的研究主要集中在如下三个方面。

一　对藏族中学生的心理健康研究成果。

马慧芳等人选用《中国中学生心理健康量表》对区内、区外的藏族中学生进行了问卷测查，发现 70.3％ 的藏族中学生有着不同程度的心理健康问题。[①] 马海林，罗平选用《青少年行为问卷》对 1200 名藏族中学生进行了问卷测查，发现藏族中学生问题行为中考试焦虑和学业适应不良两个问题最为严重，违纪行为最少。这些问题行为分别受到性别、年级、出生地、父母亲文化程度因素影响。[②] 马慧芳、罗平等人的研究结论显示西藏自治区藏族中学生心理健康比自治区外的要好，女生的心理健康比男生的要好。[③]

二　对藏族大学生的心理健康调查研究成果。

罗平等人选取了《SCL－90 量表》《16PF 人格问卷》《人际信任量表》对西藏大学全体 2008 级新生心理健康情况进行了测查。测查结果发现藏族

---

① 马慧芳、罗桑平措、马海林：《藏族中学生心理健康状况调查研究》，《增强心理学服务社会的意识和功能——中国心理学会成立 90 周年纪念大会暨第十四届全国心理学学术会议论文摘要集》，2011。

② 马海林、罗平：《藏族中学生问题行为状况调查与分析》，《西藏大学学报》（社会科学版）2012 年第 4 期。

③ 马慧芳、罗平、马海林、汪念念：《藏族中学生的心理健康状况》，《中国心理卫生杂志》2012 年第 5 期。

大学生相较于汉族大学生要更为焦虑、敏感、怀疑、忧虑和紧张、思想与现实不相符。① 汪念念选用《艾森克人格问卷》《SCL - 90 量表》对藏族大学生心理健康展开了研究，发现藏族大学生心理健康得分要显著高于全国青年组常模。② 罗平选取《中国大学生心理健康量表》对大学生心理健康进行调查，发现社会文化适应能力强的藏族大学生，心理健康程度要更好，反之亦然。③

三 对藏族教师群体的心理健康研究成果。

汪念念等人在 2011 年、2012 年采用了《自测健康量表》《职业倦怠问卷》《亚健康量表》分析了西藏中小学教师心理健康状况。他们发现西藏中小学教师总体健康情况很不理想，西藏中小学教师心理健康都明显差于一般群体。④

以上这些研究对象主要集中在中学生、大学生以及教师群体。笔者的研究对象是藏族成人群体，这些研究成果可丰富和完善本研究样本的年龄范围。

本章通过对有关问题和研究现状的系统梳理，可以得出以下分析结论。(1) "和谐"思想是根植中华民族上千年传统文化中的重要元素，特别在藏族文化中"和谐"思想表现得尤为鲜明和具体，它与藏传佛教的宗教理念和宗教行为连接为一个整体，成为固着在藏族个体灵魂深处和心理行为中的精神内涵和行为模式。由此可以假设藏族在处理人与人、人与社会、人与自然的关系时，在构建社会组织结构时必然要以"和谐"思想为依据，以"和谐"心理特质为个体行为的准则，所以从理论上假设西藏社会的和谐稳定是具备文化和心理前提的。只要各级政府和各级管理职能部门能本着以人为本的理念，制定出客观合理的民生政策和各项规章制度，排除外来各种干扰因素的破坏，西藏社会的和谐稳定就具有现实的可能性

---

① 罗平、马海林、边巴次仁：《西藏大学 2008 级新生心理素质普查报告》，《西藏大学学报》2009 年第 1 期。

② 汪念念：《藏族青少年人格特质与心理健康状况》，西藏大学硕士学位论文，2012。

③ 罗平、毕月花、汪念念：《藏族大学生的社会文化适应与心理健康》，《中国心理卫生杂志》2011 年第 4 期。

④ 汪念念、毕月花、罗桑平措：《西藏藏族中小学教师亚健康与职业倦怠的关系》，《现代预防医学》2012 年第 18 期。

和必然性。（2）为了证实以上假设的合理性，笔者经过分析和思考选择了主观幸福感、自我和谐和心理健康这几个既能反映藏族民众和谐心理特质水平、又能反映藏族民生政策制定落实状况的量化指标，通过严格的调查测量和科学客观的数据处理以及深入藏区观察访谈的研究，以期能够以此来客观反映西藏社会的和谐稳定现状和西藏社会组织结构所具有的特征。同时希望用科学客观的研究结果来证明藏族是一个爱好和平、崇尚和谐稳定的民族，任何企图从政治上绑架藏族民众制造分裂和矛盾冲突，扰乱西藏安定祥和社会秩序的做法都是没有社会文化基础和个体心理行为支撑的，注定行不通。（3）在以上分析和论证的基础上，笔者以西藏社会为一个特殊例证提炼构建和谐稳定社会的核心要素和基本途径。本研究就是沿着这样的逻辑和研究路径展开的。

第三章 藏族和谐心理特质的量化研究

在社会科学研究中，一般存在两种研究的基本范式：一种是运用量的或实验的方法考验假设；另一种是用质的自然探究法以整理和归纳在各种特定情境中的人类经验。通常量的研究虽然能够超越个人主观经验，但又不太容易处理发展性和纵贯性的动态资料，特别容易牺牲个人层面所代表的意义或特质；而质的研究缺乏精确性、整体性和可靠性，但更具有弹性，也更能揭示研究对象幽微隐秘的生活经验。这两种范式在社会科学研究中各有长短，研究者会视研究目标、研究对象的不同特征加以选择和运用。

第一节　关于研究方法的整体思考

一　研究方法的选择思路

由于本研究是对藏族地区的社会组织结构做系统的研究，是以藏族普通成年人的主观幸福感与自我和谐为研究对象，如前所述主观幸福感与自我和谐是由人们的认知判断和情绪体验构成，并与人们的哲学观、人生观、价值观、人格特质以及文化背景密切相关；这些因素既与超越主观经验的数量表达有关，又与幽微隐秘的生活经验密不可分，因此综合考量本研究所要解决的问题和所要达成的目的，笔者将以辩证唯物主义和历史唯物主义为最基本的指导思想，运用心理学、民族学的相关理论为基础，采用量化研究、质化研究、比较研究相结合的思路对藏族主观幸福感、自我和谐及与之相关联的各项因素进行系统深入的研究。

（一）量化研究

量化研究遵循的是实证主义方法。实证主义的社会研究方法主要师法自然科学，特别是物理学，它实际上是将自然科学的研究方法运用在社会科学的研究上。透过经验与观察的科学方法，掌握心理世界的规律，从而充分理解个体心理与行为之间的关系，这就是社会科学研究中量化研究的基本理念与精神。① 在本研究中笔者采用主观幸福感、自我和谐、心理健康的测量量表和艾森克人格测量量表，对随机选取的藏族样本进行测试，以确定藏族样本主观幸福感、自我和谐、心理健康的状况和人格特征，以此指标来说明藏族样本和谐心理特质的水平和藏族社会民生政策制定实施的状况，并以此为据来分析讨论藏族社会组织系统的良性运行与和谐稳定的状态。同时以选取的汉族样本以及笔者在 2007 年测试的藏族样本为参照对象，采用统计学的方法比较藏族、汉族被试以及不同时间点的被试之间在主观幸福感、自我和谐和人格各维度上的差异，最后根据数据结果归纳总结藏族主观幸福感、自我和谐、心理健康的特点和人格特质以及影响因素，并从量的角度评估藏族社会的和谐稳定状态。

（二）质化研究

质化研究是指在研究的过程中设法理解、掌握当事人对事件的主观意义的建构。为把握个人的主观意识及经验，就需要展现、了解并理解当事人生活的背景，从这个意义上讲，质化研究可称为描述或解释性研究。在本研究中，基于主观幸福感与自我和谐的主观性和受人们生活经验及文化背景的深刻影响，笔者认为应该对研究对象进行深入的观察、了解、访谈和描述，以达到对研究对象做整体通盘的认识，唯有这样才能真正归纳分析出藏族社会的组织结构的特点，并揭示这些结构是否处于良性运行的和谐状态，这样才能从本质上评估西藏社会的稳定状况。因此，笔者于 2005 年 6 月、2007 年 7 月和 2013 年 7 月三次进入藏区，采取田野调查的方式进行实地考察和个别访谈，取得了大量的第一手材料，在此基础上对收集到的资料进行判读，结合前期量化研究的结果相互对照印证，以得出客观理性的研究结论。

---

① 凌纯声、林耀华：《20 世纪中国人类学民族学研究方法与方法论》，民族出版社，2004。

（三）比较研究

比较法是社会科学的重要研究方法之一。比较是指根据一定的标准，把彼此有联系的某些事物放在一起进行考察，寻找其异同，以把握研究对象所特有的质的规定性。比较研究是确定对象间异同关系的一种逻辑思维方法，也是一种具体的研究方法，它可以帮助人们更好地认识事物的本质，把握事物的普遍规律和影响因素。一般将比较研究法分为同类比较研究和异类比较研究，纵向比较研究和横向比较研究，定量分析比较和定性分析比较等。本研究是基于藏族和汉族在民族属性、生态环境、文化背景的差异性以及不同的时间点，以主观幸福感和自我和谐为切入点，通过横向比较、纵贯比较、定量分析比较和定性分析比较等方法，以说明影响主观幸福感的本质因素和藏族社会和谐稳定的必然性。因此，本研究是以藏族样本的主观幸福感与自我和谐为主要研究对象，同时以汉族样本和不同时间点的藏族样本作为参照对象，通过对藏族、汉族样本量的全方位比较，考察藏族、汉族之间主观幸福感的异同，以期更好地凸显藏族社会的运行特点。

二 本研究的路径

鉴于以上分析和思考，本研究沿着如下思路进行。第一，采用主观幸福感、自我和谐、心理健康以及人格的测量工具对随机抽取的藏族样本进行量化和质化研究，同时以汉族样本作为参照对象，通过对比分析来评估藏族主观幸福感、自我和谐、心理健康和人格的现状和特征。第二，以此指标说明藏族样本和谐心理特质的水平以及藏族民生政策的制定和实施的现状。第三，结合质性研究的结果讨论分析藏族社会和谐稳定的文化内涵所形成的个体心理人格基础，以及人格通过影响和制约藏族个体"和谐"心理特质的水平，以及对构建藏族社会和谐稳定产生的作用机制，最终完成对西藏地区藏族民生与社会稳定研究的论题。

第二节 量化研究程序

量化研究遵循实证主义的方法，在具体的研究中强调操作化、概括化和客观化。本课题研究在科学抽样的基础上，采用心理测量的方法获取研究样本的主观幸福感、人格特质、自我和谐和自测健康评定量表的量化数据以分析和描述藏族成年人的和谐心理特质及西藏地区民生政策制定、实施的现状。

一 选择样本的考虑

本课题以藏族为主要研究对象，因而在总体上考虑以藏族的普通成年人（18 岁以上）为基本研究对象。因此本课题将以生活在青藏高原地域范围内，在行政区划上属于西藏自治区的藏族个体作为研究的总体，并严格按随机原则采取分层随机抽样的方法抽取能代表总体的样本作为研究对象。

在研究样本的确定上，笔者有三点考虑。其一，藏族选点的区域以青藏高原的藏族自治区为主要范围；其二，考虑将藏族按自然生态环境划分为牧区、农区和城市三个样本点①；其三，以分层随机抽样的方式预计选取 600 人作为研究样本，并选择各层次具有典型性的个体进行访谈。

之所以选择青藏高原的藏族自治区为研究的中心范围，是因为该地区是西藏自治区的政治、经济、文化中心，也是藏族的主要聚居地和核心地带，因此选择该地区藏族成年人做调查测量应该有很好的代表性。

另外，考察藏族生活的整个自然生态环境，并受任乃强先生所著《西康图经》的启发以海拔高低为依据将西藏的自然生态环境划分为牧区、农区和城市三个部分。一般海拔在 4000 米以上为较典型的高原牧场，海拔在 3000～3500 米为高原农地。② 因此经反复衡量确定牧区以那曲十六村、十七村为例；农区以堆龙德庆县东嘎镇和林芝更章乡为例；城市居民以拉萨市的一般居民、公务员、商人等为例。

那曲地区地处西藏自治区北部，位于青藏高原腹地，整个地形呈西高、中平、东低走势，平均海拔 4500 米以上。这里海拔高，热量不足，气候严寒干旱，含氧量仅为海平面的一半，从而限制了农业的发展。但广阔的天然草原，可供放牧家畜采食，是西藏自治区主要发展畜牧业的地区。中西部地形辽阔平坦，多丘陵盆地，内陆湖泊星罗棋布，河流纵横其间，

---

① 沈宗濂、柳陆祺：《西藏与西藏人》，中国藏学出版社，2006，第 176 页。书中说道："西藏主要有三种人群：牧民、农民和城镇居民。"
② 任乃强：《西康图经》，西藏古籍出版社，2000。

东部属河谷地带，多高山峡谷，是藏北仅有的农作物产区，并有少量的森林资源和灌木草场，其海拔高度在 3500~4500 米之间，气候好于中西部。全地区总面积 42 万多平方公里，总人口 39 万（其中藏族 32 万人占总人口的 82%）。全地区共辖 11 个县，114 个乡镇，14 个居委会，1283 个村民委员会。全地区除东部少量的半农半牧区（耕地面积约 8 万亩），基本上是一个纯牧区，拥有草地面积 5 亿多亩，其中可利用草地面积 3.8 亿亩，其草地面积、牲畜存栏数量、畜产品产值均占整个西藏的 1/3。

那曲地区地域辽阔，自然资源丰富，人文景观独特，是一块待开发的宝地。

那曲有丰富的虫草、贝母、人参果和黄金、石油、铬矿、锑矿等资源。拥有植物种类 402 种以上；动物种类 508 种以上；野牦牛、藏羚羊、黑颈鹤、獐子等 100 多种国家一级、二级野生保护动物栖息在藏北这片土地上，形成了高原独特的自然生态环境。

藏北草原美丽壮阔，山水险峻多姿。格拉丹东如玉剑直刺青天，念青唐古拉银装素裹，西亚尔和达尔果仪态万千。举世无双的高原雪域风光、众多的神山圣湖、神秘的无人区、诱人的自然溶洞驰名中外。别具一格的宗教建筑和浓郁的民族风情更是令人惊叹不已。千百年来，繁衍生息在西藏这块土地上的藏族勤劳、勇敢、智慧、朴实，他们在开阔的藏北高原，共同参与创造了人类的文明；在长期的历史发展中形成了自身独特的风俗习惯、节日、喜庆仪式，生产生活方式，这些都向世人昭示着藏北的魅力。

经反复比对，我们认为那曲县的牧民基本上能够代表藏族牧民的生存状态，而且它又是著名的旅游景点，交通方便，便于我们实施测量和访谈。因此，可以认为它是我们比较理想的牧区代表点。

堆龙德庆县东嘎镇位于拉萨市近郊，距市中心约 12 公里，地处西藏中南部、雅鲁藏布江中游，拉萨河拐弯处及其支流堆龙河两岸，地势西高东低，平均海拔 4000 米，最高海拔 5500 米，最低海拔 3640 米，相对高差约 1860 米。全镇面积约 85 平方公里。人口约 4 千余人，其中藏族人口约占 95.5%。① 堆龙德庆县是以农业为主、农牧并举的县。因此选择该县东嘎镇作为藏族农区

① 十集大型文献纪录片《新西藏》，中央文献音像出版社。

具有一定的代表性。

　　为了使样本更具代表性和多样性，我们又选择了林芝地区作为选样的区域。"林芝"在藏语中意为"娘氏家庭的宝座或太阳的宝座"，位于西藏自治区东南部，地区政府驻林芝县八一镇。林芝地区地处雅鲁藏布江中下游，其西部和西南部分别与拉萨、山南两地市相连，东部和北部分别与昌都地区、那曲地区相连，南部与印度、缅甸两国接壤。林芝平均海拔3100米，总面积11万平方公里，耕地面积3.8万亩，草场面积56.5万亩，森林面积502万亩，从亚热带到寒带植物都有生长，素有"绿色宝库"之称。林芝地区总人口约20万人，辖1个镇，6个乡（其中1个民族乡），107个村民委员会。林芝是青藏高原海拔最低的地区，素有"西藏江南"之美誉，以农业为主要生产方式。因此，我们选择了该地区的更章乡作为藏族农区的第二个田野点。

　　拉萨市是西藏自治区的首府，是一座具有1300年历史的古城。早在7世纪，松赞干布兼并邻近部落、统一西藏后，就从雅隆迁都逻些（即今拉萨），建立吐蕃王朝。"拉萨"在藏文中为"圣地"或"佛地"之意，长期以来就是西藏政治、经济、文化、宗教的中心，金碧辉煌、雄伟壮丽的布达拉宫，是至高无上政教合一政权的象征。拉萨位于雅鲁藏布江支流拉萨河北岸，海拔3650米，是世界上海拔最高的城市之一。其地势由东向西倾斜，气候属高原温带半干旱季风气候区，年日照时数3000小时以上，故有"日光城"的美誉。拉萨市总面积近3万平方公里，市区面积59平方公里。据2002年人口统计全市总人口近55万，其中市区人口近27万，有藏、汉、回等31个民族，藏族人口占87%。[①] 此次调查只选拉萨市藏族的城市居民为研究对象。

　　依据以上分析和比对，笔者一行人于2013年7月进入拉萨地区，分别在拉萨市区、那曲、堆龙德庆东嘎镇和林芝地区等样本点以个别测量和团体测量相结合的方式对600名被试进行了测量，回收问卷600份，回收率100%。由于人格测量量表中一些问题较为私密，所以收回的量表中存在一些不符合要求的量表，经过剔除和初步的统计，其中有效问卷534份，有效率为89%。其有效被试结构见表3-1。

────────────

　　① 十集大型文献纪录片《新西藏》，中央文献音像出版社。

表 3 – 1　藏族样本结构

变量	分类	频数	频率(%)
性别	男	215	40.26
	女	319	59.74
家庭人口数	3 口及以下	97	18.16
	4 口及以上	437	81.84
年龄	青年(18～30 岁)	412	77.15
	中年(30～50 岁)	105	19.66
	中老年(50 岁以上)	17	3.19
文化程度	小学	122	22.84
	中学	78	14.61
	大学本科	332	62.17
	研究生以上	2	0.38
年收入	5 万以下	454	85.02
	5 万～10 万	68	12.73
	10 万以上	12	2.24
生存方式	农业	210	39.33
	牧业	115	21.54
	城市居民	209	39.13
总计		534	100

二　研究工具的选择

根据研究构想，本课题拟采用主观幸福感测量量表、自我和谐量表、艾森克人格测量量表和自测健康评定量表对被试样本进行测量。

根据安德鲁斯（Andrews）和怀斯（Withey）的研究，主观幸福感由生活满意度、正性情感和负性情感构成。[①] 实际上，主观幸福感就是由生活满意度、正性情感的体验和负性情感的缺乏所构成。对生活整体的满意程度越高，体验到的正性情感越多负性情感越少，则个体的主观幸福感体验越强；反之，个体的主观幸福感体验就越弱。

---

① A. Campbell, "Subjective Measures of Well-being," in *American Psychologist* 31, 1976, pp. 117 – 124.

因此，本次测量采用了坎特里（Cantril）编制的专门测量个体对自己生活状况满意程度的应答式阶梯量表和布拉德伯恩（Bradburn）编制的情感量表作为测量主观幸福感的工具（量表题本见附录二）。①

阶梯量表是采用梯子作为示意图，假定用梯子的顶部代表个体可能过上的最好生活，梯子的底部代表可能过上的最差的生活，一幅梯子有10个阶梯，每一个阶梯代表一种生活状况，其平均水平为5。共有三幅梯子分别代表目前的状况、五年前的状况和五年后的状况，让被试根据自己的认知做出对生活满意度的判断。在每一幅梯子上得分越高代表被试对这一时期的生活满意度越高，反之亦然。

情感量表是测量一般人群情感状况的量表。它由5个正性情感项目和5个负性情感项目组成。如对正性情感项目回答"是"则计1分；对负性情感项目回答"否"计1分。在此基础上以正性情感分减负性情感分，再加一个系数5，则为情感平衡得分，其常模平均分为6.7，超出则为正性情感，低于则为负性情感。总体来说，个体如果在阶梯量表得高分，同时又在情感平衡得高分，则表明该个体的主观幸福感强，反之则弱。

阶梯量表和情感量表是测量主观幸福感的常用量表，具有良好的信度和效度，已在国内外的研究中被广泛使用。

艾森克人格测量量表是英国伦敦大学艾森克教授编制的人格量表。②它主要测试个体在人格特质方面表现出来的情绪稳定性（N）、内向或外向（E）、特质性（P）以及被试的掩饰倾向（L）这四个维度。本量表为成人量表，由88个项目构成，每一项目都要求被试回答"是"或"否"，然后根据使用手册的规定负向题答"否"得1分，正向题答"是"得1分，最后统计各维度的得分再查常模转换为T分数，用T分数的大小解释被试的人格特征。艾森克人格测量量表是一种非常可靠的测试，同时具有很好的结构效度，是人格研究中最常用的量表之一（量表题本见附录三）。

自我和谐水平测量采用我国学者王登峰编制的《自我和谐量表 –

① 汪向东、王希林：《心理卫生评定量表手册》，中国心理卫生杂志社出版，1999，第74～80页。

② 《心理测量资料汇编》，四川师范大学教育科学学院，2002。

SCCS》，它有三个维度，即自我与经验的不和谐（共 16 项）、自我灵活性（共 12 项）、自我刻板性（共 7 项）。本量表共有 35 个项目，可参考的常模为 502 名大学生（男 260 人，女 242 人，平均年龄 18.5 岁）的平均得分，分别为 46.13，45.44，18.12；其标准差分别为 10.01，7.44，5.09。各分量表的同质性信度较高，分别为 0.85，0.81 与 0.64（量表题本见附表四）。

个体心理健康测量采用自测健康评定量表，该量表由自测生理健康、心理健康和社会健康三个评定子量表组成。其中 1～17 题组成自测生理健康评定子量表，理论最高值为 170 分（每个题的理论最高值是 10 分）；19～33 题组成自测心理健康评定子量表，由三个维度构成：（1）正向情绪；（2）心理症状与负向情绪；（3）认知功能，理论最高值为 150 分；35～46 题组成自测社会健康评定子量表，理论最高值为 120 分，三个维度的理论最高值的和应为 440 分；解释评定是以得分高低加以评定，得分越高说明健康情况越好。本研究是以心理健康评定子量表为主来评定藏族样本的心理健康水平的。该量表适用于 18 岁以上各类人群（尤其是普通人群）的健康测量、临床医疗的效果评价和社区卫生保健服务以及卫生决策部门、各类保险业和职业适应性检测。该量表经过多次测定，均显示较高的信效度。克隆巴赫 α 系数（Cronbach's Alpha）为 0.898，其中心理健康子量表克隆巴赫 α 系数为 0.847。

测试所得数据的统计处理由 SPSS11.5 For Windows XP 完成。

三 施测过程

首先，教会翻译员（向导）测试的程序和规范的指导语；其次，组织藏族被试开展团体测试或个别测试，时间约为 60 分钟；最后，明确告知被试该测验的目的是学术研究，答案会保密，每场测试都是在研究者、翻译员（向导）、被试的共同合作中完成。所有测量工具都当场收回。

第四章　藏族被试和谐心理特质及民生状况的测量

　　根据前文的理论分析和操作设计，笔者认为，首先应客观、理性地将藏族普通成年人所共同具有的和谐心理特质和藏族民生政策实施的状况用量化的方式加以界定和描述，这是我们分析藏族社会和谐稳定的切入点。研究表明，个体的和谐心理是一个复杂的、由多种心理因素构成的综合整体，而本课题经过反复论证分析，确定选择个体的主观幸福感、自我和谐、心理健康这三个心理因素共同作为藏族个体和谐心理特质、人格特征和民生政策实施情况的综合评定指标。其中主观幸福感是国际通用的衡量社会群体生活质量的综合性心理指标和衡量社会进步的社会性指标，在国际上被广泛地运用。之所以选择这个指标是想通过它来反映藏族民生现状，衡量藏族社会和谐发展的良性运行水平及其与构建和谐社会、增强社会稳定之间的内在联系和作用机制；而自我和谐和心理健康这两个指标是反映个体身心和谐健康的评价指标，如果藏族普通成年人的身心是和谐健康的，那么藏族社会的和谐稳定就有根本的基础，反之亦然。试想一个社会中大多数人对自己的生活持满意态度，大多数人在日常生活中能体验到更多的正性情绪，大多数人的身心是和谐健康的，那么，这个社会的和谐稳定和良性运行就有了根本的保证和内在的精神支撑。据此，笔者认为这几个心理因素互为因果，相辅相成，共同构成了藏族社会和谐稳定和良性运行的指标体系。本章将围绕这一主题，系统分析藏族个体和藏族社会的总体状况。

第一节　主观幸福感测量结果分析

一　藏族被试的主观幸福感水平分析

主观幸福感是由生活满意度、正性情绪、负性情绪和情绪平衡构成的。在测量项目中分为对五年前、现在、五年后的生活满意度评估，以及用正性情绪的得分减去负性情绪的得分再加上 5 而得到的情绪平衡值以综合反映个体的主观幸福感水平，其中如果被试对生活满意度水平越高，情绪越平衡，则可评定被试的主观幸福感水平就越高，反之亦然。

（一）藏族被试主观幸福感总体状况分析

1. 生活满意度状况分析

表 4 - 1　调查所在地藏族被试的生活满意度情况

	五年前(n = 534)	现在(n = 534)	五年后(n = 534)
满意度(M ± SD)	4.59 ± 2.44	5.41 ± 2.04	7.31 ± 2.06

表 4 - 1 的数据显示：所调查的 534 位藏族成年人对生活的满意度总体较高，对过去、现在、未来的生活满意度平均达到 5.77（平均水平为 5），这比已有的研究结果高。[①] 其中对现在的满意度超出平均水平达到 5.41，对五年后的满意度达到 7.31，说明随着时间的推移人们对自己的生活充满美好的期待和信心。调查结果中被试对未来的满意度远远高于现在和过去，这一结果与其他相关研究相比具有特殊性。邢占军在沿海某省所做的城市居民主观幸福感纵向研究中说："2003 年该省城市居民主观幸福感比 2002 年明显偏低。"[②] 这种不同引起了笔者的关注。

---

① 在万明钢的研究中汉族、回族、藏族三个民族中学生的生活满意度平均为 4.59。参见万明钢主编《多元文化视野价值观与民族认同研究》，民族出版社，2006，第 171 页。
② 邢占军：《测量幸福》，人民出版社，2005，第 161 页。

2. 情绪情感状况分析

表 4 – 2　调查所在地藏族被试正性情绪、负性情绪和情绪平衡情况

正性情绪（M ± SD）	负性情绪（M ± SD）	情绪平衡（M ± SD）
（n = 534）	（n = 534）	（n = 534）
8. 26 ± 1. 25	7. 33 ± 1. 31	5. 93 ± 1. 68

表 4 - 2 的数据显示：所调查的 534 位藏族被试的正性情绪高于负性情绪的平均分（正性情绪为 8.26，负性情绪为 7.33），说明在情绪因素上他们具有获得较强主观幸福感的可能性。情绪平衡得分为 5.93 虽没有达到常模平均水平 6.7，但与此非常接近，说明其情绪基本处于较稳定的状态，能坦然接受自己的生活现状，不怨天尤人，对生活持一种平和的心态。

以上两组数据显示所调查的 534 位藏族成年人普遍具有较高的生活满意度、较多的正性情绪体验和较少的负性情绪体验，情绪平衡处于稳定状态，因而可以初步认为被调查的 534 位藏族成年人总体上具有较高水平的主观幸福感。为了进一步验证这一结论，笔者采用 2007 年调查的藏族样本和 2013 年调查的汉族样本的主观幸福感数据进行纵向和横向比对。

（二）比较对象的测量结果

1. 2007 年测量的藏族成年人样本[①]主观幸福感的总体状况

（1）生活满意度状况分析

表 4 - 3　2007 年测量藏族被试的生活满意度情况

	五年前（n = 387）	现在（n = 387）	五年后（n = 387）
满意度（M ± SD）	5. 65 ± 2. 36	5. 96 ± 1. 98	8. 09 ± 1. 56

表 4 - 3 的数据显示：所调查的 387 位藏族成年人对生活的满意度总体较高，对过去、现在、未来的生活满意度平均达到 6.6（平均水平为 5），其中对过去和现在的满意度均超出平均水平达到 5.65 和 5.96，对五年后的满意度达到 8.09。

---

① 2007 年笔者曾到西藏对 387 位藏族成年人进行过主观幸福感的测量，并于 2013 年获得了汉族样本的主观幸福感数据。在此想将这两组数据作为本研究横向和纵向比较的指标，以评估本研究中 534 位藏族成年人的主观幸福感水平。

（2）情绪情感状况分析

表4-4　2007年测量藏族被试正性情绪、负性情绪和情绪平衡情况

正性情绪（M ± SD）	负性情绪（M ± SD）	情绪平衡（M ± SD）
（n = 387）	（n = 387）	（n = 387）
3.25 ± 1.07	2.41 ± 1.35	5.84 ± 1.75

表4-4的数据显示：所调查的387位藏族的正性情绪高于负性情绪的平均分（正性情绪为3.25，负性情绪为2.41），情绪平衡达到5.84，说明在情绪因素上他们具有获得较高水平主观幸福感的可能性。

2. 被调查汉族①样本主观幸福感的总体状况

（1）生活满意度状况分析

表4-5　被调查汉族被试的生活满意度情况

	五年前（n = 218）	现在（n = 218）	五年后（n = 218）
满意度（M ± SD）	3.74 ± 2.05	4.62 ± 1.63	7.28 ± 1.59

表4-5的数据显示：所调查的218位汉族成年人对过去、现在、未来的生活满意度平均达到5.21（平均水平为5），生活的满意度总体一般，但对五年前和现在的满意度都低于平均水平（分别为3.74和4.62），在平均水平以下，所以总体考察所调查的汉族成年人的生活满意度为中等偏下。

（2）情绪情感状况分析

表4-6　被调查汉族被试正性情绪、负性情绪和情绪平衡情况

正性情绪（M ± SD）	负性情绪（M ± SD）	情绪平衡（M ± SD）
（n = 218）	（n = 218）	（n = 218）
3.03 ± 1.07	2.94 ± 1.52	5.08 ± 1.96

---

① 笔者于2013年3月在成都市金牛区和武侯区设立两个自然点对过往行人进行随机测量，收回有效量表146份。同月又在距成都市190公里的南充市高坪区高坪镇和小龙镇进行了测量，收回有效量表72份，共计获得218位被试作为汉族样本。

表4-6的数据显示：所调查汉族样本的正性情绪和负性情绪的平均分（正性情感为3.03，负性情感为2.94）基本一致，说明在情绪因素上被调查汉族在正性情绪的体验上没有优势，两种情绪体验在生活中出现的频率基本一致，情绪平衡水平较低。

从以上两组数据的比较，可以看出两次测量藏族样本的主观幸福感水平都处于比较高的水平，但之间也存在一定的差异；汉族样本的主观幸福感处于中等水平。这些差异是测量误差引起的还是各样本之间具有本质差异？这需要通过统计学的差异显著性检验才能确定。

（三）差异比较分析

1. 藏族样本与2007年测试的藏族样本主观幸福感纵向比较分析

（1）生活满意度的差异比较

表4-7 藏族样本之间主观幸福感 T 检验

	民族	人数	平均数	标准差	标准误差	T	P
满意度（五年前）	藏族（2013）	534	4.59	2.44	0.16	-6.67**	0.000
	藏族（2007）	387	5.65	2.36			
满意度（现）	藏族（2013）	534	5.41	2.04	0.13	-4.13**	0.000
	藏族（2007）	387	5.96	1.96			
满意度（五年后）	藏族（2013）	534	7.31	2.06	0.12	-6.50**	0.000
	藏族（2007）	387	8.09	1.56			

注：** 表示在0.01的水平差异显著。

表4-7的数据显示，所调查的两个藏族样本对过去、现在和未来的生活满意度有极显著的差异（P < 0.01），数据显示2007年测量的藏族样本的生活满意度显著地高于本研究的藏族样本，但他们都处于生活满意度的较高水平，说明藏族样本对生活整体感到满意，并在时间上具有一定的一致性和连贯性，但满意度在较高水平上有一定的波动和起伏。

（2）情绪情感的差异比较

表4-8 藏族样本之间情绪情感 T 检验

	民族	人数	平均数	标准差	标准误差	T	P
正性情绪	藏族（2013）	534	8.26	1.25	0.077	65.06**	0.00
	藏族（2007）	387	3.25	1.07			

续表

	民族	人数	平均数	标准差	标准误差	T	P
负性情绪	藏族（2013）	534	7.33	1.31	0.089	55.28**	0.00
	藏族（2007）	387	2.41	1.35			
情绪平衡	藏族（2013）	534	5.93	1.68	0.12	0.75	0.27
	藏族（2007）	387	5.84	1.75			

注：** 表示在 0.01 的水平差异显著。

表 4 - 8 的数据显示，所调查的两个藏族样本在正性情绪和负性情绪两个方面具有显著的差异（P < 0.05，P < 0.01）。在主观幸福感理论中情绪平衡是衡量个体在一个时间段中正性情绪和负性情绪出现频率的指标，它是用正性情绪减去负性情绪再加上 5 得到的。如果情绪平衡值为正数并超过 5，则表示该个体正性情绪体验超过负性情绪体验的频率，情绪处于平衡状态，反之亦然。因此从表 4 - 8 中可以分析出两个藏族样本在情绪平衡指标上没有显著差异（P > 0.05），并且数值非常接近，分别为 5.93 和 5.84，说明两次测量都反映出藏族样本在情绪方面是稳定的，且生活中是以正性情绪体验为主。

综合以上藏族样本的纵向比较分析，可以比较清楚地显示藏族的主观幸福感水平较高，并且在不同的时间段保持了总体高水平状态下的波动性和一致性。

2. 藏族样本与汉族样本主观幸福感横向比较分析

（1）生活满意度的差异比较

表 4 - 9　被调查藏族、汉族样本对生活满意度的差异比较

	民族	人数	平均数	标准差	标准误差	T	P
满意度（五年前）	藏族	534	4.59	2.44	0.17	5.06**	0.000
	汉族	218	3.73	2.05			
满意度（现）	藏族	534	5.41	2.04	0.14	5.64**	0.000
	汉族	218	4.62	1.63			
满意度（五年后）	藏族	534	7.31	2.06	0.14	0.21	0.08
	汉族	218	7.28	1.59			

注：** 表示在 0.01 的水平差异显著。

表4-9的数据显示，所调查的藏族、汉族样本对过去和现在的生活满意度有极显著的差异（P < 0.01），对未来生活的满意度没有显著的差异；数据显示藏族对现在和过去的生活满意度显著高于汉族，说明藏族对生活更感到满意。

（2）情绪情感的差异比较

表4-10　情绪情感的差异比较

	民族	人数	平均数	标准差	标准误差	T	P
正性情绪	藏族 汉族	534 218	8.26 3.03	1.25 1.07	0.09	58.11 **	0.00
负性情绪	藏族 汉族	534 218	7.33 2.94	1.31 1.52	0.12	36.58 **	0.00
情绪平衡	藏族 汉族	534 218	5.93 5.07	1.68 1.96	0.15	5.73 **	0.00

注：** 表示在0.01的水平差异显著。

表4-10的数据显示，所调查的藏族、汉族两个样本在情绪情感的三个方面都具有显著差异性（P < 0.01）。数据显示藏族的正性情绪体验和情绪平衡都要显著高于汉族，说明藏族可能体会到更多的正性情绪和较少的负性情绪，情绪更加稳定，因而根据对主观幸福感的界定，可以认为被调查的藏族样本的主观幸福感水平显著高于被调查的汉族样本。

通过以上对藏族样本的纵向和横向比较，笔者可以比较客观地评估藏族的主观幸福感处于较高的水平，特别是在对过去和现在的满意度和情绪平衡方面远高于抽取的汉族样本水平。那么，藏族高水平的主观幸福感是怎样形成的？受哪些因素的影响？这对于藏族社会组织系统的运行具有什么意义？这些问题都需要进一步探索。

二　藏族被试主观幸福感影响因素分析

以上分析充分说明了藏族的主观幸福感处于较高水平，为了进一步对藏族被试主观幸福感做深入探讨，笔者做了如下四点工作。首先，笔者在藏族样本内部就被试的基本属性如性别、年龄、文化程度、年收入和生存方式等因素进行统计学分析，以确定个体属性对主观幸福感的影响程度；其次，因为主观幸福感是反映社会民生现状、衡量社会和谐发展、良性运行水平的国际通用指标，因此笔者想结合近年来西藏自治区政府实施的民生政策，分析其对西藏社会个体主观幸福感水平所产生的影响和作用；最后，借助对藏族样本和谐心理特质和人格特质的测量数据从个体心理层面探讨其对主观幸福感的作用机制。笔者试图从个体基本属性、社会民生现状以及个体和谐心理特质、人格特质这几个层面研究个体主观幸福感的各种影响因素，并以此为切入点深入藏族社会个体的心理层面，了解和分析藏族社会和谐稳定的内在基础。

1. 藏族样本的人口学因素对主观幸福感的影响分析

所谓人口学因素是指有关个体或群体基本属性的因素，比如性别、年龄、民族、受教育程度、婚姻、家庭收入等属性。这些因素反映个体或群体的基本信息和生存状态，因而常被社会学家作为研究、考虑问题的基本因素。在本研究，笔者准备考察藏族样本的性别、年龄、受教育程度和年收入这四个最主要的人口学因素对藏族主观幸福感的影响。

（1）主观幸福感在性别上的差异比较

表 4 – 11　主观幸福感的性别比较（独立样本 T 检验）

生活满意度（M ± SD）（现在）				情绪平衡（M ± SD）			
男性	女性	T	P	男性	女性	T	P
5.43 ± 2.09	5.37 ± 1.98	0.27	0.78	4.00 ± 1.67	4.18 ± 1.70	– 1.26	0.21

表 4 – 11 的数据显示：被调查的藏族样本对生活的满意度和情绪平衡在性别上没有显著差异（P > 0.05），说明性别不是主观幸福感的主要影响因素。这一结论与邢占军的研究结果一致[1]，同时也与国外的研究结论相吻合。阿格勒（Argyle）曾对西方 20 多年主观幸福感相关研究文献进行过考察，结果发现，在总体生活满意度和正性情感方面性别差异

———————

① 邢占军：《测量幸福》，人民出版社，2005，第 123 页。

极小。①

（2）主观幸福感在年龄上的差异比较

表 4 - 12　主观幸福感在年龄上的差异比较（方差分析）

生活满意度（现在）					情绪平衡				
变异来源	自由度	方差	F	P	变异来源	自由度	方差	F	P
组间 SS(47.43)	2	23.72	6.24*	0.002	组间 SS(21.81)	2	10.9	3.62*	0.028
组内 SS(1460.1)	531	3.80			组内 SS(1156.79)	531	3.01		
总体 SS(1507.49)	533				总体 SS(1178.61)	533			

注：* 表示在 0.05 的水平差异显著。

表 4 - 13　满意度和情绪平衡的平均数多重比较（LSD）

	年龄分类	年龄分类	平均数之差	标准误差	P
满意度（现）	青年（18~30 岁）	30~50 岁中年	-.7028(**)	.20543	.001
		50 岁以上中老年	-.6876	.43768	.117
	中年（30~50 岁）	18~30 岁青年	.7028(**)	.20543	.001
		50 岁以上中老年	.0152	.44306	.973
	中老年（50 岁以上）	18~30 岁青年	.6876	.43768	.117
		30~50 岁中年	-.0152	.44306	.973
情绪平衡	青年（18~30 岁）	30~50 岁中年	.4909(**)	.18285	.008
		50 岁以上中老年	.1491	.38958	.702
	中年（30~50 岁）	18~30 岁青年	-.4909(**)	.18285	.008
		50 岁以上中老年	-.3418	.39437	.387
	中老年（50 岁以上）	18~30 岁青年	-.1491	.38958	.702
		30~50 岁中年	.3418	.39437	.387

注：** 表示在 0.05 的水平差异显著。

　　在收集数据时，笔者根据所调查藏族被试的实际情况将年龄划分为三个部分：18~30 岁青年；30~50 岁中年；50 岁以上中老年。表 4 - 12 的数据显示，对现在的生活满意度在年龄之间有显著差异（P < 0.05），情绪平衡也存在显著的年龄差异（P < 0.05）。经表 4 - 13 平均数多重比较发现，青年和中年人之间在生活满意度和情绪平衡上都有显著差异（P < 0.05）。数据显示，中年人的生活满意度显著高于青年人，然而青年人的

①　M. Argyle, *The Psychology of Happiness*, London：Routledge，1978，p.167.

情绪平衡性显著高于中年人，可见年龄会成为影响主观幸福感的因素。青年和中年人面临的生活境遇和身心特点不同而影响生活满意度和情绪的稳定性。这一结果与国外的研究结果基本吻合。[①]

（3）主观幸福感在受教育程度上的差异比较

表 4 - 14　主观幸福感在受教育程度上的差异比较（方差分析）

生活满意度（现在）					情绪平衡				
变异来源	自由度	方差	F	P	变异来源	自由度	方差	F	P
组间 SS(23.26)	3	7.75	2.00	0.113	组间 SS(46.07)	3	15.36	5.19 **	0.002
组内 SS(1484.24)	530	3.86			组内 SS(1132.54)	530	2.96		
总体 SS(1507.49)	533				总体 SS(1178.61)	533			

注：** 表示在 0.01 的水平差异显著。

表 4 - 15　情绪平衡的平均数多重比较（LSD）

文化程度	文化程度	平均数之差	标准误差	P
小学	中学	-.4826(*)	.24202	.047
	大学	.2970	.26392	.261
	研究生以上	.0235	.58240	.968
中学	小学	.4826(*)	.24202	.047
	大学	.7796(**)	.20311	.000
	研究生以上	.5061	.55748	.365
大学	小学	-.2970	.26392	.261
	中学	-.7796(*)	.20311	.000
	研究生以上	-.2735	.56734	.630
研究生以上	小学	-.0235	.58240	.968
	中学	-.5061	.55748	.365
	大学	.2735	.56734	.630

注：* 表示在 0.05 的水平差异显著。** 表示在 0.01 的水平差异显著。

在收集数据时，笔者根据被试的具体情况将被调查的藏族被试的受教育程度划分为小学、中学（包括初中、高中、职业中学等）、大学专科、

[①]　B. Headey, A. Wearing, "Personality, Life Events and Subjective Well-being: Towards A Dynamic Equilibrium Model," in *Personal and Social Psychology* 57, 1989, pp. 731 - 739.

本科和研究生以上这 4 个不同的层级。从收集回来的数据显示被调查的藏族被试受教育程度主要为大学专科、本科，占到样本的 62.17%，研究生程度的被试较少，只占到样本的 0.38%。表 4－14 的数据显示，被调查的藏族被试对生活的满意度在受教育程度上没有显著差异（P＞0.05），即无论何种受教育程度的被试都对生活感到满意，而在情绪平衡上有极显著差异（P＜0.01）。表 4－15 的平均数多重比较显示，差异主要集中在中学文化程度与小学文化程度和大学文化程度这三个人群（P＜0.05，P＜0.01），且数据显示中学文化程度被试的情绪平衡最高，比小学文化程度的被试高 0.48，比大学文化程度的被试高 0.78。这一结论与已有的研究结果不太吻合[1]，国内外的研究结果一般认为受教育程度与主观幸福感体验之间成正相关，即受教育程度越高，对生活的满意度越高、情绪越稳定。但以上对藏族的研究结果却显示受教育程度越低情绪越稳定。笔者在调查中发现文化程度为大学以上的被试一般都有到西藏以外的地方受教育的经历，他们会在这一过程中受到其他文化的影响，然后又回到拉萨生活和工作，不同文化之间的冲突、融合可以影响情绪的稳定性和平衡性。这一结果从另一个角度说明文化因素可以是影响主观幸福感的因素之一。

（4）主观幸福感在年收入上的差异比较

表 4－16 主观幸福感在年收入上的差异比较（方差分析）

生活满意度（现在）					情绪平衡				
变异来源	自由度	方差	F	P	变异来源	自由度	方差	F	P
组间 SS（12.26）	3	4.09	1.07	0.361	组间 SS（11.71）	3	3.90	1.28	0.28
组内 SS（1459.58）	530	3.81			组内 SS（1166.89）	530	3.05		
总体 SS（1471.84）	533				总体 SS（1178.61）	533			

在收集数据时，笔者根据前期对藏族的田野调查[2]和访谈决定将被试填写的年收入划分为三个层次：年收入在 5 万元以下为低收入；年收入为

---

① A. Campbell，"Subjective Measures of Well-being," in *American Psychologist* 31，1976，pp. 117 - 124.

② 2005 年 6 月和 2007 年 7 月笔者专门深入藏区做前期采点调查，了解藏族的生活习俗和生存状况。

5 万~10 万元为中等收入；年收入在 10 万以上为高收入。收集的资料显示，藏族的年收入主要集中在中等收入以下，其中低收入占样本的 85.02%；中等收入占样本的 12.73%；高收入占样本的 2.25%。从表 4－16 的数据显示，藏族被试在生活满意度和情绪平衡上均不受年收入多少的影响，它们之间没有显著差异（P > 0.05）。[1] 也就是说，藏族的主观幸福感受物质生活条件的影响不大，无论物质生活是丰富还是贫乏，藏族都具有较高的生活满意度与平和稳定的心态。[2] 这一结论很值得思考，生活包括物质生活和精神生活两个层面，一般认为自然生态环境及生活方式与物质生活水平是密切相关的，人们习惯用物质生活条件的高低来衡量生活环境和生活方式的好坏，西藏地区由于特殊的地理环境和气候条件决定了它在宜居性和物质生活条件上相对落后，但此处得出的结论说明物质生活条件的高低对主观幸福感的影响不明显，也就是说藏族民众的主观幸福感可能更多受到精神层面而非物质层面的影响。以往研究结果显示："随着生活水平的提高个体主观幸福感会随之提高。"[3] 我们调查结果的不同值得进一步分析。为此，笔者考虑以藏族民生政策制定、实施的情况反映个体所处的社会环境，并以个体在西藏社会环境和独特的自然环境中所形成的和谐心理特质与人格特质作为衡量藏族个体精神生活状况的综合指标，并探讨这些精神生活状态的指标对藏族个体的主观幸福感产生的影响，进而分析对藏族社会的和谐稳定产生的作用机制。

从以上对 534 位藏族被试主观幸福感的人口学因素分析来看，可以得出以下初步结论。

被调查的藏族样本的主观幸福感水平较高。在人口学因素中，性别和年收入不是影响主观幸福感的因素；年龄和受教育程度在不同程度上影响个体的主观幸福感水平；中年人生活满意度高于青年人，而青年人特别是

---

① 此结果与何瑛的结论一致。参见何瑛《主观幸福感概论》，《重庆师范学院学报》2000 年第 3 期。

② 郑雪谈道："从心理学角度看，幸福是个人的一种自我的主观体验，我们不能说一个人的财富和经济收入愈多，就一定会幸福。因为财富与收入只是主观幸福感的必要条件之一，并不是充分必要条件。如果一个人过分看中财富和收入的增长，将会为他带来更多的精神负担而降低幸福感。"参见郑雪、严标宾《幸福心理学》，暨南大学出版社，2004，第 3 页。

③ 何瑛：《主观幸福感概论》，《重庆师范学院学报》2000 年第 3 期。

中学文化程度青年人的情绪稳定性高于中年人和其他受教育程度的被试。

以上这些初步结论为我们认识和掌握藏族被试的主观幸福感提供了客观的指标，并为分析主观幸福感的影响因素提供了初步的线索。

2. 藏族民生政策的制定、实施情况分析

（1）关于民生问题的内涵

所谓民生，主要是指民众的基本生存和生活状态，以及民众的基本发展机会、发展能力和基本权益保护的状况。

民生问题是与社会个体生活密切相关的问题，主要表现在吃穿住行、养老就医、子女教育等生活必需方面。民生问题也是社会群体最关心、最直接、最现实的利益问题。对社会民生问题持何种态度和理念是由执政党的性质、宗旨和目标决定的。中国共产党作为执政党，是中国社会主义事业的领导核心，是各族人民利益的代表者，是以马克思列宁主义、毛泽东思想、邓小平理论、"三个代表"重要思想和科学发展观作为行动指南，以实现共产主义的社会制度为目标的人民政党。因此由这样性质的执政党领导的各级政府必须以人为本，从制度和法律层面来保障广大社会个体的生存、发展和基本权益，所以"关注民生、重视民生、保障民生、改善民生"必然是各级政府制定、实施民生政策的出发点。由中国共产党领导的西藏自治区政府自1965年正式成立以来一直秉承这一基本理念，制定了一系列惠及民生的各项政策，使西藏社会逐渐发展，广大藏族民众的生活逐步得到提高，社会步入了良性运行的轨道。

（2）民生内涵的基本结构

民生问题是一个多层次多角度的复合体，它是由与社会个体的生存、发展和基本权益保障相关联的各个要素构成的系统。其中教育是民生之基，就业是民生之本，收入分配是民生之源，社会保障是民生之标。这四个方面组成了民生问题的基本维度。在这个框架内各维度之间由低到高，又具体呈现出一种有层次的递进状态。

第一个层次，是指社会个体基本生计状态的底线。这一层面上的民生问题主要侧重个体基本的"生存状态"，即社会要保证每一个社会成员"能够像人那样有尊严地生活"，其具体内容包括社会救济、最低生活保障、基础性的社会保障、义务教育、基础性的公共卫生、基础性的住房保障等。

第二个层次，是指社会个体基本的发展机会和发展能力。人不仅要有尊严地生活，还要有能力生活下去。这一层面上的民生问题主要侧重个体基本的"生计来源"问题，考虑每一个社会成员"要有能力和机会活下去"的问题，即一个社会在满足了社会个体基本生存问题之后，就应考虑社会个体基本的发展能力和发展机会问题，以期为个体提供起码的发展平台和发展前景。其具体内容包括：促进充分就业，进行基本的职业培训，消除歧视问题，提供公平合理的社会流动渠道，以及与之相关的基本权益保护问题（如劳动权、财产权、社会事务参与权）等。

第三个层次，是指社会个体基本生存线以上的社会福利状况。这一层面上的民生问题主要侧重个体基本的"生活质量"问题，即当一个社会解决了个体基本生存和基本发展机会、基本发展能力之后，随着经济发展水准和公共财力的大幅度提升，随着现代制度的全面确立，进一步需要考虑的问题，应当是为全体社会成员提供使生活质量得以全面提升的福利。主要包括：民众应当享受到较高层面的社会福利，比如免费的教育；住房公积金应当普及到每一个劳动者；社会成员的权利和私有财产应当得到全面的保护，提高个体对生活的满意度和幸福指数等。

上述三个层面的内容具有一种逐层递进的关系，即前一层面内容的基本实现是后一层面内容实施的前提条件，当前一层面内容基本实现之后，应当顺理成章地开始后一层面内容的努力，其顺序不能颠倒。

（3）西藏自治区政府近年来制定、实施的民生政策举例

在西藏自治区第八次党代会上，自治区党委明确提出，继续实施富民兴藏战略，重点办好推进安居工程、改善农牧区条件、积极扩大就业、强化医疗保障、加大教育投入等方面的实事。

其一，与社会个体基本生存密切相关的安居工程。

"漫步在西藏的田野上，不时能看到一排排崭新的藏式民居散落其间，为高原风光增添别样风情。截至目前，全区农牧民安居工程累计完成投资 219.27 亿元，覆盖全区 35.05 万户农牧民。今年将有 6.95 万户农牧民住上安居房。到 2013 年，西藏所有农牧民群众都将住进安全适用房屋。

西藏和平解放以来，在中央和自治区历届领导的关怀和自治区政府的努力下，西藏农牧民群众的生产生活条件大大改善。但是，由于特殊

的历史、自然等因素制约，80% 左右的农牧民群众住房条件还很简陋。2006 年，根据中央提出的建设社会主义新农村的有关要求并结合当地实际，西藏自治区政府决定在'十一五'期间加快实施以牧民定居、农房改造和扶贫搬迁工程为重点的农牧民安居工程，在尊重群众意愿的基础上，力争经过 5 年努力，使全区住房条件比较差的农牧民住上安全适用房屋。当年，西藏自治区各级财政投入 30 多亿元，使 5.6 万户、29 万农牧民乔迁新居。与安居工程相配套的是，西藏新增安全饮水人口 32 万、用电人口 21 万，新增农村公路里程 1900 多公里，700 个行政村路面硬化，600 个村新建活动场所……崭新敞亮的安居房里飘出青稞酒和酥油茶的浓香，也飘出了欢快笑声。"①

其二，与社会个体发展密切相关的教育、就业政策。

教育是民生之基，"三包"政策是中央给予西藏的一项特殊优惠政策。从 1985 年开始，西藏在农牧区实行以寄宿制为主的中小学校办学模式，对义务教育阶段的农牧民子女实行包吃、包住、包学习费用的"三包"政策。截至目前，西藏先后多次提高"三包"经费标准，今年在现行标准基础上每个学生每年定额提高 200 元，使人均经费标准达到 2400～2600 元，义务教育"三包"政策覆盖面扩大到所有农牧民子女在校生。从 2012 年起，西藏还将普通高中、中等职业教育纳入"三包"政策实施范围，使受惠面从原来的 27 万学生扩大到 50 多万，西藏 95% 以上的在校生都能享受到这一系列政策。尤其值得称道的是，西藏于 2012 年 9 月全面实现"两基"目标，"两基"人口覆盖率达 100%。如今在西藏广大农牧区，人们看到最好的建筑是校舍，最美的地方是学校，学校已经成为西藏社会主义新农村建设的一道亮丽风景线。

就业是民生之本，是保障和改善民生的头等大事。西藏各级劳动就业部门从拓宽就业渠道、挖掘就业潜力入手，多项措施并举扎实推进西藏籍大学生就业援助工作。27 岁的泽朗卓嘎大学毕业后，一直没找到合适的工作，后来，她向西藏自治区劳动就业保障局申请就业援助。自治区劳动就业保障局帮她联系了一份文秘工作，泽朗卓嘎十分满意。西藏各级地方政府部门还出台了增加公职人员岗位、购买公益性岗位、增强企业就业吸纳

① 《人民日报》2012 年 9 月 4 日，第 6 版。

能力等帮扶、鼓励政策，助推大学生就业。截至 6 月底，西藏累计购买公益性岗位指标 2 万个，已安置 17485 个，安置完成率为 87.43%。西藏给予接收大学生并签订 5 年合同的企业一次性奖励 2 万元，按照签订年限给予到中小企业就业的大学生一定的社会补贴。同时，西藏推进就业援藏机制建设，促进西藏高校毕业生到区外就业、见习，积极落实 17 个援藏省市和 17 家援藏中央企业各吸纳 100 名西藏高校毕业生的任务。西藏自治区为到区外就业的大学生发放为期一年、每人每月 300 元的生活补助及 1000 元路费。

其三，与社会个体密切相关的社会基本保障制度。

2013 年，西藏全面启动全民健康体检工程，体检内容包括生化全套、B 超、内科、外科和五官科等常规检查。同时，还针对不同人群开展特色体检项目，根据检查结果给每个人建立健康档案。全区共完成城乡居民健康体检 128 万多人，其余 142 万多城乡居民的健康体检工作已在 2012 年年底前完成。

西藏和平解放特别是改革开放以来，国家先后累计拨款超过 18 亿元，用于发展西藏医疗卫生事业。截至目前，全区各级各类医疗卫生机构已发展到 1352 个，大多数乡村建立了合作医疗机构。

2003 年，西藏自治区在全国率先建立以免费医疗为基础的农牧区医疗制度，明确了制度的组织管理、基金筹集、报销补偿等一系列政策规定。2009 年，西藏农牧区实现了该项医疗制度的全覆盖。2010 年年底，西藏新型农村社会养老保险制度实现了全区全覆盖，涉及农业人口 221 万人。西藏人均寿命从和平解放前的 35.5 岁提高到现在的 67 岁。

其四，民生政策惠及宗教工作者。

2013 年 3 月 12 日，西藏拉萨色拉寺 37 位 60 岁以上的老年僧人首次领到了基础养老金。近年来，西藏不断加快寺庙通水、通电、通路和通信、通广播电视等基础设施建设。据悉，西藏还将实现在编僧尼养老及医疗保险的全覆盖，西藏的广大僧尼也在享受着经济社会发展的成果。"十二五"期间，自治区计划投资 15 亿元，实现全区 70% 以上依法登记的寺庙和宗教活动场所通公路，力争在"十三五"期间实现具备条件的寺庙全部通公路。2011 年，在总结农家书屋建设经验的基础上，开始试点建设 480 个寺庙书屋，并最终顺利完成了 1700 多个寺庙书屋建设目标。

这些措施拓宽了广大僧尼获取信息的渠道，也为僧尼潜心修行提供了方便。

以上各项民生政策的制定、实施为广大藏族民众的生存、发展和社会保障提供了制度的支撑，解决了生活中的后顾之忧，因而广大藏族民众对生活持满意的态度，对未来充满期待，在主观幸福感的测量中藏族被试处于较高水平也印证了这一结果。所以用主观幸福感这个国际通用的衡量社会发展和社会良性运行水平的指标，就客观地反映了西藏自治区政府所实施和制定的各项民生政策为广大藏族民众提供了良好的社会生活条件。当然，这只是我们站在理论研究角度所做的逻辑推测，藏族民众客观真实的感受还将在接下来的质性研究中加以呈现和分析，以求相互印证才能最终得出理性的结论。

通过对藏族样本人口学因素和西藏自治区政府近年来制定实施的民生政策对藏族主观幸福感影响的分析，初步从个体基本属性和大的社会环境方面支撑了藏族具有较高主观幸福感水平的结论。但个体内在的、最本质的心理特质才是影响和决定主观幸福感水平高低的本质因素，以下笔者再就藏族样本的自我和谐、心理健康和人格特质进行量化的统计分析。

第二节　自我和谐、心理健康评定结果分析

一　藏族被试自我和谐水平分析

本课题采用我国学者王登峰编制的《自我和谐量表 – SCCS》，该量表是我国目前影响力最大的自我和谐量表。量表包括三个维度，即自我与经验的不和谐、自我灵活性以及自我刻板性。（1）自我与经验的不和谐，指个体对经验的一些非理性的期待，当自我与经验相互矛盾、不协调时，个体的自我就处于不和谐状况；（2）自我刻板性，是指个体面临困难与问题时，思维呈现的刻板程度，刻板性测试分数高的个体，在处理困难与问题时会僵化刻板，不能良好地依据事物的变化进行恰当调整，与偏执呈显著相关；（3）自我灵活性与自我刻板性呈现正相关的情况，自我灵活性测试分数高的个体，反映在其成长与发展的过程中能够依据内在的机体评价，

适时地调整策略以应对生活中出现的某些状况。① 该量表共有 35 个项目，
要求被试按指示语对每一个句子符合自己情况的程度进行 1（完全不符合）
到 5（完全符合）的五级评定。各分量表得分为其包含的所有项目得分之
和（自我与经验的不和谐：1，4，7，10，12，14，15，17，19，21，23，
27，28，29，31，33，共 16 项；自我的灵活性：2，3，5，8，11，16，
18，22，24，30，32，35，共 12 项；自我的刻板性：6，9，13，20，25，
26，34，共 7 项）。在计算总分时，自我灵活性需要反向计分。总分越高，
自我和谐程度越低；反之亦然。

表 4 - 17　藏族被试自我和谐的总体情况

维度	平均数	标准差	维度	平均数	标准差
自我与经验的不和谐	23.93	3.04	自我的刻板性	11.06	1.41
自我的灵活性	16.26	2.02	自我和谐（总分）	18.71	3.51

N = 534。

　　本研究对藏族被试在自我和谐量表的 3 个维度和自我和谐总分的平均
数及标准差进行统计。表 4 - 17 显示：藏族被试在自我和谐因素中，自我
与经验的不和谐均值为 23.93，标准差为 3.04，比常模（均值为 46.13，
标准差为 10.01）低，可确定藏族被试在该因素上表现出较高的和谐度；
自我灵活性均值为 16.26 与常模（均值为 45.44，标准差为 7.44）相比较，
可发现藏族被试自我灵活性优于常模；自我刻板性均值为 11.06，与常模
（均值为 18.12，标准差为 5.09）比较，可发现藏族被试自我刻板性相对
较低；自我和谐总维度的平均分为 18.71 分，显著低于常模（74 分为低分
组，75～102 分为中间组，103 分以上为高分组）。由此可初步判断藏族被
试自我和谐水平总体处于非常和谐的状态。自我和谐是个体心理健康的显
著标志，因此我们还必须考察藏族被试的心理健康状况。

二　藏族被试心理健康评定结果分析

　　健康包含着生理健康、心理健康以及适应社会三方面内涵，心理健康

---

　　① 王登峰：《自我和谐量表的编制》，《中国临床心理学杂志》1994 年第 1 期。

是生理健康的基础，生理健康是心理健康的保障，社会因素是心理健康和生理健康的纽带，三者之间的相互作用为人类的健康提供了坚实的基础。心理健康是指个体在身体、智力、情绪上都比较和谐；能够适应环境，在人际交往过程中保持礼让；能够发挥个体在社会活动中的潜在能力，成为有社会价值的个体。在本研究中，笔者希望通过客观的心理健康评价工具来考察藏族个体的心理健康水平，用心理健康、自我和谐、主观幸福感共同构成评价藏族个体和谐心理特质的指标体系。因此决定采取《自测健康评定量表－SRHMS》中的心理健康评定子量表作为此次测查的研究工具，该子量表由三个维度构成：（1）正向情绪；（2）心理症状与负向情绪；（3）认知功能。该测量工具是国际上比较通用的健康测量方法之一，它由自测生理健康、心理健康和社会健康的三个评定子量表组成，用于 18 岁以上各类人群（尤其是普通人群）的健康测量。量表中每个题目的理论最高值为 10 分，最低值为 0 分。自测心理健康、生理健康、社会健康的理论最高值分别为 150 分、170 分、120 分，它从定量化的角度，较为直观、全面、准确地反映了个体的健康状况。

表 4－18　藏族成人心理健康的总体情况

维度	平均数	标准差	维度	平均数	标准差
正向情绪	38.16	8.96	心理健康	83.07	23.07
心理症状与负向情绪	24.19	21.95	生理健康	115.43	28.93
认知功能	20.54	5.83	社会健康	84.18	20.04

N = 534。

表 4－18 显示：藏族被试在心理健康因素中，正向情绪均值为 38.16，标准差为 8.96，心理症状与负向情绪均值为 24.19，标准差为 21.95，认知功能均值为 20.54，标准差为 5.83；心理健康总分平均值为 83.07，标准差为 23.07，与常模相比藏族被试的心理健康均数超过常模平均水平（75分）；生理健康总平均值为 115.43，标准差为 28.93，高于常模平均水平（85 分）；社会健康总平均值为 84.18，标准差为 20.04，也高于常模平均水平（60 分）。综合评价藏族被试的健康状态处于较高水平。

本节通过对藏族被试自我和谐与心理健康的测量分析可以初步得出藏

族样本的和谐心理特质处于高水平。同时它一方面从个体心理特质的角度
印证了藏族被试具有高水平主观幸福感的心理基础；从另一方面看，藏族
被试的主观幸福感、自我和谐和心理健康这三个指标的测量结果共同说明
了在西藏社会组织系统中构建和谐社会是可能的，甚至是必然的。因为这
个社会组织系统中的最基本单元——个体具有高水平和谐心理特质。然而
这个由客观量化指标得到的判断还有一点需要证明，那就是这些藏族被试
高水平的和谐心理特质是偶然测量到的、暂时的，还是本质的、稳定的？
要回答这个问题还必须从藏族被试的人格特质入手来加以证明。因为人格
是个人心理世界的内在组织，既表现为外在行为的一致性与稳定性，又表
现为内心体验与组织的一致性与稳定性。[①] 在个体心理活动和行为表现中
个体人格在时间上是稳定的，在不同情境下是一致的。因此藏族被试在和
谐心理特质方面所表现出的较高稳定性可由他们的人格特征来加以说明和
判断。

第三节　藏族被试人格特征测量结果分析

艾森克人格测量量表是目前医学、司法、教育和心理咨询等领域应用
最为广泛的测量量表之一。它是以艾森克提出的"人格是个体在气质、性
格、体质与智力上相对稳定且持久的一种组织，它决定着个体对环境适应
的独特性"[②] 概念为基础，进而构建人格三因素模型而编制的人格特征测量
量表。该量表由三个维度构成，它们分别是外倾性（Extraversion），神经质
（Neuroticism）以及精神质（Psychoticism）。（1）外倾性表现为内倾向和外
倾向两种类型。具有外倾向的人健谈，喜欢聚会、交际，有许多朋友；具
有内倾性的个体则表现为安静、内省与反思。（2）神经质表现为情绪稳定
性的差异。情绪不稳定的个体表现为高焦虑、喜怒无常、情绪容易激动、
行为容易冲动，在日常生活中表现为忧心忡忡。情绪稳定的个体对情绪只
有轻微的反应、稳重、善于自控。（3）精神质表现为孤独、冷酷、敌视等
负性人格特质。高分精神质的个体人格较为固执、孤独、不关心他人，低

[①]　王登峰、崔红：《解读中国人的人格》，社会科学文献出版社，2005。
[②]　彭聃龄：《普通心理学》（修订版），北京师范大学出版社，2004，第444页。

分精神质的个体人格较为温顺、善感。艾森克认为人格虽然受较强遗传因素的影响，但是人格形成主要是社会化的发展结果，并存在个体差异，同时大量研究结论显示它直接影响着个体的心理健康与自我和谐程度，也是主观幸福感的重要预测因素之一。因此，笔者采用艾森克人格理论与人格测量量表作为本次研究的人格测量工具，主要考察藏族被试在性格方面倾向于内向还是外向，在情绪方面的稳定性和在精神方面的特质，进而考察藏族被试所具有的和谐心理特质是否具有稳定的心理基础以及行为的一致性。

本量表由 88 个项目构成，每一项目要求被试回答"是"或"否"，然后根据使用手册的规定负向题答"否"得 1 分，正向题答"是"得 1 分，最后统计各维度的得分再查常模转换为 T 分数，用 T 分数的大小解释被试的人格特征。艾森克人格测量量表是一种优秀而且非常可靠的测试，同时具有很好的结构效度。

一　藏族被试的总体人格特征

表 4 - 19　藏族被试的人格特征状况

特质性 P(M±SD)	内外向 E(M±SD)	稳定性 N(M±SD)	真实性 L(M±SD)
n(534)	n = (534)	n = (534)	n = (534)
39.08 ± 4.23	53.93 ± 3.82	49.35 ± 4.89	56.85 ± 3.87

由于人格特征是个体最复杂和内隐的心理结构，因此通过人格量表测量得到的人格特征具有相对性和模糊性，我们只能得到个体或群体在人格特征方面的总体趋势，而无从精细化。艾森克人格测量量表常模的特质性、内外向、稳定性和真实性指标是以 T = 50 作为基准点［按公式 T = 50 + 10（X - M）/SD］计算的，特质性 P 大于 50 说明被试的社会化程度较低；内外向 E 大于 50 说明被试比较外向、爱交际、随和、乐观、喜欢谈笑；稳定性 N 越接近 50 则情绪越稳定，真实性 L 越接近 50 说明被试的回答越可信。从表 4 - 19 的数据，我们可以看出被调查的 534 位藏族被试人格特征的各项指标中特质性为 39.08，内外向为 53.93，稳定性为 49.35，据此可以初步确定藏族被试的人格特征总体为外向稳定型，低特

征性个体。同时真实性指标达到 56.85 分以上，说明其测量的结果真实可信。

根据测量结果和艾森克对各项指标的定义①，可以对藏族被试的人格特征做一个概括：藏族是一个热情、外向、乐观、好交际，随遇而安、知足常乐，做事比较冲动，喜欢冒险追求刺激的民族，同时藏族个体合群、善良、富于同情心、安静、不具进攻性，对自然和人类充满感情。这些人格特征与笔者接触和观察到的藏族个体特征基本是吻合的，我们在林芝、堆隆德庆等地的藏族牧民家进行调查和访谈的过程中，充分体会到了这一点。那么，藏族所具有的这些人格特征与他们的主观幸福感有没有关联呢？

二 藏族被试的人格特征与主观幸福感的关系分析

表 4 – 20 藏族被试的人格特质与主观幸福感的相关度

	特质性 P	内外向 E	稳定性 N
生活满意度（5 年前）	0.324 **	0.412 **	0.211 *
生活满意度（现在）	0.546 **	0.482 **	0.432 **
生活满意度（5 年后）	0.287 *	0.216 *	0.164
正性情绪	0.245 **	0.587 **	0.401 **
负性情绪	0.121	– 0.410 **	0.101
情绪平衡	0.388 **	0.102	0.602 **

注：* 表示在 0.05 的水平差异显著，** 表示在 0.01 的水平差异显著。

从表 4 – 20 的数据可以看出，藏族被试人格特质的各项指标与主观幸福感的各项指标之间具有较高的相关性。其中现在的生活满意度与内外向和稳定性之间达到比较高的显著相关，情绪平衡与稳定性之间也达到了显著的正性相关。这说明人格特征是预测和影响主观幸福感水平的重要因素。这一结论与已有的研究成果基本吻合。②

从以上分析可以看出如下四点。第一，藏族的人格特质具有稳定性，

① 参见艾森克人格测量量表的常模和使用手册。
② 郑雪、严标宾、邱林、张兴贵：《幸福心理学》，第 97 页。

它决定了以上测量得到的藏族被试的各项心理指标也同样具有一定的稳定性，这说明我们对藏族被试测量的和谐心理特质是藏族被试比较稳定的心理状态，是他们一以贯之的心理和行为基础。第二，藏族被试的性格特质是外向型的，说明他们在对人对事时经常表现出热情、乐观、好交际，随遇而安、知足常乐，做事比较冲动，喜欢冒险和追求刺激的秉性，这种特点决定了他们善于与人交往，容易建立起和谐的人际关系。第三，藏族被试在特质性（P）的测量分值低于 50 分，说明他们属于典型的低特质人群。这种类型的个体合群、善良、富于同情心、安静、不具进攻性，对自然和人类充满感情，他们特别容易与他人、与自然建立和睦稳定的关系。第四，藏族被试的人格特质与他们的主观幸福感具有较高的相关性。这几点都充分说明藏族被试的和谐心理特质不仅受到个体基本属性和西藏地区民生政策的社会大环境影响，同时也是由藏族本身的人格特质决定的。人格特质的形成不仅由个体遗传决定，而且还与个体所生活的自然环境、社会文化环境有密切的关系。

综合本章各节测量得到的资料，经量化分析处理可得到以下研究结果。

第一，藏族被试的主观幸福感处于较高水平，特别是在对未来的满意度和情绪平衡方面远优于抽取的汉族样本的水平。

第二，从藏族样本人口学因素和西藏自治区政府近年来制定实施的民生政策对藏族主观幸福感的影响分析，初步从个体基本属性和大的社会环境方面支撑了藏族具有较高主观幸福感水平的结论。

第三，藏族样本的和谐心理特质处于高水平。

第四，藏族被试的整体人格特征为外向稳定型。表现为热情、外向、乐观、好交际，随遇而安、知足常乐，做事比较冲动，喜欢冒险和追求刺激。藏族个体合群、善良、富于同情心、安静、不具攻击性，对自然和人类充满感情。

以上结论为我们从量的角度描述了藏族个体的主观幸福感、和谐心理特质，以及人格特征提供了依据，使我们对藏族的心理和行为特点有了初步的认识。但为了从根本上解读藏族人格特质形成背后的原因，分析藏族所具有的幸福观、和谐心理特质及人格特质对构建和谐稳定的西藏社会所具有的心理支撑作用，笔者认为有必要真正走近藏族个体，走进他们的社会生活场景，与他们面对面地交流沟通，成为他们中的一员，

去观察、体会、感悟他们的所思所想，以便为我们更深入分析藏族社会
组织系统的基本结构，提供除量化研究理性结论之外更为细腻、感性、
真实的支撑材料，进而对个体心理层面幽微隐秘的生活经验加以系统的
考量。据此，笔者将在第五章采用质化研究的方法对相关问题进行更加
深入的分析和研究。

第五章　藏族和谐心理特质的
　　　　质化研究

在质化研究部分，我们将借助个案访谈资料，对藏族的和谐心理特质和人格特质进行进一步综合、归纳，同时对在量化研究中无法概念化的内容，透过更有针对性的访谈而加以揭示和补充。

第一节　质化研究的技术准备

一　质化研究的基本范式

"质化研究"是相对于"量化研究"的归类，其发展已遍布各社会科学门类，但由于不同学术领域内的研究取向与传统存在差异，质化研究在不同学科领域内的研究范式也有所区别。大致说来，社会学以探讨社会现象为旨趣而产生民俗方法论、象征互动论以及扎根理论的传统；人类学以探讨文化现象为核心而形成认知人类学、民族志的传统；心理学则以个人或群体经验及行为为研究对象从而发展出现象学、生命史、生态心理学等传统。① 本研究根据研究的目标采用现象学的质化研究方法。

现象学的研究旨在了解个体在其生命世界中的生活经验及意图。为此研究者就必须移除自己的预设，以进入受访者的生命世界和其"自我"的经验解释，并以语言的方式来呈现此经验。现象学的质化分析可

---

① 胡幼慧：《质性研究：理论、方法及本土女性研究实例》，巨流图书公司，2001，第13页。

分为三个步骤。第一，"存而不论"。存而不论是现象学的重要程序，它是研究者针对所调查的现象，消除或意识到自己所持有的偏见、观点或假设的过程。依据社会学家埃德（Ihde）的观点："存而不论要求观看先于判断，对什么是真实的或最真实的判断，要延迟到所有证据（或至少是充分的证据）都具备才能做出。"① 因此，存而不论不是一个固定事件，而是不断发展的过程，经由存而不论的阶段，完成现象学态度的转变。第二，现象学还原或"放入括弧"。"放入括弧"是现象学创始人德国哲学家胡塞尔所采用的术语，其内涵是指研究者将原来的世界或先前的假定"放入括弧"，以辨明资料的纯粹形式。② "现象还原"则是指"将世界转换为现象"，并将它引导到经验世界的意义与存在的根源，更具体地说是指导出呈现意义与本质的组织脉络的描述方法。当资料被放入括号之后，资料被水平化，即所有的资料都以相同的价值处理，而后将资料组织成有意义的整体，并将不重复、不重叠的构成要素汇集成主题，然后在每个主题上做想象的变形，借此研究者对不变的主题发展出已增强和扩展的视野。第三，结构的综合体。所谓结构的综合体是指研究者超越固有的影响，直觉与反思地将资料发展为对经验现象意义与本质的综合。由此看来，现象学的主要研究目的就是要弄清社会群体或个体在生活经验中最隐蔽、幽微的部分，并使研究者能从中归纳现象的本质要素。对照本研究的目的和任务，笔者准备采用此种方法，对藏族被试典型个案的和谐心理特质以及他们对社会、对他人、对自然的态度和认识进行观察和访谈，为本研究提供尽量细致、深入的感性材料，并与前面得到的量化研究结果共同构成本研究的证据支撑系统，以全面归纳和揭示构建西藏和谐社会的本质要素。

二　标准化开放式访谈提纲的拟订

在现象学的质化研究方法中，首先要解决的问题是采用标准化开放式的访谈形式来收集第一手资料。这种方法是指在一定的问题框架之内，访谈者不规定问题答案的范围，受访者可就问题做自由的回答，它借助一对

---

① D. Ihde, *Experimental Phenomenology*, New York：G. P Putnam, 1977, p. 36.

② 〔德〕胡塞尔：《纯粹现象学通论》，李幼蒸译，商务印书馆，1992，第 43 页。

一式、面对面的言语交流，能够让受访者自由地表达其经历、体验、想法及主观经验，从而发现事物最细微和最本质的特点。本研究在量化分析的基础上试图进一步弄清藏族所生活的自然生态环境究竟形成了什么样的文化内涵，它具有哪些基本特点？这些文化形态塑造了藏族哪些基本精神特质和民族人格特征？它们又是通过什么机制完成对藏族个体和谐心理特质的影响的？笔者认为这些问题与人们的哲学观、思维方式、主观经验、情绪体验等因素紧密相连，因而采用标准化开放式访谈法作为量化研究的深入和补充。

在本研究中，笔者考虑采用询问每位受访者相同问题的方法，以使访谈具有系统性，同时在处理资料时能够依据类似的问题和答案而使资料分析更为容易。因此，笔者在综合各种相关理论的基础上确定了本研究的访谈提纲。本题纲的拟订主要是围绕主观幸福感的认知成分、情绪成分（分正性情绪和负性情绪）以及藏族个体对社会和谐稳定的认识和看法而展开的。访谈提纲如下：

• 你觉得自己是个幸福的人吗？为什么？（认知）（从中提炼影响主观幸福感的因素）

• 你能说说你对幸福的理解吗？（你觉得值得高兴的事是什么？是怎样的？）（认知）

• 你对现在的生活感到满足吗？（满意吗？）还要怎样就会更好？（主要指物质方面和精神方面）（认知）

• 你平时过得充实吗？（你平时都干些什么？在做这些时你感到很实在、很平和吗？）

• 你觉得自己高兴吗？（愉快、快乐、幸福）什么时候感到最开心？（高兴、愉快、幸福）（正性情绪）

• 你觉得生活有压力吗？（负性情绪）

• 你觉得生活中最让人不高兴的事是什么？（负性情绪）

• 生活中你感觉空虚寂寞吗？（负性情绪）

• 你觉得你的性格是内向或外向、乐观的吗？（人格）

• 你觉得人一生中最重要的是什么？（目标）

• 你相信有来生吗？有因果轮回吗？（目标）

• 你希望自己过上什么样的生活？（目标）（从中提炼文化因素）

● 你对现在的社会或你自己的未来有信心吗？（主要指社会的安定、公平、正义、安全、经济预期，个人的能力、调控、发展潜力等方面的信心）（目标）

● 你有什么打算（计划）吗？（发展的需要）

● 什么是你生活中最重要的？为什么？（影响主观幸福感的因素）

● 你觉得你与周围环境和谐吗？（包括自然、社会、家庭）

● 你觉得藏传佛教对你个人与社会的和谐有帮助吗？（举例，具体）

● 你觉得近十年来国家或政府实施的惠民政策，哪些对你的影响最大？

● 你希望政府还应在哪些方面制定出更好的政策？（可以举例，最好具体一些）

● 你希望生活在一个稳定的社会环境里吗？它有什么好处？如果社会出现混乱有什么坏处？（具体实例）

照片一　2013年7月到藏族家庭做访谈

照片二　访谈藏族老大爷

照片三　深入藏族家中

照片四　与藏族儿童合影

照片五　访谈过程

照片六　访谈过程

照片七　与藏族牧民在一起

照片八　访谈场景

照片九　与杂货店老板交流

三　访谈过程

为获取具有一定数量的较为翔实、可靠的质性材料，本研究的个案访谈过程依照下列程序进行。

第一，在西藏地区进行访谈具有很大的挑战性：（1）青藏高原海拔高，气候多变日照时间长，空气中含氧量低，个体的身体易出现高原反应；（2）到牧区访谈，一方面其地域广阔、人烟稀少、交通不便，另一方面存在语言沟通障碍，需要向导带路寻找访谈对象；（3）我们研究的问题涉及西藏社会的政治、文化、宗教、个体心理等隐秘敏感的话题，在实际操作中不易获得真实可靠的答案。这成为我们研究中的难点，所以笔者在访谈对象和数量的确定上颇费了一些周章。幸好在2007年7月笔者有缘带学生到藏区进行田野调查，做了一定数量的前期访谈，一方面积累了相关的访谈资料，另一方面也为我们在2013年7月的再次访谈积累了大量实际操作的经验和人脉，为本研究获得了32份较为典型和全面的宝贵的访谈资料。其中包括2013年访谈的19位对象和2007年访谈的13位对象，他们由牧民、农民、商人、个体户、教师、学生、公务员、事业单位工作人员、导游、宗教人士等组成，几乎涵盖了西藏社会各阶层，具有较广泛的代表性。

第二，确定受访者。首先在被抽取的样本中经过交谈或熟人介绍，选取具有典型代表性的个体作为访谈对象。然后再与之联系，征求本人的意见，看是否愿意作为受访者，如果愿意，再与之预约具体时间。还有一种情况是素不相识但由于机缘巧合的受访者，如在旅途中或朋友聚会上，笔者认为从这样的受访者那里可能会得到更为真实的信息。①

第三，访谈准备。培训相关的访谈人员，以提高效率。准备录音器材，访问时全程录音，以增强资料的准确性和真实性，同时使研究者能够进入受访者的经验中，专注倾听、询问，以达到双向沟通互动，并给予受访者适当的语言与非语言回馈。

第四，正式访谈。访谈时每位受访者占时1.5小时到2小时不等，视受访者的具体情形而定。

第五，访谈后的整理。访谈后迅速整理录音和谈话纪要，逐字逐句誊写，若发现有什么模糊不清的地方，立即与受访者联络核实。

第二节　个案访谈资料的呈现和分析

经对选取的32位受访者的生存方式进行归纳分类，按照受访者所处的

---

① 访谈在藏区遇到了很多困难，有的受访者非常敏感或出于各种考虑而不愿意接受访谈，所以尽管笔者做了大量的努力，但获得的个案数量却非常有限。

自然生态环境将他们划分为三个类别：从事各种职业的普通城市居民、从事种植业的农民、从事畜牧业的牧民。

一　对藏族普通城市居民访谈资料的呈现和分析

随着西藏社会的不断发展，西藏与内地在各方面的差距日益缩小，西藏社会群体分布逐步呈现多元化的趋势。笔者两次深入藏区，经观察、了解发现城市居民的人口在西藏社会中所占的比例逐渐增加，并且其涉及的职业种类繁多，阶层特征明显，群体心理和行为具有很多共性，是我们观察、了解西藏城市发展的重要窗口，在某种程度上讲这也代表了西藏社会未来发展的大趋势。为此，笔者于 2007 年在拉萨市经多方努力有幸找到了 10 名受访者进行了访谈，但由于当时还有别的研究任务，时间也比较紧，所以城市居民中的个案还有一些遗漏。2013 年本课题正式启动，我们又专门在西藏的其他城市和地区补充了个案，特别是学校教师和由小学到大学的学生个案充实到城市居民的访谈样本中，因为这些个案是西藏社会文明和文化的传承者，是构建西藏和谐社会的中坚力量。综合以上考虑，笔者共选取了 17 位受访者作为藏族城市居民的访谈对象。

（一）藏族普通城市居民访谈资料的呈现

受访者一： 男　康巴人　商人　信奉苯教

访谈时间： 2007 年 7 月 14 日中午

访谈地点： 受访者家小洋楼客厅

在这里首先要提一提受访者家的环境，这也是我认识藏族个体生活的一个侧面。当我们来到受访者家时，我对拉萨甚至整个西藏都改变了看法。受访者家的小洋楼外表并没有什么特别之处，但当我们推开那挂有彩色布条的木门后一切都发生了改变。首先映入眼帘的是一个约有 10 平方米的小院，小洋楼就坐落在小院的后方。在小院进门的左侧，挂着两个牛头，着实让我吃了一惊，虽然在烈日的照射下牛头已开始风干，但依然很大，足有半米多宽，特别是那弯弯的牛角，很是锋利，让我能够想象这两头牛原本会有多壮。让我好奇的是，主人家为什么把牛头堆放在家中，是用来辟邪还是另有所用呢？接下来让我备感恐怖的是，在小院右侧的铁栏里突然蹦出一条凶悍的藏獒，全身油黑发亮的皮毛几乎把它的眼睛挡住了，它体形庞大，凶恶地发出"呼呼"的喘气声，让人听了心里直发毛。更让人觉得毛骨悚然的是它居然在铁栏里蹦来蹦去，分明是想朝我们扑过来，此时站在洋楼前等待主人开门的我们似乎都在担心主人家的铁栏杆是否结实。终于，一位妇女为我们打开了洋楼下的小门，我们赶快走了进去，这才松了一口气。在这位妇女的带引下，我们穿上鞋套走上花岗石的楼梯来到了二楼的客厅。客厅位于二楼的右侧，在二楼左侧和前方都还另有宽敞的房间，客厅面积很大，有30多平方米，墙面雪白，地面铺有华丽的藏式地毯，正前方的墙壁上挂有主人与活佛的合照，由此可以看出受访者本人应是信教的，在此照片的左侧和右侧则分别挂有他与家人的合照和他儿子的照片。墙的下方摆放着两个相同的金碧辉煌的藏式柜子，上面的图案非常精致，且颜色鲜艳，主要色调是金黄色，看上去很是夺目，据说这是用来装衣服的。客厅的左右侧和后方都摆放着典型的藏式座椅，上面也都铺满了柔软、干净且画有藏式图案的毛毯。每个座椅都很宽敞，可以同时容纳三四个人，活像一张小木床。在每个座椅前，又都摆放着由乌木做成的茶几，上面也都雕刻了精致的图案，很是讲究，与放置在上面的那些考究的茶具很搭配。受访者随后热情地招待了我们，他的皮肤并没有典型的藏族同胞那么黑，个头不算很高大，看上去40岁左右，精神抖擞，脸上时常露出善意的微笑。他热情地叫管家端出了一盘堆得高高的干羊肉招呼我们品尝。据说藏族同胞都很喜欢吃这种食品，我尝了一小块，觉得羊肉很脆，但对于早已习惯了麻辣鲜香的我来说却觉得它没有什么味道，便没敢多尝。一会儿，刚才引我们进屋的妇女准备给我们泡茶，这时一旁的受访者便开始询问我们喝什么茶，说他这里什么茶都有，普洱茶、铁观音等。不一会儿，那妇女便给我们送上了热茶，根据妇女的举止我猜测她应该是受访者家的女管家吧。透过透明的玻璃茶杯，看到杯里鲜嫩的绿叶不断地舒展开，就像是春天刚发出来的新叶一般，品尝了一口，味道确实很好。一会儿，受访者便与我们一行人愉快地攀谈了起来，看得出他是一个热忱、健谈的人。访谈结束后，还带我们参观了他家的佛堂，就在二楼的左侧房内。佛堂约有10多平方米，里面供奉着多幅佛像，悬挂着绚丽的唐卡，整个佛堂俨然就是寺庙里的殿堂，甚至摆设比寺庙还考究，不禁让我感到十分意外。下楼时，我不经意间发现二楼的另一房间里摆放着一副棋盘，看来受访者还经常在这里悠闲地下棋，感觉他几乎过的是神仙生活。下到一楼，我们顺带参观了他家的厨房，厨房宽敞明亮，约有15平方米，里面的锅炉、灶具都是一流的现代设施，正对门口的地方放置了一台冰箱，大小如同大型餐馆里的一样，很是气派。突然，透过厨房的玻璃我居然发现了一辆奔驰轿车，原来厨房外就是他家的车库。当我们胆战心惊地再次绕过小院里的藏獒走出受访者家时，他家的车库门正缓缓打开，或许主人正在楼上遥控着自动门，准备坐着大奔出门了！这是西藏商人富裕阶层的生活写照。

访谈内容：

问：你觉得自己是个幸福的人吗？为什么？

答：我觉得自己很幸福呀！我在世界各地有很多朋友，我会很多种语言，英语、印度语、尼泊尔语，我觉得自己很自由、很快乐。平时我会做一些善事，为自己积德，遇见有人乞讨，会给他们一些施舍，还会定期给寺庙捐一些钱，这样我会觉得很踏实。

问：你对现在的生活感到满意吗？

答：满意。

问：你信奉藏传佛教吗？

答：我信奉苯教。我很厌恶现在有些人为了获得眼前的利益而过度开矿、伐木，破坏了自然，只满足自己这代人的需要，不给子孙后代留下生存的物质基础。其实，做事要尊重自然，做人要顺其自然。

问：你相信有来生吗？有因果轮回吗？

答：有，肯定有来生，也有因果轮回，所以做人一定要行善积德，为自己的下辈子积福。

问：我们是想对藏族做一个主观幸福感的调查，你觉得你们大部分人幸福吗？

答：幸福，我们有宗教信仰，它会约束我们的行为，我们做了什么不好的事，我们会忏悔，会通过做善事来弥补，通过念经拜佛来洗清自己的罪孽。我觉得你们要了解我们藏族，还应该深入牧区，问问那里的牧民，我想他们应该也是这样想的。你们不要太讲究，怕脏、怕苦，应该向很多外国学者学习。别人能吃苦，背着帐篷到处体验生活，到偏远地区去了解真正的藏族。

受访者二：女　28 岁　更章乡人　蔬菜门市部老板娘　信奉藏传佛教
访谈时间：2013 年 7 月 18 日中午 12 点
访谈地点：蔬菜门市部
访谈内容：

问：您觉得自己是个幸福的人吗？为什么？

答：是，孩子不生病。

问：您是怎么理解幸福的呢？

答：我自己是个脾气大的人，丈夫是个脾气好的人，我一生气就骂他，但他从来不打我，我觉得这就是幸福。

问：您对现在的生活感到满意吗？还要怎样会更好？

答：满意，挣的钱够花的，还有包容自己的丈夫。

问：您平时过得充实吗？

答：平常卖卖蔬菜，还有上山挖虫草。丈夫平常也帮助做些。

问：您觉得自己高兴吗，什么时候最开心？

答：小孩子不生病，身体健康，把进的货卖完。

问：您生活中有没有压力？

答：有，当小孩子生病会感觉压力很大。

问：您的性格是怎样的呢？

答：外向，喜欢和人讲话。

问：您相信有来生吗？有因果轮回吗？

答：相信。

问：您觉得藏传佛教对个人与社会的和谐有帮助吗？

答：有很大的帮助。你们汉人讲道德，我们讲因果报应，我们做坏事会得到因果报应，每个人都这样想的话，都不会做坏事。人人向善。

问：您和您的邻里关系怎样？

答：一直都很好，我们在这做了一两年的生意，从没和周围的邻居红过脸。

问：近十年来的惠民政策哪些对您影响比较大？还有哪些需要改善的地方？

答：有啊，政府帮助我们种木耳、天麻。今年还帮我们投资买了一些播种机。但政府有时候会唱高调，需要加大扶持力度，需要落到实处。

问：您希望生活在一个稳定的社会环境中吗？有什么好处？如果出现动乱有什么坏处？

答：当然是安定团结的环境，好的生活环境，大家会平平安安；我们不喜欢混乱的环境，它会带来疾病等一些不好的事情。

受访者三： 男　28 岁　拉萨人　杂货铺老板　信奉藏传佛教　未婚
访谈时间： 2013 年 7 月 18 日中午 12 点
访谈地点： 杂货铺门店

这位个体经营老板对自己的现状其实是很满意的，不过在问到关于政府政策等问题时，表现出一定的警惕性。满足现状是他最大的特点，也由此对生活时刻保持着乐观积极的态度。对于他来说，婚姻将是他生活、心理上的一个转折，结婚以后生活的压力将增大，责任也会变多，心理的负担也会变重。但他仍然对未来抱有很大的希望，相信经过自己的努力生活会越来越好。

访谈内容：

问：您觉得自己是个幸福的人吗？为什么？

答：是。生活过得去就很幸福。

问：您是怎么理解幸福的呢？

答：我觉得吃好喝好穿暖就是幸福。

问：您对现在的生活感到满意吗？还要怎样会更好？

答：满意。店铺的生意好就很满意。

问：你平时过得充实吗？

答：充实。有生意做就很充实。

问：你觉得自己高兴吗，什么时候最开心？

答：高兴啊。很多时候都很高兴，没有什么特定的时候。

问：您生活中有没有压力？

答：没有，生意能够满足生活需要就行。我觉得主要是我还没有结婚，要是结了婚生活压力就会很大了。

问：您的性格是怎样的呢？

答：外向，喜欢和人讲话。

问：您相信有来生吗？有因果轮回？

答：相信。

问：您觉得藏传佛教对个人与社会和谐有帮助吗？

答：有。它对人的修养、心灵都有很大的帮助。个人都变好，社会也会和谐的。

问：您和您的邻里关系怎样？

答：很好。

问：近十年来的惠民政策哪些对您影响比较大？还有哪些需要改善的地方？

答：我觉得没有。我知道政府有帮助藏民修房的政策，但是我没有享受到。我是拉萨人，所以没有体会到什么特别的惠民政策。我都靠的是自己。

问：您希望生活在一个稳定的社会环境中吗？有什么好处？如果出现动乱有什么坏处？

答：当然愿意生活在稳定环境中啊，这样社会安定，人民也能安居乐业啊。出现动乱不论是对国家还是人民都没有好处。

受访者四： 女　公务员　大学文化

访谈时间： 2007 年 7 月 16 日下午

访谈地点： 茶房

该受访者是藏族中文化程度较高的女性，曾在西安念过大学，大学毕业时本已在沈阳、大连两地找到了合适的工作，但在家人的劝说下回到了拉萨。她眼窝深邃，鼻子很高，皮肤在西藏而言算是较白的，个头不高，身材较瘦，是一个漂亮的姑娘，虽然年龄不大，但很有思想，说话也很有条理，很有分寸。

访谈内容：

问：你觉得自己是个幸福的人吗？为什么？

答：我自己幸福呀，我们藏族人几乎人人都认为自己幸福，甚至连街上的乞丐都觉得自己幸福。因为我们不做什么坏事，我们喜欢做善事来积德，我们会觉得人人都是善良的。

问：你相信有来生吗？有因果轮回吗？

答：这个问题你根本不需要问，我告诉你 99% 的藏族人都相信。所以我们藏族人要在今生做善事来积德，为来世造福。小时候我也搞不懂为什么要这样做，爷爷这样告诉我，今年我们在地里种下麦子不是为了现在，而是为了来年的丰收，所以我们这辈子做好事就是为了来世。妈妈告诉我，要是家里死了亲人的话，如果你特别舍不得他，你可以在他的身上做上符号，你可以算出他将在哪个地方投胎，如果你去找的话，在他的身上肯定有你做下的那个标记。但一般情况下我们都不会去找，因为小孩看到你，就会很依赖你。我爷爷去世了，妈妈就算出了爷爷投胎的地方，但我们都没有去找。我们藏族有个习惯就是，家里的亲人死了之后，我们会把他们的照片全部烧掉，而你们却是保留下来的。很多老人对很多问题都有自己的想法，但是他们就是不愿意说，觉得也没有必要说。

问：你相信因果报应吗？

答：相信。现在很多人为了追逐利益，到处开矿、捕鱼，会受到惩罚的。有一个人就在湖边去捕鱼，结果湖里掀起 100 米高的浪，把他淹死了，这件事 100 多年来都没发生过，现在却发生了，这不就是惩罚吗？另外，我们藏族人转经除了为自己洗清罪恶，也还为了全人类。

受访者五：男　公务员　40 岁左右
访谈时间：2007 年 7 月 19 日下午
访谈地点：茶房
该受访者是我们在朋友聚会上认识的，所以出于礼貌，我们的交谈没有以问答的形式进行，而是以闲聊的方式，所以在此只能将他谈话的主要内容呈现出来。
访谈内容：

1. 藏族祖先非常聪明，能创造出像布达拉宫这样奇迹般的建筑。我们藏族人的性格是直爽、朴实的，男女关系也比较豁达，其实这并不是由愚昧造成，而是由我们的性格造成的。同时我们的满足感也很强，要饭的要到足够的钱（满足他一天的生活）就不会再要了。我们是有多少钱就过多少钱的日子，这与宗教有关系。幸福感是源于宗教的，这一生所做的一切都是为了来生。在西藏偷盗、贩毒都很少，宗教对人生的态度也有影响，为了来世，今生我们就要做到善。四大教派其实根都是一样的，好比是树的分支，所以对寺庙我们都是要朝拜的。藏族祈祷不仅仅是为了自己，而是为了众生，我们认为自然界应该是和谐、平安的。

2. 藏族人当中有一部分人就是迷信。由于经济的发展，西藏好的一些习惯已经淡化，消失了，可能宗教文化也会变味。现在很多小孩也不来上学，家长也不愿意让他们来，在家小孩还可以学习一些耕种、放牧的技能，但上了学之后又找不到工作，闲散在社会上。

3. 其实西藏有些人不愿意通铁路、通公路，火车通了之后，犯罪率增加了，以前黑恶势力几乎没有，现在也有了。世界上最后一片净土很可能就要消失了。中央政府应该在西藏原有的基础上保持其特殊性。现在在八角街做生意的人基本上都是外地人，有些时候卖些假冒伪劣产品给游客，损坏了西藏的形象。

4. 西藏的老人还是很传统，如天气的变化，老人会从宗教的角度看，认为这是神对人类的惩罚。年轻人已经有了现代意识。

受访者六：男　警察　工资 1600 元/月　十七村人　信奉藏传佛教未婚

访谈时间：2013 年 7 月 27 日下午 4 点

访谈地点：受访者家的客厅

该受访者有着草原牧民特有的害羞与内敛，他的话不多，他的公安职业让他在和我们谈话的过程中时刻保持着一定的距离和警惕，特别是谈论到和政府有关的政策的时候，他总是不愿多说，这点可能是职业的特点；谈完话之后我们要立刻赶到另外一家，他热情陪我们前往，这一点正显示了藏族人的热情。

访谈内容：

问：您觉得自己是个幸福的人吗？为什么？

答：很幸福。工作的时候感觉很幸福。

问：您是怎么理解幸福的呢？

答：有工作就是幸福。

问：您对现在的生活感到满意吗？还要怎样会更好？

答：很满足，因为是公安。

问：你平时过得充实吗？

答：工作时充实，包括登记外来人员、巡逻之类的很充实。

问：你觉得自己高兴吗，什么时候最开心？

答：高兴，过年过节时很开心。

问：您生活中有没有压力？

答：无压力。

问：最不高兴什么事情？

答：没有不开心的事情。

问：你平常会空虚寂寞吗？

答：没有。

问：您的性格是怎样的呢？你生命中最重要的事情是什么？

答：外向，最重要的是照顾家人。

问：您相信有来生吗？有因果轮回吗？

答：有因果轮回、有来生。

问：您觉得藏传佛教对个人与社会和谐有帮助吗？

答：感觉没啥帮助。

问：你未来的生活计划是什么？

答：没有很具体的，但只要比现在过得好就行。

问：您和您的邻里关系怎样？

答：很和谐。

问：近十年来的惠民政策哪些对您影响比较大？还有哪些需要改善的地方？

答：低保，还有九年义务教育。

问：您希望生活在一个稳定的社会环境中吗？有什么好处？如果出现动乱有什么坏处？

答：不好回答。

受访者七：男　未婚　保险公司业务员
访谈时间：2007 年 7 月 20 日上午
访谈地点：西藏平安保险公司会议室

西藏平安保险公司以年轻人为主，他们代表藏族的未来和希望。经多方努力，我们的调研获得了他们的支持，对公司的 4 位工作人员进行了访谈。

访谈内容:

问:你觉得自己是个幸福的人吗?为什么?

答:幸福,生活不落魄也不富裕,在外面打工挣的钱够花,没什么担忧的事就觉得幸福。

问:你对幸福的理解,什么样的生活是幸福的呢?

答:打工挣的钱能够养活自己和家人,能够自食其力。

问:生活中最值得高兴的事情是什么?

答:工作中能得到上级的奖励,家中能得到父母的表扬。靠自己劳动挣的钱与父母一块去旅游,靠劳动得来的钱干净,花得高兴。

问:对自己的生活满意吗?哪方面提高或改善就更好?

答:满意。哪方面提高或改善说不准,生活有高有低。

问:对现在的精神生活满意吗?

答:也很满意,每个周末一大群朋友出去玩,唱歌,喝酒,逛林卡,打打麻将。

问:会固定去大昭寺吗?

答:不固定,有时候要去,只是进去拜一拜,遇到什么烦心的事情就进去拜拜,拜完了就直接出来,不会像年龄大的那些人那样。

问:家中有佛堂吗?

答:我们住在单位,一般没有佛堂,1997年都拆了,我们也不太看重,家里的老人也不会要求我们。

问:觉得生活充实吗?

答:有时候觉得无聊,就会找朋友出来谈一下工作的事情。

问:什么时候觉得最开心?

答:工作有业绩时,生活中能够跟父母一块出去玩。

问:生活中有压力吗?

答:有,做事不顺手,业务谈不成的时候,达不到业绩时,压力主要是来自工作。

问:生活中最烦恼的是什么?

答:工作不顺心,与家人吵架时最烦恼。有些时候父母能理解自己,有些时候不能。

问:一生中最重要的是什么?会不会是为了佛,为了来生?

答：孝敬父母，把工作做好。不会是为了佛，为了来生，只要把这些方面做好，就会感到骄傲和满足。

问：你觉得你的性格是什么样的？

答：外向的吧！

问：对未来的工作、生活以及整个社会有信心吗？

答：有，相信今后的生活会越来越好。

问：跟周围的人能不能和谐相处？

答：能，跟陌生人如新客户都能很好沟通。

问：你们周围的人怎样看待保险？

答：单位的人能理解，但居民和私家车主不能理解。

受访者八：男　28岁　家有三兄弟　当了三年兵曾在公安局上班
访谈时间：2007年7月20日上午
访谈地点：西藏平安保险公司会议室
访谈内容：

问：你觉得自己幸福吗？为什么？

答：应该是幸福的吧。在家里和单位，自己的年龄都比较小，自己是个男孩子，本应该照顾别人，但周围的人都很照顾我。另外自己在工作和感情上都很顺。

问：你是怎样理解幸福的？

答：在生活中比别人要强一些吧！

问：最高兴的事是什么？

答：在平安保险公司学到了一些专业知识，做出了一些业绩。

问：对现在的生活满意吗？要怎样才更好？

答：不太满意，要多挣点钱，工作做得更好就好了。

问：平时感觉充实吗？

答：充实，下班后散散心，看看录像。

问：你遇到不顺心的事情，感觉运气比较差时会到寺庙里去转转吗？

答：我没这个习惯，但我信佛，以前跟爷爷住在一起，受了影响。我相信人一辈子是为了来生，信佛能驱邪。

问：你是通过什么形式来表达对佛的敬意？

答：以前在学校和部队里是反对的，我觉得信不信佛都在自己的心中，也不一定通过什么形式表达，平时多做一些善事。

问：生活有压力吗？

答：有，工作中跑不到业务，主要是来自工作上，生活上没什么压力。

问：生活中最不高兴的是什么？

答：大部分是事业上的事情。

问：你认为人一生中最重要的是什么？

答：诚信，我觉得在工作中应该做到诚信。

问：你觉得自己的性格是什么？

答：开朗，唱歌、跳舞都会。

问：你觉得自己与周围的环境和谐吗？

答：可以，很能融入周围的环境。

问：你对今后的工作、生活、社会有信心吗？

答：有信心，相信将来的生活会更好，自己的经济也会更富裕。

受访者九： 女　24 岁　山南人　中专文化　会计　有一个弟弟

访谈时间： 2007 年 7 月 20 日上午

访谈地点： 西藏平安保险公司会议室

访谈内容：

问：你觉得自己幸福吗？为什么？

答：幸福，因为爸爸妈妈都很疼我。

问：还有什么事情让你觉得很幸福呢？

答：没有。

问：你能不能说说对幸福的理解？

答：跟父母在一起就是幸福，现在工作了，很少回家了。

问：你对现在的生活满意吗？

答：比较满意。挣的钱基本够花，有时候觉得有点孤单，朋友也不是经常在一起。周末喜欢和朋友到酒吧坐坐，听歌，但不喜欢喝酒。

问：平时过得充实吗？

答：比较充实，城区治安比较好，一个人住不害怕。

问：遇到不顺心的事会去寺庙拜拜吗？相信吗？

答：不太去。一半相信。相信佛保佑我们平安，但很少去拜佛。

问：相信佛教吗？

答：相信，但不相信来生，我们过好这生就行了。爷爷相信来生，父母是国家干部，不相信这些。

问：你认为人一生中最重要的是什么？

答：嫁个好男人。好男人的标准是有份稳定的工作，对父母、对我好。

问：平时你觉得自己是个快乐的人吗？

答：是个快乐的人，遇到烦心的事情，一会就过去了。

问：在平时的生活中和其他人有比较吗？

答：有，工作中看谁能干，对比自己能干的人有嫉妒，也向别人学习。希望自己比别人做得好，这样心里要平衡一些。

问：你的性格是什么样的？

答：外向吧。

问：生活中有压力吗？

答：有，主要是工作，现在自己还没正式转正。

问：什么事让你觉得最开心？

答：和爸爸在一起。

问：什么事情最不开心？

答：工作中，不被领导看重，现在社会走后门，靠关系，有些人工作做得不太好，但仍能得到器重。

问：与周围同事、朋友的关系怎样？

答：还可以。

问：会感到空虚吗？

答：一个人在家会。

问：对未来有什么打算？

答：先把工作做好，再成家。

问：对自己、社会有信心吗？

答：有。

受访者十：女　25岁　内勤　独生女　成都理工大学播音专业本科毕业

访谈时间：2007 年 7 月 20 日下午

访谈地点：西藏平安保险公司会议室

访谈内容：

问：你觉得自己是一个幸福的人吗？为什么？

答：是幸福的人。没什么不幸福，没受过什么挫折。家里经济条件很好，父母是干部。去年大学毕业，学习播音，还是想做播音，但相关专业不招人，不想留在成都，家人都在拉萨。

问：你对幸福是怎么理解的？

答；每天都开开心心过日子，遇到不顺心的事情，没几天就忘了。

问：对现在的生活满意吗？

答：不太满意，工资太低了，工作与专业不对口。

问：精神生活满意吗？

答：还行，偶尔还是空虚，业余时喜欢和朋友一块打麻将，"斗地主"（打扑克），唱歌、跳舞（蹦迪），不太喜欢喝酒。

问：经常去寺庙朝拜吗？

答：要去，父母也去，但时间不固定，想去就去。有一次自己生胃病还围着一个寺庙磕长头，后来好了，以后遇到不顺心的事情，还会去磕长头。

问：藏传佛教会帮助你吗？

答：会，求来世，我相信有来世。

问：今生最重要的事情是什么？

答：孝敬父母，找个好老公。

问：今生和来生相比，谁更重要？

答：今生，但相信有来生。

问：为了来生，会不会有特别的想法？

答：还没想过。

问：来生对今生有影响吗？

答：有，今生要多做好事。

问：为了这个，有没有特别的行为？

答；没做过大善事，做小善事，给乞丐钱，借钱给朋友。

问：平时觉得充实吗？

答：充实。

问：在做什么事情时心态会比较平和？

答：看电影，国外电影。

问：人一生中最有价值，最重要的是什么？

答：孝顺，给爸爸妈妈买栋别墅，和他们出去旅游。

问：什么时候最开心？

答：开玩笑时。

问：最不高兴的事情是什么？

答：妈妈喝酒时。怕影响她的身体健康。

问：生活中有压力吗？

答：有，对自己的未来担忧。工作上担忧也有一点，现在爸妈都在，生活还可以，不知道以后会是什么样。

问：你认为你的性格是什么样的？

答：外向。

问：对未来有打算吗？

答：把自己的本职工作做好，没具体打算。

问：和周围人的关系怎样？

答：还不错。

问：希望过上怎样的生活？

答：有别墅、有车，物质生活能够达到更好的水平。

受访者十一： 女　40 岁左右　育有一男一女　某国有宾馆业务员

访谈时间： 2007 年 7 月 21 日

访谈地点： 在去桑耶寺的渡轮上

受访者十一的小儿子今年考上了江苏南通市的一所初中，13 岁的儿子即将和同学到那里去读书，所以她今天是专程为了儿子到桑耶寺做朝拜的，她的提包里放了很多零钱用来供奉佛。她的儿子身体长得很结实，在拉萨市第一人民小学读书，那是拉萨市最好的一所小学，平时有四门主修课：藏文、语文（汉语）、英语、数学，儿子对西藏的历史比她还熟悉。她的儿子读书也还是要交学费，他们是城市人口，农村的就不用交学费。她希望自己的儿子能出国，当我问到她的儿子为什么想出国学习，他笑着告诉我，因为国外的大学比中国的好，他很想去哈佛念书。她还告诉我像她这种想送孩子出国的藏族人还是有一些，只是没有内地的多。该受访者的性格很开朗，在攀谈的过程中经常发出爽朗的笑声，吸引了同船中不少人的目光。她的个子大概有 1.6 米多，皮肤有些黑，特别是她的脸在太阳常年照射下显得很干燥，脸上的血丝看得一清二楚。当我告诉她，拉萨的气候很干燥，害得自己嘴唇都开裂了，她就叫我多喝点酥油茶。但问及她自己是否能做酥油茶时，她笑着回答，自己不会，酥油都是到外面去买，她的父母也不会，但农村的藏族是会的。我告诉她上次在一个牧民家喝青稞酒时，味道酸酸的，她说她自己也不习惯那个味道。同船的人很多，大概有 30 人左右，我们的木船在马达的驱动下缓缓地行驶在雅鲁藏布江中，看着宽大的河面上流淌着湍急的江水，我不禁担心我们的船是否会因超载而发生什么意外，当我把"超载"二字告诉她时，她又发出了爽朗的笑声，似乎在嘲笑我的担忧，她说这里的船以前还摆渡过汽车，哪有什么危险。从她从容的脸上，我不禁觉得似乎在她的眼里根本就没有超载的概念，再联想起刚才在来山南的路上，我看见七八个人挤坐在一辆小型拖拉机上，就基本上肯定了自己的这一想法。要是我们这一情景被成都电视台《谭谈交通》里的谭警官看到，不知道他要为我们捏多大一把汗，又该怎样谆谆教育我们呢？可惜在这里，我们却是如此自由地在江面上飘荡着，一切都显得那么自然，那么惬意。在攀谈的过程中，她不止一次告诉我，他们现在的生活和我们差不多，似乎竭力想扼杀我对她的好奇。

访谈内容：

问：你觉得自己是个幸福的人吗？为什么？

答：是个幸福的人呀！一切都挺好的。

问：你对现在的生活感到满足吗？还要怎样就会更好？

答：满足呀！多挣点钱，给孩子留几套房子。

问：你觉得生活有压力吗？

答：还是有，为了自己的孩子要多挣点钱，特别是自己的儿子将来要出国得花很多钱。自己平时要辛苦跑业务，现在拉萨宾馆有 400 多家，竞争激烈。

问：你觉得值得高兴的事是什么？

答：孩子长大后有出息，儿子能够到国外念大学。

问：你平时过得充实吗？平时都干些什么？

答：充实，自己的工作挺忙的。

问：你觉得生活中最让人不高兴的事是什么？

答：工作中有些不愉快的事情，主要是和单位的领导。家里和丈夫会吵架，但很快就和好，没什么大不了的事。

问：你觉得你的性格是内向的还是外向、乐观的？

答：外向的。

问：你觉得人一生中最重要的是什么？

答：金钱，开玩笑，小孩有出息吧！

问：你相信有来生吗？有因果轮回吗？

答：肯定有，我相信。

问：今生和来生相比，你更看重哪个？

答：今生。来生不晓得会怎么样。

问：那为了来生生活得更好，你会做些什么？

答：做点善事，给乞丐钱之类的。

问：为什么呀？

答：他们以后会还给我的。

问：怎么还呀？

答：下辈子会还给我。我这辈子给了他，他下辈子会还给我。其实经济越发达的地区越信佛，像香港和台湾，那里的人都很信佛。

问：你有什么打算吗？

答：就是多挣点钱，给孩子们留几套房子。

问：孩子们以后到外地念书，你会强迫他们回来吗？

答：不会，随他们。

问：那为什么留房子呢？

答：留着呗，也可以升值，我现在都买了 3 套房子了。现在西藏的房子都 3000 多元一平方米了，我买的时候才 1000 多元一平方米。很多西藏人都到成都买房子呀，我们单位在都江堰买了地，修房子，1000 多元一平方米，但只能买一套。

问：你以后老了，会跟儿女住在一起吗？

答：不会，还是自己住，现在什么保险都有，老了还是有保障。

问：听别人说，你们西藏人当自己的亲人去世时会把他们的照片烧掉，有这回事吗？

答：有呀！

问：为什么呀？

答：让他们走得干干净净，来的时候也干干净净。佛教不是讲来到世上要干干净净嘛。亲人去世了，下一代的亲人可能会保管好，而下下一代的人呢，说不定会扔进垃圾桶，倒还不如烧掉，至少是干干净净的。

问：我们汉族在祭奠亲人时要烧点纸钱，你们会吗？

答：不会，我们是点酥油灯，因为我们想让亲人走得顺顺利利，看得清道路。

问：你们藏族有很多种埋葬方式，如果你去世了，你会选择哪种方式？

答：选择火葬，然后将骨灰撒到河里，这样干干净净。

问：你平常转经吗？

答：转，如果活着的时候不转的话，那么死了会找不到路，会迷路。

问：你对你自己和社会有信心吗？

答：有，日子会更好。

问：你觉得你自己幸福与你信仰宗教有关系吗？

答：有，但幸福生活主要还是靠自己努力奋斗吧！

受访者十二：男　28 岁　导游（带外国团）

访谈时间：2007 年 7 月 21 日下午

访谈地点：从桑耶寺返回渡口的大卡车上

与该受访者的相遇颇具戏剧性，当我们从桑耶寺出来在路旁吃完一袋土豆时，远远地看见一大群老外背着厚重的行囊正爬上一辆东风牌大卡车，我们还在感叹老外的确能吃苦、体力也很不错时，不知是谁在一旁提议说，现在没有其他的车到江边，不如我们也坐大卡车回去吧！结果我们一行人也蜂拥而上，甚至忘记问司机卡车的去向。就这样我们和一群老外挤坐在了这辆大卡车上，不一会儿又上来了几位藏族人，因为已没有座位了，他们也只得席地而坐。而坐在我一旁的一位老外好不容易挪了一个空位出来，给了最后上来的人坐，原来他就是这群老外的导游。他是一个性格外向、爱开玩笑的小伙子，虽说才 28 岁，但看上去要比实际年龄大得多。当汽车发动时，我们这才想起这车是开往江边的吗？作为这群老外带领人的导游却一脸严肃地告诉我们说："不是，车是开往山南的。"吓得我们魂飞魄散，慌忙站起来，在车里一阵呼喊，叫司机停车，让我们下车，可前面的司机却像是没听见似的，继续驱动着车，飞快地前行，而正当我们手足无措之时，他却在一旁开怀大笑，好一会儿，我们才回过神来，原来是被他给算计了。就这样，我们便与这位热情、开朗、幽默的藏族导游愉快地攀谈了起来。

访谈内容：

问：你觉得自己是个幸福的人吗？为什么？

答：是幸福的，我一天都开开心心的。

问：你觉得值得高兴的事是什么？

答：和女朋友在一起。

问：你对现在的生活感到满意吗？还要怎样就会更好？

答：满意。和女朋友结婚，生个孩子呀，她现在 22 岁，太小了，她家里人不同意她结婚。

问：你平时过得充实吗？

答：充实。不上班的时候和朋友出去玩一玩。

问：你觉得生活有压力吗？

答：有。

问：是工作上的吗？

答：不是，是女朋友的，因为她现在在外地饭店上班，那里的客人很多，她又经常和其他男人在一起，很不放心她呀！

问：那你的压力主要是来自情感上吧？

答：是的。其他没什么压力。

问：你觉得你的性格是什么样的？

答：外向的。

问：遇到什么不开心的事情你会想很久吗？

答：不会，当时可能不开心，但一会儿就忘记了。

问：你相信有来生吗？有因果轮回吗？

答：相信，我是信教的，有空我会拜拜佛。

问：你们家有佛堂吗？

答：有。

问：你父母是做什么的，他们也信教吗？

答：在单位上班，他们也信。

问：你觉得今生和来生相比，谁更重要？

答：今生呀，因为来生不知道会怎样。

问：你将来有什么打算？

答：和女朋友结婚，生孩子。

问：你这么不放心你女朋友，她是怎么看的呀？

答：她说没自信的男人没人喜欢。今天她又跟别人出去玩了，我也只好让她去了。

受访者十三：男　桑耶寺主持　30 多岁

访谈时间：2007 年 7 月 21 日下午

访谈地点：桑耶寺

该受访者是中国佛教协会理事，西藏自治区人大代表，西藏自治区佛教协会副会长，西藏山南地区佛教协会会长，西藏扎囊县人大常委会委员，西藏桑耶寺民管会主任，桑耶寺五明佛学院、密宗修行院院长。访谈不太正式，更多的是听他的介绍，他的陈述对于我们了解寺院生活和教育有很大的帮助。

访谈内容：

1. 寺庙里的僧人都必须每天念佛经，在佛学院闭关修行三年，睡觉时也要打坐，衣服也不换洗，最开始穿着干干净净的衣服，出来的时候都成黑色了。现在修行吃苦的人少了，但是应该静下心来研究佛法，所以他自己并不喜欢游客太多，寺庙里的收入多少，他并不是很在乎。他对物质并不看重，在寺庙里也没有什么东西，拿上被子，带上经书，随时都可以离开那里。但是他认为大昭寺里的环境就不是这样的，自己还是喜欢桑耶寺的环境。

2. 他学佛已经有 20 多年了，他家原本在山南一个较偏僻的地方，10 岁开始学习佛经，家里父母很反对，是自己愿意来的。曾经去过很多寺庙，跟着老师学经，玄宗、密宗都学习过，学了之后感觉确实不一样，他认为社会上的道理与宗教里讲的道理是不一样的。

3. 他觉得当住持非常有压力，一年里寺庙和佛学院的开支就是几百万元，为了维持寺院的运作自己还曾经找朋友捐钱。这里的老百姓一般会拿点东西过来供佛，如酥油、糌粑之类的。在我们去寺庙的时候，看到了老百姓拿来的酥油和白菜。

4. 他认为一个人的钱太多了，用不完，死时也不能带走，放在家里会引起家里的矛盾。所以应该把那些钱拿来资助贫穷地区的小孩，做些善事。另外有些老百姓的家里还没有电，也没有路，东西也得自己背，外人看了都觉得很痛苦，但那些老百姓自己心里还是觉得很幸福，什么也不想。

受访者十四：男　34岁　拉萨市民　教师　14年教龄　信奉藏传佛教
访谈时间：2013年7月9日上午10点
访谈地点：堆龙德庆县小学综合楼一楼阅览室
该受访者是个藏族老师，从他的言谈举止中能够感受到他为人师表的做人态度，每每提到他的学生，他的嘴角和眼神里就充满笑意；他很友善也很有耐心，短短半个小时的谈话我就能感受到他是一个具有高尚职业道德的教师。他说他曾经有机会辞去教师这份工作，但是自己坚持了下来，现在很庆幸自己的选择。他说自己本着认真、努力负责的态度，相信来生还是一个人，还是一名好的教师。从他的言语中，能感受到藏传佛教文化对他的影响，以及那种力量的渲染力。
访谈内容：
问：您觉得自己是个幸福的人吗？为什么？
答：还可以。
问：在哪些方面，您能说得详细一些吗？
答：比如说精神上还是比较幸福的，但是从物质价格变动上来讲，现在教师的工资不能满足一些物质上的需要，只靠工资的话很难跟上快速增长的物品价格，从这个角度来讲就没那么幸福。
问：您是怎么理解幸福的呢？
答：从高尚一点的角度来说就是让周围的人、身边的人感到幸福就是一种幸福；但前提条件是自己具备这样的能力，第一是知识的积累度，比如教师的学问想要达到学生知识上的满意度和对教师的依赖和信赖的话，就必须具备丰富的专业知识；第二就是具备解决困难问题的能力，藏族有一句谚语就是：给每个人分一碗水，首先自己手上必须要有一桶水。

问：您对现在的生活感到满意吗？还要怎样会更好？

答：还可以。我觉得改善的地方主要就精神方面的话，就是现在的教师管理制度经常和惩罚连在一起，不尊重人性，分工不明确，经常会给教师造成一些不明的压力，这些需要改善；物质方面主要就是希望工资能再提高一些。

问：你平时过得充实吗？

答：特别充实，对教师行业特别满意。家庭生活也比较满意。

问：生活当中开心的时候多还是不开心的时候多，您能具体谈一谈吗？

答：生活还比较快乐，最开心的事情就是给学生上兴趣课和体育课，学生这时候很开心快乐，我也比较开心。

问：您觉得生活的压力大不大？

答：虽然制度方面存在一些非人性化的管理，但在自己的承受范围之内，能客观认识到不成规矩不成方圆，但还是希望能有所改变，不想教师只是作为一个教书的工具，希望能从孩子的需求出发。

问：生活中最让您不高兴的事情是什么？

答：我最讨厌打小报告和背后谈论别人的人，从教师职业道德来说也是一种不好的行为。

问：生活中感到空虚寂寞吗？

答：不存在。

问：您的性格是怎样的呢？

答：外向、比较积极。

问：您觉得生活的意义是什么？或最重要的是什么？

答：通过努力获得幸福，在制度内通过自己的努力得到发展，同时让身边的人获得满足。

问：您相信有未来吗？有因果轮回吗？

答：作为教师，尽我所能做好教师，那下辈子我又可以做回人，这样也可以让我全身心地去投入，很认真地去做事情和对待别人。

问：您希望过上什么样的生活？

答：我还是会选择当老师，觉得当教师很有意义。

问：对未来的社会和生活有信心吗？

答：对社会制度、安定、安全和社会经济都比较有信心；对社会公平认识比较客观，不存在信心之说，我有关系可以利用但对别人就不公平，别人利用关系对自己来说也不公平，所以这个是客观的，不是说自己有信心就可以改变的。个人能力有待提高，现在正在参加一项学校的信息化培训。

问：您对自己的未来有没有什么具体的计划？

答：盖房子、再生一个孩子。

问：哪一点对您的幸福感影响最大？

答：主要是物质方面比如金钱，因为现在职业成就感比较高。

问：家庭关系如何？

答：因为我性格比较外向，很容易相处，都比较好。

问：您觉得藏传佛教对个人与社会和谐有帮助吗？

答：有很大的帮助。佛教主要信奉轮回和因果，如果一个人今天犯了错误，从佛教角度讲，他可以通过行善去化解自己的错误，但是伊斯兰教却强调犯错就要接受惩罚，两教的区别在于佛教比较宽容，允许犯错，但是要化解错误就要行善，它是一种良性循环；而伊斯兰教杜绝人犯错，从客观来讲，人是不可能不犯错的，这个教义没有化解的力量。松赞干布那个时代就是用佛教来管理这个社会，它已经成为一种社会力量或无形的制度来引导和约束人们。

问：近十年来的惠民政策哪些对您影响比较大？还有哪些需要改善的地方？

答：对我影响比较大的有农民安居工程，它给农民拨款、建新房，现在力度更大。当然还有一些拉萨的城镇居民比农民还要穷，比如说措美林这个地方特别穷，都没有工作，我觉得政府也可以考虑给这些比较穷的城镇居民一些帮助。

问：您希望生活在一个稳定的社会环境中吗？有什么好处？如果出现动乱有什么坏处？

答：如果是动乱的社会，会带来灾难、疾病；如果是和谐的社会，人们会生活得轻松，会有更好的发展机会。

受访者十五： 男　21 岁　山南人　大二学生　农村经济管理专业　信奉藏传佛教

访谈时间： 2013 年 7 月 16 日下午 2 点

访谈地点： 八一镇布久乡喇嘛寺寺庙餐厅

访谈内容：

问：您觉得自己是个幸福的人吗？为什么？

答：是，我觉得自己家庭和睦，对目前的生活水平很满意。

问：您是怎么理解幸福的呢？

答：自己的父母、亲戚、朋友安康，自己感觉很幸福。

问：您对现在的生活感到满意吗？还要怎样会更好？

答：物质方面就是希望自己能早些工作，能减轻家里的负担；还有可能就给家里人一些支持。

问：你平时过得充实吗？

答：大部分时间比较充实，平时看书、写作业；但是有时候觉得自己太依赖别人，做什么事情喜欢和别人做伴，但自己一个人的时候就比较懒，感觉又不充实了。

问：你觉得自己高兴吗，什么时候最开心？

答：自己生活中快乐的时候比较多，比如回家和爸妈团聚的时候，还有就是成功完成了一件事情，会对自己比较满意。

问：您生活中有没有压力？

答：有，对家里经济的依赖，现在上学还要问家里人要钱。

问：生活中最让您不高兴的事情是什么？

答：我不太认同有些民族，他们喜欢杀生，而我觉得那是一件不能被原谅的事情。

问：生活中感到空虚寂寞吗？

答：没有。

问：您的性格是怎样的呢？

答：是中间类型的吧。和熟悉的朋友在一起的时候就比较健谈、外向；和不熟悉的人在一起的时候就比较内向。

问：您觉得生活的意义是什么？或最重要的是什么？

答：提升自己的人生价值。

问：您相信有来生吗？有因果轮回吗？

答：相信。

问：您希望过上什么样的生活？

答：我们佛教讲求不奢望太富贵，但也不要太穷，希望通过自己的努力能够自给自足。

问：对未来的社会和生活有信心吗？

答：对社会的经济、自己能力的发展比较有信心；但是社会制度、安定、正义、公平这些是自己无法掌控的，不存在信心之说。

问：您对自己的未来有没有什么具体的计划？

答：现在正在好好读书，学习一定的知识，再之后就是希望能找一个不错的工作，安定下来，给家里一定的支持。

问：哪一点对您的幸福感影响最大？

答：父母。情感连接最紧密。

问：家庭关系如何？

答：比较好。

问：您觉得藏传佛教对个人与社会和谐有帮助吗？

答：有很大的帮助。佛教的教义要求我们做善事，社会上很多人做善事就是一种很大的社会力量，对社会的和谐有很大的帮助。

问：近十年来的惠民政策哪些对您影响比较大？还有哪些需要改善的地方？

答：目前藏族的汉化程度加快，具体表现就是在教育方面。比如大学课程里虽然有藏语这门课程，但是学校很不重视。

问：您希望生活在一个稳定的社会环境中吗？有什么好处？如果出现动乱有什么坏处？

答：和谐的社会有安定的生活，好的发展机会；动乱的年代会给人们带来战争、疾病和死亡。

受访者十六：男　10 岁　布久乡人　小学四年级学生　信奉藏传佛教

访谈时间： 2013 年 7 月 16 日下午 4 点

访谈地点： 喇嘛林寺庙小卖部

该受访者虽然只有 10 岁，普通话很好，热情、开朗、善谈；从小学习成绩优秀，特别是对物理、化学的知识感兴趣。在和我谈话的整个过程中，他眼神里充满了友善和笑意；整个过程他还时不时和一旁不懂汉语的妈妈用藏语交流几句。他的成熟想法已经超越他仅 10 岁的年龄。他认为爱是生活中最重要的东西，这个词从一个年仅 10 岁的藏族男孩子嘴里说出来，让我感触很深。

访谈内容：

问：您觉得自己是个幸福的人吗？

答：是，我天天和爸爸妈妈在一起就是幸福。

问：您是怎么理解幸福的呢？

答：我的学习很棒，这就是让我感觉幸福的事情。

问：您对现在的生活感到满意吗？还要怎样会更好？

答：满意，有爸爸妈妈的爱。

问：你平时过得充实吗？

答：平时学习的时间比较多，然后就是信佛让我感觉心里很满足。

问：你觉得自己高兴吗，什么时候最开心？

答：和爸爸妈妈去野餐的时候最开心。

问：您生活中有没有压力？

答：有，妈妈没工作的时候会有压力。

问：生活中最让您不高兴的事情是什么？

答：考试没考好。

问：生活中感到空虚寂寞吗？

答：没有。

问：您的性格是怎样的呢？

答：外向，喜欢和人交谈。

问：您觉得生活的意义是什么？或最重要的是什么？

答：是爱，不只是亲人之间的爱，还有和他人之间的爱。

问：您相信有来生吗？有因果轮回吗？

答：相信。

问：您对自己的未来有没有什么具体的计划？

答：我以后想当科学家。

问：哪一点对您的幸福感影响最大？

答：家人。

问：家庭关系如何？

答：比较好。

问：您觉得藏传佛教对个人与社会和谐有帮助吗？

答：有很大的帮助。如果你生病了，真诚的求佛，一两天就会好了。

问：近十年来的惠民政策哪些对您影响比较大？还有哪些需要改善的地方？

答：我一个亲戚家失火了，政府救济帮助他们。

问：您希望生活在一个稳定的社会环境中吗？有什么好处？如果出现动乱有什么坏处？

答：动乱的年代没书读，有人吃鸦片会死亡，而安定的社会不会发生这些事情。

受访者十七：男　15 岁　更章乡人　林芝县中学初一学生　信奉藏传佛教

访谈时间：2013 年 7 月 18 日上午 10 点

访谈地点：受访者家的客厅

访谈内容：

问：您觉得自己是个幸福的人吗？为什么？

答：是在学习方面，对自己的学习成绩比较满意，特别是藏文和数学方面。

问：您是怎么理解幸福的呢？

答：自己信佛，自己感觉很幸福。

问：您对现在的生活感到满意吗？还要怎样会更好？

答：比较满意。

问：你平时过得充实吗？

答：很充实，平时除了学习，还可以帮妈妈做家务。

问：你觉得自己高兴吗，什么时候最开心？

答：帮妈妈做家务的时候很开心。

问：生活中最让您不高兴的事情是什么？

答：亲人去世会很不高兴。

问：您的性格是怎样的呢？

答：外向的。

问：您觉得生活的意义是什么？或最重要的是什么？

答：提升自己的人生价值。

问：您相信有来生吗？有因果轮回？

答：相信。

问：您对自己的未来有什么具体的计划吗？

答：现在正在好好读书，学习一定的知识，在以后就是希望能找一份不错的工作，安定下来，给家里一定的支持。

问：哪一点对您的幸福感影响最大？

答：父母。情感连接最紧密。

问：您觉得藏传佛教对个人与社会和谐有帮助吗？

答：有很大的帮助。上辈子做了善事，这辈子会有好报，这辈子做了好事善事，下辈子也会有个好的结果。

问：你生活想要达到什么样的目标？

答：为自己的理想奋斗。找到一个好的工作，回报父母。

问：家庭关系如何？

答：比较好。

问：近十年来的惠民政策哪些对您影响比较大？还有哪些需要改善的地方？

答：有，我们遇到一些难题的时候，政府会帮助我们解决一些问题，比如会有一些拨款。需要改善的地方不是很了解。

问：您希望生活在一个稳定的社会环境中吗？有什么好处？如果出现动乱有什么坏处？

答：安定的环境不会有骚扰人们正常生活的事情发生；动乱的年代会给人们带来伤害。

（二）藏族城市居民访谈资料的梳理与分析

藏族城市居民受访者的结构比较复杂，其背景基本涵盖了城市居民的各个阶层，他们中有商人、小商贩、公务员、教师、学生（包括大学生、初中生和小学生）、公司职员、导游和宗教人士等，特别是还有部分年轻人，他们代表着藏族未来发展的走向和希望。当然，他们对我们提出的问题的回答和认识也是多样和复杂的。

受访者一，应该算是藏族富裕阶层的代表，作为商人的他拥有丰厚的资产，住着小洋楼，开着奔驰轿车，享受着一切现代文明成果。他与世界各地的商人都有往来，接触了多元的文化，现代意识很强。但就是这样一个看似现代的商人却仍然坚定不移地信奉着藏族最古老的宗教——苯教。藏族的幸福感往往不像其他大多数民族那样主要取决于所拥有物质财富的多少或社会地位的高低，而在很大程度上源于他们自己坚定的信仰。正如受访者一，尽管他拥有丰厚的物质财富，但当他谈及自己为什么幸福时，却丝毫没有提及财富，而是谈到了自己拥有的朋友、曾经做过的善事、积下的功德。他主张尊重自然、保护自然，现代人不能为了满足自己的欲望向自然过度索取财富，不给子孙后代留下生存的空间。我相信，我们的调查越是深入，我们也就越能证实藏族主观幸福感、和谐心理特质和人格特质与其独特的藏文化有着紧密的联系。

受访者二和三是典型的个体经营者，他们的生活简单而充实。虽然不像大商人有丰厚的家产，但他们仍然快乐幸福。只要生活稳定、人际关系和谐、家庭和睦，每天生意顺利、赚的钱够一天的花销就满足了，个人欲求相对比较少，身心轻松和谐。同时在藏传佛教的感召下，他们都相信因果轮回、人心向善，追求社会的稳定和谐。对政府制定实施的民生政策有一定的感受和期望。

受访者四是一个受过高等教育的藏族女青年，通过她的言行举止我们却能够感受到她仍然受到宗教文化的影响。她的内心深处，始终有一个信念，那就是作为人应该行善积德、尊重自然。我觉得这正是在当前物欲横流的时代，我们每个中国人都应该坚守的基本准则，无论我们信教与否，只有这样，我们才能获得内心的真正平静，社会也才容易达到和谐稳定的状态。正如她所说的那样，藏族人即使做乞丐，也会觉得很幸福。或许这就是藏族普通人在物质生活不富裕时，仍觉得自己很幸福的原因吧。

受访者五是西藏土生土长的藏族人，并且在政府机关身居要职。他认为藏族人很容易满足，这与民族性格有很大关系，当然也与宗教信仰有关。他看到了宗教给藏族人带来易满足、易幸福的好处，也客观地认识到部分西藏人因迷信宗教而给西藏社会带来的负面影响（至于这些负面影响他没有深说）。他在谈到西藏发展的同时，也看到了现代文明给西藏社会带来的冲击。一方面，很多年轻人的思想发生了转变，变得有些自私，将藏族好的一些传统丢弃了；另一方面，随着公路、铁路的开通，一些不良的风气也影响了西藏，外地一些违法犯罪分子跑到西藏来搞破坏，影响了西藏的形象，同时也带坏了部分西藏人。从谈话中，我们能感受到他作为国家公务员，是站在一个更高层面看待藏族未来的发展，其中既饱含了对藏族深厚的感情，又透出理性的成分和对未来发展的担忧，他希望西藏社会能够在保持原有特色的基础上获得良性的发展。

接受访谈的四位西藏平安保险公司员工都是 20 多岁的年轻人，这或许与他们从事的职业有关。在西藏，保险还是一个新兴行业，大部分上了年纪的民众还不太接受保险，同时跑保险业务需要耗费一定的精力和体力，所以从事这一职业的一般都是年轻人。对他们的访谈为我们了解藏族青年男女的生活状况打开了一扇窗户，从中我们可以感受到藏族青年人的特点和与传统藏族人相比所发生的一些变化。

（1）四位年轻人都认为自己的生活很幸福，自己当然也是幸福的人。他们的这种幸福感主要来自自己和家人的基本生活需求得到了保障，自己也能够得到亲人的疼爱，能够与家人生活在一起，生活基本没有什么后顾之忧，所以他们都脱口而出、毫不犹豫地认为自己很幸福、生活很和谐。应该看到藏族年轻一代生活条件的确有了很大的提高，他们都拥有接受良好教育的机会和接受多元文化的开放心态，这为未来各民族之间的交流和融合提供了广泛的基础。

（2）他们都认为生活压力和不开心的事主要来自工作，担心没有什么业绩，担心自己未来的发展前景；当然高兴的事情也主要是工作上取得了成绩，另外也谈到了能够与父母快乐地生活在一起就非常高兴，他们都非常孝敬父母，这与汉族的儒家文化有相通之处。

（3）他们中大部分人对现在的生活感到满意，也有两位谈到对目前的状况不满意，主要是觉得工资太少了，希望能多挣点钱。

（4）有三位谈到自己有信仰宗教，有一位表示无所谓的态度。总体而言，他们认为生活中最重要的不是宗教信仰。男性认为最重要的是自己的事业，而两位女性则比较感性，一位觉得最重要的是找个好老公，另一位认为是给父母带去更好的物质享受，和父母快乐地生活在一起。即使有宗教信仰的三位青年也明确表示虽相信来生，但更看重今生，不会为了来生而去做一些特别的事情，只是在不顺心时会去拜拜佛，可见藏族青年一代的宗教意识在逐渐淡化。

通过对他们的访谈，我们发现这部分青年男女具有了更多的现代意识，他们努力追求自己的事业和应有的物质生活，对宗教的态度显得很理性，宗教意识比较淡化，不太注重宗教的各种仪式，不会像老一辈的人那样为了信仰而放弃对现实生活的追求和努力。他们都继承了藏族孝敬父母的优良传统。

在宾馆工作的受访者十一是一位性格开朗、乐观、健谈的人，她应该算是藏族城市居民的一个典型代表吧！她信仰佛教，相信来生，相信因果轮回，但是她却强调自己的幸福生活并不是靠信仰宗教得来，主要还是靠自己的努力劳作，看得出她对宗教的态度还是比较理性，来生与今生相比，她也理所当然地看重今生。她重视家庭，对子女也有很高的期望，现在的一切努力都是为了子女，这一观念和我们汉族大多数人很相似。在她的身上，现代意识也较浓厚，但与前面访谈中平安保险公司的那些年轻人相比，她的宗教信仰似乎要强烈得多，她会经常去转经，因为她相信如果活着不转的话，死了之后会迷路。虽然她认为自己的幸福生活不是全靠信仰所获得，但她仍然坚持自己的信仰，这或许是藏族特有的信仰习惯吧，如果真的要割舍这种信仰，他们可能会很不习惯。

从事导游工作的受访者十二是一个充满热情、活泼开朗，幽默风趣的藏族青年。他觉得自己生活非常幸福，基本上没有什么烦恼，即使遇上什么不顺心的事情也能很快忘记。他信仰宗教、相信来生，有空时会去拜拜佛，与前面四位保险公司的藏族青年一样，来生与今生相比，他更看重今生。可有一点不同的是，他的快乐、痛苦甚至是压力不是来自工作，而是来自他深爱着的女友，看得出他是一个重感情的青年，渴望得到一分真挚的爱情，也渴望得到女友、女友家人的认可。他的生活虽平凡，但让人感觉很实在、很真实。

对受访者十三的访谈是我们在寺庙门口休息时无意中聊起来的，由于他是桑耶寺的主持，所以我们便不好问及宗教信仰的问题。通过与他的攀谈，我们了解到现代僧人的一般生活情况。也许是现代文明无孔不入，现在的僧人们已经很难像古代的僧人那样与世隔绝一心修行，他们居住在寺庙里，要接触很多游客，有些时候也容易受到物质利益的诱惑，所以他希望自己的寺庙不要有太多的游客，但是寺庙日常的开支很庞大，这无疑给他出了一道难题，所以作为僧人的他也不得不背负着世俗的经济压力。但从他内心来讲，他还是很渴望有一片宁静的空间能让自己一心向佛。从他给我的名片中，我看到他有许多头衔，这也使他不得不去关心一些时事，所以作为现代的僧人要在纷繁复杂的尘世中去寻找一片净土是何其困难。他也会不由自主地向我们感叹现在能吃苦修行的人已经很少，自己很希望将博大精深的佛法传扬下去。虽然他也有着自己的无奈，但在他的身上还是能够感受到那种普度众生的慈悲，他同情偏远地区贫穷的藏民们，希望能够尽自己的绵薄之力为他们做点贡献。或许，现代的纷繁尘世对向往宁静、单纯的佛法世界的僧人们也是一种考验。

受访者十四是一位典型的藏族老师，他热爱教师职业，对学生充满爱心，是一位爱岗敬业的好老师。作为藏族文化知识的拥有者和传承者，他的思想既具有浓厚的宗教色彩，又具有理性客观的独立意识，对西藏社会的未来发展方向和社会敏感问题，比如公平、正义、社会制度建设等问题都有独到的见解。我们相信，他能够代表西藏社会普通的知识分子，他们必将在构建西藏和谐社会的过程中发挥重要的作用。

受访者十五到十七是选取的三位学生，他们中有小学生、初中生和大学生，虽然小学生和初中生还不在成年人的范畴，但为了更全面地了解学生群体中各年龄段对相关问题的认识，笔者还是选取了一位小学生和一位初中生作为访谈对象。从这些学生的谈话中可以感受到他们生活单纯、幸福、母慈子孝、家庭和睦。另外他们对学业非常重视，把学业视作自己未来发展的必备基础，对未来都有比较明确的计划和目标。同时他们都在自治区政府实施的教育惠民政策中受益，对西藏社会和自己的家庭充满期望和感情，所以他们完全有希望成为未来西藏社会的建设者和管理者，相信他们在不久的将来一定会成为维护西藏和谐稳定的主要力量。

综合以上 17 位受访者，因各自所从事的职业不同，所处的社会阶层各异，因此对我们所提问题的理解和看法有的趋同一致，有的存在分歧。但有如下四点是完全一致的：（1）17位受访者无一例外地认为自己是幸福的，生活中愉快、高兴是常态，偶有担忧和不愉快，但很快就过去了；（2）精神生活和个体行为在不同程度上都受宗教的影响，他们普遍相信因果轮回、人心向善、尊重自然、善待他人，认为每一个体都应该与自然、与他人和谐相处，这样社会就能和谐稳定；（3）他们都希望藏族社会稳定和谐，这样个人才会有生存和发展的环境，如果社会发生动乱，就会带来战争、疾病和死亡；（4）他们都认为自己的性格是外向、热情、善于与人交流沟通的。这些共同特点与我们前面测量的主观幸福感、和谐心理特质以及人格特质得到的量化结论是吻合的。因此，量化与质化研究结论相互佐证、相互支撑，可以认为藏族普通城市居民的主观幸福感、和谐心理特质处于较高水平，整体民族性格倾向于外向稳定型。

二 对藏族农民的访谈

由于西藏地区海拔高、气候干燥寒冷，农作物生长缓慢，所以很多农作物都不太适合在高原种植，相对而言西藏农业比较薄弱。再加上近年来城市化的不断发展，一些农业用地已被征用，原来从事农业生产的个体逐渐脱离农业生产而进行多种经营，比如跑运输、经营虫草等。因此现在真正的农民在西藏人口中的比例呈下降的趋势，这给我们选择访谈对象的范围造成一定的限制。经反复对比，我们两次深入种植业比较集中的堆龙县东嘎村和林芝地区更章乡对5位藏族农民进行了访谈。

（一）藏族农民访谈资料的呈现

受访者十八： 男　44岁　原东嘎村村主任　初中文化

访谈时间： 2007年7月19日上午

访谈地点： 受访者家中

东嘎村已有1000多年的历史，现有70多户人家，400多口人，平均一户人家有成人4~5名，有小孩1~3名不等。村民平均文化水平达到了小学，"普九"已完成。2003年以前主要从事农业，种青稞、小麦、油菜这三种作物。现在该村的土地已被开发区征用，村民主要靠土地的赔偿金生活。现在，几乎每户人家都购买一辆汽车通过跑运输来挣钱，年轻的村民会外出打工，年龄大的在家带小孩。以后村民会搬到政府修的新区，住房条件要好些。村民们认为土地的赔偿金太少，一亩地30000

元，另外留 2000 元给集体作为流动资金，今后用来办工厂，到年底可以分红。以前家里穷的时候会把小孩送进寺庙，现在经济好了，不愿意把小孩送进寺庙。

我们访谈的这位受访者是村主任，中共党员。他是堆龙县第一批中学生，1972 年读的初中。初中毕业后曾放过两年的电影，是西藏第一批武警，在拉萨服役两年后分配到山南，后回到东嘎镇任团委书记兼文书。

访谈内容：

问：从我们的角度看，藏族生活得特别幸福，心态也特别好。你自己觉得呢？

答：生活是幸福，国家对西藏少数民族很照顾，给了一些资金，读书也不用交学费、书本费，可以住校，伙食也是国家出钱。

问：除了党的政策让你觉得很幸福，还有其他原因让你觉得很幸福吗？

答：比较自由，跑几趟车可以挣点钱，不需要交什么税，养路费也很少。

问：你认为幸福与你们的传统文化有关系吗？

答：没什么关系，我平时喜欢唱歌、跳舞，没事和朋友聚在一块喝喝青稞酒，很乐观的。

问：你们平时要去逛布达拉宫、大昭寺吗？

答：平时还是要去，每月 8 号、15 号、30 号，特别是 50 岁、60 岁的老人要去，年轻小伙子和小姑娘不去。

问：信仰宗教对生活有什么影响吗？

答：有影响，耽误时间，不会带来幸福，我不信宗教。

问：你们家里有佛堂吗？

答：每家都有。

问：你对现在的生活感到满意吗？还要怎样才会更好？

答：满意。我有三个小孩，有五个孙子，要多挣点钱才会更好。

问：平时在家过得充实吗？

答：充实，没事逛逛林卡、喝喝酒，打打麻将、扑克。

问：你平时有什么烦心的事吗？

答：一般没有，比较快乐。

问：现在你们没有了土地，生活有压力吗？

答：一般村民都有压力，土地的赔偿金很容易花光，需要用钱去挣钱，如果钱不能挣到钱就会担心。

问：平时生活中最让人不高兴的是什么？

答：没有什么不高兴。

问：藏族有没有性格内向的人？

答：大部分都外向，我们生活快乐主要是性格好，而不是信仰宗教。

问：村民到了 50 岁、60 岁就在家里待着吗？

答：在家待着，带小孩，一般男同志很少做饭，主要是带小孩。

问：你跟周围邻居关系怎样？

答：关系较好，互相帮助。村里一年不会超过两次打架，打架的都是年轻人，喝了酒闹闹事。

问：你对周围的自然环境持怎样的态度？

答：老百姓都挺保护的。

问：在你看来是年龄大的幸福，还是年纪轻的更幸福？

答：年轻的更幸福，其实年龄大的也幸福，因为在年轻的时候吃了很多苦，现在好了。

问：你们村里像你这样不信教的多吗？

答：还是多。

问：你怎样看待信教的这些人？

答：只是能锻炼身体。

问：妇女地位怎么样？

答：比以前高了，还是平等，年轻的妇女还是在外打工，家庭分工还是女的做家务，男的跑外面。男女受教育平等，对妇女没什么特别约束。

问：如果某些村民特别富裕，穷的村民会嫉妒吗？

答：不会，富的会帮助穷的，借钱给穷的，让他们去做生意。

问：会不会攀比？

答：会攀比，但有的也会认为无所谓。

问：会不会生了男孩特别高兴？

答：不会，都一样，认为生女孩听话。

受访者十九：女　49 岁　农民　小学文化　育有两男一女均外出打工

访谈时间： 2007 年 7 月 19 日下午

访谈地点： 受访者家中

访谈内容：

问：你觉得自己是个幸福的人吗？为什么？

答：幸福，因为小孩长大了，会挣钱了。

问：你觉得值得高兴的事情是什么？

答：党的政策好，小孩长大了，会挣钱了。

问：对现在的生活满意吗？还要怎样才更好？

答：满意，觉得现在更有希望。

问：物质方面怎样才更好？

答：比现在更好就行了

问：信教吗？信教对自己的生活有什么好处？

答：信教，教里的什么都信，平时干什么事情都很顺利。

问：你平时都干些什么？感到充实或空虚吗？

答：洗衣服、打扫卫生、煮煮饭，感到很充实。喜欢唱歌、跳舞，和别人喝喝酒。

问：平时心态好吗？有没有忧愁？

答：好，没什么忧愁。

问：你什么时候最开心？

答：喝酒的时候。

问：生活有压力吗？

答：没有。

问：以前有压力吗？

答：有，以前小孩买了车但赚不了钱，现在好了。

问：生活当中，让你最不高兴的是什么？

答：遇到疾病，现在身体还好。

问：你觉得自己的性格怎样？

答：性格是乐观的。

问：你觉得人一生中最重要的是什么？

答：健康，过好每一天的生活是最重要的。

问：是不是因为信教生活才有希望？

答：是的，因为信教。

问：今后有什么打算？

答：孩子长大了，娶老婆，买房子。

问：你与家人，周围的人关系好吗？

答：好。

受访者二十：男　61 岁　家里有 7 口人
访谈时间：2013 年 7 月 19 日下午 4 点
访谈地点：受访者家中

该受访者在 1975～2008 年是本村的村支书，现已退休，是老干部、老党员。老村支书的家里是典型的藏式风格，房上的横梁上放着很多风干的牛肉，显示出这家人衣食无忧，老人的儿媳妇在为我们煮酥油茶，同行的翻译尝了一口立刻告诉我们这是上好的酥油茶，里面还加了核桃。老人兴奋地和我们聊着天，他满是真诚、神采奕奕，左手还不时地摇一下身边的转经筒，老人讲起自己当了一辈子村支书很是骄傲，认为这是一生中最幸福的事情，直到现在退休后，还天天关注国内外新闻，并主动给我们分析："只要中国和俄罗斯统一战线就不用惧怕美国。"我不得不佩服一个在边疆的，年近七旬的老人对国际形势还有如此的热情并有自己的判断。几杯酥油茶下肚已让我们的肚子满满，女主人又为我们端上了藏面，并深有歉意地告诉我们今天按照当地的习俗是不能吃荤的，所以只能吃藏面。

告别的时候，老支书和我们一一握手拥抱告别，我们还品尝了老人家院子桃树上的鲜桃，这是我迄今为止吃过的最好吃的桃子。

访谈内容

问：你觉得自己是个幸福的人吗？为什么？

答：很幸福，家庭和睦，生活无忧。

问：你能说说你对幸福的理解吗？

答：生活和平，有信仰，信仰藏传佛教。

问：你对现在的生活感到满足吗？还要怎样会更好？

答：真的很满足，希望小孩可以去外面上学，这样他们可以了解更多的事情。

问：你平时过得充实吗？

答：过得很充实，党的政策好，平时就在家里看电视，喜欢看新闻，了解国家大事，没事就转经，过节的时候去朝佛。

问：你觉得自己高兴吗？什么时候最开心？

答：高兴，过节的时候自己最开心，家人团圆。

问：你觉得生活有压力吗？

答：小孩子（孙子、孙女），在外学习身体问题很担心，另外，孩子长大后能否报效祖国（能否有一个好的工作）。

问：你觉得生活中最让人不高兴的事是什么？

答：没有什么不高兴的。

问：生活中你感到空虚寂寞吗？

答：没有，很充实，转经，看电视。

问：你觉得你的性格是内向还是外向、是乐观的吗？你觉得人一生中最重要的是什么？

答：外向，开朗乐观。

问：你相信有来生吗？有因果轮回吗？

答：我相信有来生，有因果，所以此生要做好事情，来生才能有好报。

问：你希望自己过上什么样的生活？

答：就是现在的生活，很满意。

问：你对现在的社会或你自己的未来有信心吗？

答：很有信心。

问：你有什么打算（计划）呢？

答：很满足，继续现在的生活。

问：什么是你生活中最重要的？为什么？

答：工作很重要，我在这里做村支书从 1975 年开始到 2008 年结束，这段时间是我生活中最重要的。

问：你觉得你与周围环境和谐吗？

答：特别和谐，包括天气、自然和亲戚朋友。

问：你觉得藏传佛教对你个人与社会的和谐有帮助吗？

答：藏传佛教对扫除文盲有很大的帮助，因为要念经必须要认字。而且从心理上来说，佛教劝人向善，会让人做好事。

问：你觉得近十年来国家和政府实施的惠民政策，哪些对你的影响最大？你希望政府还应在哪些方面制定更好的政策？

答：种地、放牧都有补助，而且医疗和养老保险的政策让我衣食无忧，很满足了。

问：你希望生活在一个稳定和谐的社会环境里吗？它有什么好处？如果社会出现混乱有什么坏处？

答：希望生活在一个稳定和谐的社会里，这样的社会讲法制、公正、公平。如果出现混乱会影响生活。

受访者二十一：男　36 岁　初中文化
访谈时间：2013 年 7 月 19 日下午
访谈地点：受访者家里

该受访者是一个十分热情的人，把我们请到了二楼，给我们上酥油茶、上烟。坐在他家沙发上抬眼望去墙上挂的是庆祝西藏和平解放 60 周年的纪念照，上面分别是新中国的历代领导人，照片上有藏民献的哈达，在纪念照的旁边贴满了他女儿的奖状，看得出来这是他引以为豪的，当问到什么是他认为最重要的事时，他告诉我们，就是要让孩子上大学。

访谈内容：

问：你觉得自己是个幸福的人吗？为什么？能说说你对幸福的理解吗？

答：肯定幸福，生活条件好，国家政策好，只要不违法，想做什么就可以做什么，想吃什么就吃什么，想喝什么就喝什么。比如以前过年才能穿新鞋、穿胶鞋，现在每天都像过节，都可以穿新衣服，穿新鞋。

问：你对现在的生活感到满足吗？还要怎样就会更好？

答：很满足，就是想在经济方面再提高一下，以后搞一下旅游，搞一个度假村。

问：你平时过得充实吗？

答：挺充实的，除了工作，可以和朋友在一起打打牌，吹吹牛。

问：你觉得自己高兴吗？

答：很高兴，现在的政策很好。

问：你觉得生活有压力吗？

答：现在没有，以前有点压力，主要是有的时候要跑运输，因为之前文化水平较差，只上到初二，汉语也不太好，所以和别人交流起来有困难。另外，在拉萨跑车做生意的时候面对的很多人都是汉族，还有很多文件要签字，这些都不太懂。

问：你觉得生活中最让人不高兴的事是什么？

答：只要自己跑车的时候可以平平安安的不出事就好，不要违法，不违法就都很好。

问：生活中你感到空虚寂寞吗？

答：现在是运输车队，我们是一起走的不孤独。

问：你觉得你的性格是内向或外向乐观的吗？你觉得人一生中最重要的是什么？

答：是外向乐观的。让孩子好好读书，因为自己不好好读书（待在家里没感觉，一到外面就能感觉到，有的人连自己的名字都不会写），所以要孩子好好读书。

问：你相信有来生吗？有因果轮回吗？

答：相信，只要是藏族人都信。只要做好人都会有好报，有好结果。

问：你希望自己过上什么样的生活？

答：我的理想就是把小孩子好好供养上学，感觉就会更好。

问：你对现在的社会或你自己的未来有信心吗？

答：有信心的。

问：你有什么打算（计划）吗？

答：让孩子好好读书，以后要靠孩子好好发展，自己的计划就是准备搞旅游。

问：什么是你生活中最重要的？为什么？

答：让两个孩子好好学习，（学习）对我来说就太晚了，只能靠孩子。

问：你觉得你与周围环境和谐吗？

答：这个村子里都是我的亲戚，都是很和谐的，和朋友在一起很开心。

问：你觉得藏传佛教对你个人和社会的和谐有帮助吗？

答：和党的政策是一样的，就是让人做好事，讲究好人好报。只要不信邪教就好。

问：你觉得近十年来国家和政府实施的惠民政策，哪些对你的影响最大？你希望政府还应在哪些方面制定出更好的政策？

答：就是给我们开发，去年我们这搞大棚，增产了很多，而且引进了很多种地的机器，效率大大提高了。我们这边的环境很好，风景很美，所以我想搞旅游，希望政府能在经济上给我帮助，比如可以让我贷款。

问：你希望生活在一个和谐稳定的社会环境里吗？它有什么好处？如果社会出现混乱有什么坏处？

答：希望生活在一个稳定和谐的社会里。这样我们的生活就会越来越好。如果出现的像电视里的那些国家出现混乱，打来打去的，这样个人再努力也没有用。

受访者二十二：女　25 岁　拉萨人　驻村担任村支书助理工作
访谈时间： 2013 你 7 月 20 日上午
访谈地点： 受访者家里

该受访者汉语很好，和她交流没有任何障碍。她是一个很漂亮的藏族姑娘，一身运动装加上一顶运动帽让人感觉她工作起来一定很干练，仔细一看，她还带着黑色的美瞳，大大的眼睛显得更加有神。我们在与她的访谈中了解到，她在中学的时候来内地读过书，后来选择读了西藏大学，希望能为家乡做贡献。当问她未来有什么打算的时候，她毫不掩饰地告诉我们，希望好好努力工作，然后不断地升官，可以有更多的机会为家乡多做事情。

访谈内容：

问：你觉得自己是个幸福的人吗？为什么？

答：很幸福，有吃有喝，有工作。

问：你能说说你对幸福的理解吗？

答：自己的亲人都很健康，平平安安。

问：你对现在的生活感到满意吗？还要怎样就会更好？

答：挺满足的。

问：你平时过得充实吗？

答：挺充实的，工作的时候就是帮助村支书收发文件，翻译（汉藏），自己是学藏文的。平时喜欢跳舞，没事的时候就去练练舞蹈。

问：你觉得自己高兴吗？

答：具体的没什么，每天都觉得挺开心的。

问：你觉得生活有压力吗？

答：刚来工作的时候挺有压力的，因为当时要看很多文件、简报呀，都要互译成汉藏文的，当时就是担心自己看不懂，后来习惯了就好了，现在都是自己写文件、简报。

问：你觉得生活中最让人不高兴的事是什么？

答：犯小人吧，就是担心有人在背后陷害你。

问：生活中你感到空虚寂寞吗？

答：没有，平时生活是充实的。

问：你觉得你的性格是内向，还是外向、乐观？你觉得人一生中最重要的是什么？

答：外向，开朗的性格。好好工作，不断地升职。

问：你相信有来生吗？有因果轮回吗？

答：相信的，只要是藏族人都信的。

问：你希望自己过上什么样的生活？

答：平平淡淡，幸福的生活。

问：你对现在的社会或你自己的未来有信心吗？

答：有信心的。

问：你有什么打算（计划）吗？

答：好好工作，可以不断地升职，为家乡多做贡献。

问：什么是你生活中最重要的？为什么？

答：父母的健康是我感觉最重要的。只有父母健康，我才能感觉幸福。

问：你觉得你与周围环境和谐吗？

答：挺和谐的。

问：你觉得藏传佛教对你个人与社会的和谐有帮助吗？

答：我们信仰藏传佛教，心都是很仁慈的。比如家里的动物生病了，都会很心疼，对人更是如此，会不由自主地帮助他人。这样相互帮助，因此可以促进社会的和谐。

问：你觉得近十年来国家或政府实施的惠民政策，哪些对你的影响最大？你希望政府还应在哪些方面制定出更好的政策？

答：以前在家里就我一个女儿，做饭都不会做，后来有了这个驻村政策，使我变得比较能自理，能力有了提高。另外，还有一些给我们高考加分的政策。

问：你希望生活在一个稳定的、和谐的社会环境里吗？它有什么好处？如果社会出现混乱有什么坏处？

答：当然了，因为平安是福。我还是比较喜欢现在的生活，如果出现了混乱，这一切都不存在了。

（二）藏族农民访谈资料的梳理和分析

藏族农民的生活正处于一个变革的时期，随着农村的城镇化，人们会接受和选择更多元的生活方式，各种物质的和精神的因素都会对他们构成影响。和生活在藏北高原的牧民相比，这里的藏民生活变得相对复杂，人们的内心也在逐渐失去了那份平静和安宁，人们对物质的欲求不断地被激发出来，并逐渐抛弃了对传统农业土地的固守，希望到更广阔的世界去体验更多元的生活方式。这种愿望在他们对自己子女未来发展方向的期待上表现得尤为突出和强烈。

受访者十八和受访者十九，是我们选取的两位传统藏族农民的代表。受访者十八是藏族农民中年人的代表，在他们那一代人里，他应该算是一个比较有文化的人。他的经历也比较丰富，参过军，后又成为党的基层干部。从对他的访谈中，我们了解到他所体会的幸福与一般受访者相比具有一些共性，比如他认为，幸福归功党对藏族民众的诸多特殊政策，使得他的子女受益，自己也能挣点钱，比较自由，生活有保障，没有后顾之忧。这从一个侧面说明这种认识在藏族地区具有一定的普遍性。但在访谈时，他表示自己不信教，并认为信教不会带来幸福，这似乎与传统藏族民众的认识有差距，这或许与他在部队受党多年的培养和教育以及他的工作经历有关，这种说法是我们整个采访中的特例，他在藏族社会中有没有普遍性，还有待进一步考查。通过与在他家实习的解放军外国语学院学生的交流，我们进一步了解到他们这个村的普通人日常生活丰富多彩，他们通常与家人或几家人一起唱歌、跳舞、喝酒、逛林卡，可见他们正性情绪体验丰富，这当然也是幸福的重要体现。受访者十九，应该是藏族传统农村妇女的典型代表。从访谈中，我们了解到她现在觉得自己生活得幸福，一方面是因为党的政策好，自己的小孩长大了，能挣钱了；另一方面是因为自己有宗教信仰，让她相信自己的生活有希望。她的幸福既包括现实生活需要的满足，特别是自己下一代的生活能有保障，也包括宗教信仰让自己主观上觉得日子过得很顺利，所以她的幸福观念同时受到现实和宗教的双重影响。同时他们二人一再表达出自己与自然和他人之间的关系处于非常和谐稳定的状态。

受访者二十至二十二，三位受访者分别代表了比较新型的藏族农民形象。受访者二十是一位退休村支书，他生活富足、家庭和睦、儿孙满堂，每日尽享天伦之乐；他内心充实有信仰，密切关注国家大事和党的各项政策，虽然已 60 多岁，但始终与社会、与世界保持着联系，他给我们展现了一幅温馨、和谐、舒服的生活画卷，让我们为之向往。与他交谈我们都被他对生活的喜悦情绪所感染，他时刻都在释放着正能量，引发我们对自己生活状态的反思。我们很多人的生活其实已经超越他的生活水平，但为什么我们还有那么多的抱怨、不满？还要去索取，甚至不择手段？在这个过程中，我们把自己与周围的环境对立起来，产生矛盾、冲突，把自己弄得身心疲惫，每天都在负性情绪中度过，幸福似乎与我们绝缘，和谐温馨的生活似乎只存在于我们的理想，而眼前的老人却实实在在地生活在幸福里、满足里、感恩中！我想，这正是本研究应力图研究和澄清的问题，而要澄清这个问题，笔者认为，只能从民族文化和个体心理特质的角度展开分析，才能真正触及问题的本质。

受访者二十一，是新型藏族农民的典型代表，他文化程度不高，不太适应现代社会的要求，所以特别重视子女的教育，希望他们能适应未来社会高速发展的要求，不要走他的老路。他是西藏各项惠民政策的受益者，所以他对社会、对生活持满意的态度，对未来充满了希望。他有很多计划，比如跑运输、搞旅游、开农家乐等，看得出来他爱家、爱子女，是一个非常有责任心的人。受访者二十二，是一个充满爱心，非常善良的藏族姑娘，她受过良好的高等教育，并到内地接受过教育，是具有现代开放意识的新一代藏族农民的典型。她现在在村里担任驻村干部，她更多的希望和抱负是建设新型的藏族农村，她希望当大官，不是为自己，而是希望为自己的家乡多做事、多出力。她的思想和境界已经超越了小我，相信她能成为构建西藏和谐农村的中坚力量。

总之，藏族农民是藏族社会中比较复杂的群体。由于受所处自然环境和地理位置的影响，他们比较多地接收现代意识和外来多元文化的冲击，在思想行为和生活方式上与传统藏族文化有渐行渐远的趋势，希望在这个过程中宗教能成为他们保留藏族特色的标志，并成为他们在这个多元文化融合过程中化解内心矛盾冲突的润滑剂。

三　对藏族牧民访谈资料的呈现和分析

作为研究者，我对藏族牧民感到非常陌生，在我仅有的认识中总有一种观念认为他们才最具藏族特质。他们逐水草而居过着迁徙的生活，这种迁徙的生活方式是我们生活在农业文化背景的个体所无法想象和体会的别样生活，从而也就越发激起我对他们的好奇，特别希望通过课题研究的机缘走进他们的生活场景，了解他们、认识他们，从而感悟和体会他们最隐秘的内心世界。本次研究由于受多种原因和条件的限制，我们仅选择了当雄牧区和那曲牧区的 10 位藏族牧民作为访谈对象。

当雄牧区和那曲牧区据说是西藏最好的牧区，这里的水草很充足，牛羊非常壮，牧民们的收入也很不错。前几天在去纳木错的途中早已领略到藏北草原的美丽风光，令自己没想到的是，在这世界上海拔最高的地方居然会有如此辽阔的草原，更令人惊叹的是，嫩绿的草原坐落在气势磅礴的巨大山脉下，在这里既能欣赏到皑皑雪山，也能体会到草原的辽阔，更能瞧见一群群牛羊觅食时的无尽悠闲，再加上蓝天白云和温暖的阳光，真有一种想在这里入睡的感觉，生活在这里的牧民该是多么的惬意呀！当我们乘坐的汽车行进在草原中时，对它的感受和了解不同于在公路上看到的。真正走进草原，才发现它远比在汽车上看到的辽阔得多，茫茫的草原上人烟稀少，远远的只能够看到几户牧民的房屋，而且它们彼此之间也相隔很远。在这里，远离了城市的喧嚣和繁华，你体会到的只有大自然的静谧和安详。尽管周围时而会出现一群群牛羊，但它们在整个草原上仍然显得是零星点点。在汽车行驶的过程中，偶尔会看见一个牧民，他会友好地主动向你挥手，让人备感亲切。在这里，人与人之间的感情显得是那样的淳朴和自然。俗话说，一方水土，养一方人，或许正是因为这里特殊的自然生态环境使得这里的牧民们的生活是如此简单和纯粹。

由于不懂藏文，对牧区的访谈需要靠翻译来完成，我的师兄美郎宗贞担当了此重任。一路上他一再告诫我们访谈不能涉及宗教、婚姻，因为牧民们对此非常敏感和忌讳，所以对牧民们的基本情况他先向我们做了大致介绍。他告诉我们，牧民的婚姻观非常传统，根本没有离婚这个概念。孩子生下来是以父母为中心，非常孝顺父母。一般大儿子是家庭的继承者，小的要自己立家，家里会掏一部分钱来支持。牧民们非常强调因果报应，看重来生，这是他们的精神寄托，从信仰中他们能够得到安全感，感觉时刻有一人在帮助他们、保护他们。正是因为有了这种寄托，他们会消除对死亡的恐惧，有了信仰。当他们生活遇到困难时，宗教会给他们带来安慰，缓解他们的焦虑、恐惧和痛苦。通过访谈，我们对牧民们的生活状态有了更直观的认识。

（一）藏族牧民访谈资料的呈现

受访者二十三：男　牧民　当雄县龙仁乡三组　59 岁　小学文化程度

访谈时间：2007 年 7 月 28 日中午

访谈地点：受访者家中

访谈内容：

问：你觉得自己是个幸福的人吗？为什么？

答：我感觉生活非常幸福，在国家的政策下拥有幸福的生活。生活特别好，非常幸福，我有娱乐、打麻将的时间，家庭、国家的政策都很不错，打打小麻将，非常自由，政策非常宽松。精神上无忧无虑，很自由，我喜欢过节日，如赛马节。

问：什么事让你最高兴？

答：我每天都非常高兴。

问：生活中有压力吗？有不高兴的事吗？

答：生活中没压力，没不高兴的事，从来都不空虚，有痛苦、有压力对我们来说很惊讶，很奇怪，听到这种说法很不吉利，有这种事也很不吉利。

问：你觉得人一生中最重要的是什么？

答：放牧、牧业。

问：牧业要怎样才会更好？

答：天空下雨，有草，牧业才好。

问：对牧业的发展有其他具体规划没有？

答：没有，遵循上面的规则牧业就好，顺其自然，天多下雨，自然会更好。

问：你觉得你与周围的自然环境和谐吗？

答：和谐，对牧区来讲，草场非常重要，我们是保护草场，爱护环境的，对我们而言，我们的一切都是来源于草场。

问：你觉得自己与周围人的关系怎样？

答：村寨的人都很团结，比较和谐。

问：你喜欢去外面接触，看热闹吗？

答：喜欢。也喜欢现代化的东西，如电视、电话。

问：有没有出去旅游的打算呢？

答：有呀，想去。

问：最想去什么地方？

答：北京、内地。

问：那为什么不去呢？现在通火车了呀？

答：去是很方便，但是因为家里很忙，走不开。

问：对自己将来的生活有信心吗？

答：有信心。

问：对子女有什么期望没有？

答：最大的要求就是学习，对四个子女的学习都非常关注。特别是小儿子很聪明，学习成绩也很好，评上了"三好生"，希望他能够读大学，进城工作。

问：对现在的教育政策满意吗？

答：满意。

问：在生活上、牧业上有什么更高的期望吗？

答：房子是新盖的，以前房子是最重要的，现在想买一辆车，二儿子从驾校毕业了，拿到了 C 照。

问：买车的目的是什么？现在能买吗？

答：用来跑运输，车子现在能买到，可现在的驾照不行。

受访者二十四：女　20 岁　那曲职业技术学校高三学生　信奉藏传佛

教　未婚

访谈时间：2013 年 7 月 27 日中午 11 点

访谈地点：受访者家的客厅

该受访者有着藏族姑娘特有的肤色和着装，汉语虽然不太流利，但却不影响我们之间愉快的交谈，很快我们就聊到了很多生活化的东西，最后在她的热情邀请下，我们住到了她家。受访者很是热情，在那曲的两天，她帮助我们很多，一些牧民访谈被试主要是她帮我们牵线。我们十分感谢这位可爱的藏族姑娘，作为答谢，我把自己的护手霜送给了她。

访谈内容：

问：您觉得自己是个幸福的人吗？为什么？

答：是。

问：您是怎么理解幸福的呢？

答：家庭和学校成绩都不错，感觉很幸福。

问：您对现在的生活感到满意吗？还要怎样会更好？

答：满意。就是希望能好好学习，再进一步提高自己的学业成绩。

问：你平时过得充实吗？

答：充实，除了上学之外，还可以帮助家里打扫卫生和放牛。

问：你觉得自己高兴吗？什么时候最开心？

答：高兴，特别是陪在自己爸爸、妈妈身边的时候。

问：您生活中有没有压力？

答：有压力，成绩差的时候。

问：您的性格是怎样的呢？

答：内向，不太主动和别人讲话。

问：您相信有来生吗？有因果轮回？

答：相信。

问：您觉得藏传佛教对个人与社会和谐有帮助吗？

答：有。对家庭的和谐，邻里之间的关系特别有帮助。

问：您和您的邻里关系怎样？

答：很好。

问：近十年来的惠民政策哪些对您影响比较大？还有哪些需要改善的地方？

答：政府会给每个牧民家庭资助一定的费用；另外学校还有餐补、校服费用补助。

问：您希望生活在一个稳定的社会环境中吗？有什么好处？如果出现动乱有什么坏处？

答：安定的环境，我们可以运用好的资源；混乱的年代会有战争、死亡等不好的东西。

受访者二十五：男　62 岁　牧民　那曲十七村　信奉藏传佛教
访谈时间：2013 年 7 月 27 日下午 3 点
访谈地点：受访者家的客厅

该受访者是个慈祥的藏族老人，虽然我们语言不通，但整个谈话过程都充满了欢声笑语，他的生活满意度极高，他就像其他很多老人一样，儿孙满堂，享受着天伦之乐；他平常在草原待闷了，还可以去拉萨旅旅游、散散心，这样的生活景象不是很多人在构想未来时都向往和期盼的吗？

访谈内容：

问：您觉得自己是个幸福的人吗？为什么？

答：是个幸福的人，不愁吃穿。

问：您是怎么理解幸福的呢？

答：不愁吃穿，国家有补助，家人平安幸福。

问：您对现在的生活感到满意吗？还要怎样会更好？

答：很满足，家里有 59 头牦牛，106 只羊，1 匹马；另外希望自己的孙女能够到年龄上学。

问：你平时过得充实吗？

答：很充实，放放牧、念念经、转转经筒。

问：你觉得自己高兴吗？什么时候最开心？

答：任何时候都很开心。

问：您生活中有没有压力？

答：没有压力。

问：什么事让你最不开心？

答：没有不开心的事。

问：您的性格是怎样的呢？

答：比较乐观，最重要的是服从上级的指示。

问：您相信有来生吗？有因果轮回吗？

答：相信。从小的方面来讲，人与人之间有因果报应，大的方面，国与国之间战争获胜或失败都是因果的表现。

问：对现在的生活满足吗？

答：我现在已经62岁了，都很满足。

问：对自己未来的生活有信心吗？

答：有信心，国家政策比较好。

问：您觉得藏传佛教对个人与社会和谐有帮助吗？

答：说不上来，但深信佛教对每个藏族人都有帮助。

问：您和您的邻里关系怎样？

答：很好。

问：近十年来的惠民政策哪些对您影响比较大？还有哪些需要改善的地方？

答：通电、修路，另外国家还会给补助，中央扶持力度还是很好的，其他方面都很好；但有些人还存在浪费资源的情况。

问：您希望生活在一个稳定的社会环境中吗？有什么好处？如果出现动乱有什么坏处？

答：希望在安定的环境里，这样生命可以得到保护；混乱的年代会对生命造成危害。

受访者二十六：男　36岁　四口之家　家有27头牦牛　70多头羊
访谈时间：2013年7月27日下午5点
访谈地点：杂货铺门口
访谈内容：

问：您觉得自己是个幸福的人吗？为什么？

答：在所有的事情上都很幸福。

问：您是怎么理解幸福的呢？

答：不愁吃穿、平平安安。

问：您对现在的生活感到满意吗？还要怎样会更好？

答：不是很满足，没有工作只能放牧，希望有机会找份工作或做生意。

问：你平时过得充实吗？

答：不是很充实。

问：你觉得自己高兴吗？什么时候最开心？

答：高兴啊，很多时候都很高兴。

问：您生活中有没有压力？

答：没有。

问：你平常会感到空虚寂寞吗？

答：没有。

问：您的性格是怎样的呢？

答：内向，最重要的是孝顺父母、照顾家人。

问：您相信有未来吗？有因果轮回吗？

答：有因果、有轮回。

问：你对未来的生活计划？

答：希望有机会在外面打工、做生意。

问：你对未来生活有信心吗？

答：有。

问：您觉得藏传佛教对个人与社会和谐有帮助吗？

答：不清楚。

问：您和您的邻里关系怎样？

答：很好。

问：近十年来的惠民政策哪些对您影响比较大？还有哪些需要改善的地方？

答：政府出资帮助我们盖房子。

问：您希望生活在一个稳定的社会环境中吗？有什么好处？如果出现动乱有什么坏处？

答：希望是和谐的环境，原因答不上来。

受访者二十七： 女　21 岁　已婚（有一个 8 个月的女儿）信奉藏传佛教

访谈时间：2013 年 7 月 27 日下午 7 点

访谈地点：受访者家的客厅

我们见到她的时候，她正在为明天的赛马节准备食料，她话虽不多，但很热情，看到我们脸上充满了笑容。21 岁的她已是 8 个月大婴儿的母亲，初为人母的她对家庭、老公和孩子都充满了爱和希望。

十七村虽小，交通不便利，经济也不发达，但这里充满了欢乐。登高眺望，细数不过七八户人家，但这里不乏欢声笑语。在赛马节上，我们看到八旬的老奶奶和刚长乳牙的孩童们聚集在马场的周围，一起为马背上可爱的人儿加油、欢呼和尖叫。

访谈内容：

问：您觉得自己是个幸福的人吗？为什么？

答：是。和家人一起，还有过节的时候很幸福。

问：您是怎么理解幸福的呢？

答：家人团结，和家人一起过年、过赛马节就是幸福。

问：您对现在的生活感到满意吗？还要怎样会更好？

答：对现在生活满足。

问：你平时过得充实吗？

答：平常很充实，放牧、挤牛奶、照看牛羊和做家务。

问：你觉得自己高兴吗？什么时候最开心？

答：现在很高兴。

问：您生活中有没有压力？

答：没有压力。

问：平常最不高兴的事情？

答：没有不高兴的事情。

问：平常会感到空虚寂寞吗？

答：没有空虚寂寞。有老公。

问：您的性格是怎样的呢？

答：性格内向但很乐观，最重要的是放牧。

问：您相信有来生吗？有因果轮回？

答：有因果轮回。

问：对自己的生活满足吗？

答：满足。

问：对未来有信心吗？

答：有信心。

问：你对自己生活有什么计划？

答：无计划。

问：你生活中最重要的是什么？

答：最重要的是照看牛羊、放牧，若无牛羊生活无保障。

问：佛教对自己和社会有什么帮助？

答：不是很清楚。

问：你和您的邻里关系怎样？

答：很好。

问：近十年来的惠民政策哪些对您影响比较大？还有哪些需要改善的地方？

答：低保、九年义务教育。

问：您希望生活在一个稳定的社会环境中吗？有什么好处？如果出现动乱有什么坏处？

答：希望稳定，具体的原因说不出来。

受访者二十八：男 36 岁 牧民

访谈时间：2013 年 7 月 27 日下午

访谈地点：受访者家的客厅

该受访者家里五口人，有个老母亲今年 79 岁，还有两个上小学的儿子，家里有 5 只羊，13 头牦牛，主要以牧业和跑车（在那曲火车站接人）为生，妻子在家照顾母亲，儿子现在享受低保，每个月 90 元。他是我们在那曲遇到的第一个朋友，也是我们的司机，我们刚下那曲火车站就有很多司机问我们要不要坐车，我们便坐了他的车，在车上他得知我们此行的目的，便主动提出可以帮助我们找牧民做访谈（他本身就是牧民）。于是，第二天，我们就直接去了他家所在的牧区（十六村），一进他家，他的妻子就热情地给我们上了酥油茶和酸奶，于是我们就喝着酥油茶吃着酸奶做访谈，瞬间忘了我们和他是同车的关系，感觉就像一家人一样。之后，他又带我们去了他们村主任家做访谈。结束的时候已经到了晚上，他开着车子把我们送回住处，我们问他要收多少钱，他却说："你们看着给就行了，给多少都可以。"

访谈内容：

问：你觉得自己是个幸福的人吗？为什么？

答：是幸福的，虽然物质上不是很高水平，但是自己很满足，因为生活很和平。

问：你对现在的生活感到满足吗？还要怎样就会更好？

答：满足，现在两个儿子在那曲地区上学，希望他们能考上好大学，这样就更满足了。

问：你平时过得充实吗？

答：挺充实的，早上6点起，然后去跑车，养活一家人，晚上9点到10点回家，很辛苦，但是很充实，在旅游旺季，平均一天可以赚到400元左右。

问：你觉得自己高兴吗？什么时候最开心？

答：家人平安，没病没灾，和家人团聚的时候最开心。

问：你觉得生活有压力吗？

答：有点压力，开车的时候很累。

问：你觉得生活中最让人不高兴的事是什么？

答：出现坏人，打破生活的稳定，比如骚乱。

问：生活中你感到空虚寂寞吗？

答：没有。

问：你觉得你的性格是内向，还是外向、乐观？你觉得人一生中最重要的是什么？

答：外向，开朗乐观。

问：你相信有来生吗？有因果轮回吗？

答：我相信有来生，有因果。

问：你希望自己过上什么样的生活？

答：家人平安，团圆幸福。

问：你对现在的社会或你自己的未来有信心吗？

答：还是有比较充足的信心。

问：你有什么打算（计划）吗？

答：现在的生活不是很好，要养孩子和母亲，为了让孩子上学，家里欠了钱，希望这些都能过去，希望孩子上了大学之后可以使负担变轻些。

问：什么是你生活中最重要的？为什么？

答：家人的平安。

问：你感觉与周围的环境和谐吗？

答：很和谐。

问：你觉得藏传佛教对你个人与社会的和谐有帮助吗？

答：有帮助，能大大地减少犯罪率，能避免战乱。

问：你觉得近十年来国家和政府实施的惠民政策，哪些对你的影响最大？你希望政府还应在哪些方面制定出更好的政策？

答：低保，一个月90元的低保，九年义务教育。希望国家多关注孩子的上学，因为有些孩子上不了学，因为没有钱把孩子送到城里去。

问：你希望生活在一个稳定和谐的社会环境里吗？它有什么好处？如果社会出现混乱有什么坏处？

答：希望稳定，如果出现了战乱就会死人。

受访者二十九： 女　59岁　家里有8口人　那曲十六村人

访谈时间： 2013年7月27日上午

访谈地点： 受访者家的客厅

该受访者是十六村的村主任及村支书，上过五年学，生活得很幸福。从访谈中可以感觉到她十分关心本村的发展，工作中充满了激情，希望自己一直可以为本村做更多的事情。

访谈内容：

问：你觉得自己是个幸福的人吗？为什么？

答：是幸福的，自己的家人没病没灾，平平安安。

问：你能说说你对幸福的理解吗？

答：没病没灾，平平安安。

问：你对现在的生活感到满足吗？还要怎样就会更好？

答：挺满足的，小孩在那曲上学，一个上小学，一个上中学。

问：你平时过得充实吗？

答：充实，平时就是履行职责，以前上过五年学，然后就分到这当村支书。

问：你觉得自己高兴吗？什么时候最开心？

答：高兴，过节的时候自己最开心，家人团圆。

问：你觉得生活有压力吗？

答：有点压力，村里的压力，家庭的压力，我一年有 5000～6000 元的工资。

问：你觉得生活中最让人不高兴的事是什么？

答：没有什么不高兴的。

问：生活中你感到空虚寂寞吗？

答：没有。

问：你觉得你的性格是内向或外向、乐观的吗？你觉得人一生中最重要的是什么？

答：外向，开朗乐观。

问：你相信有来生吗？有因果轮回吗？

答：有因果，有轮回。

问：你希望自己过上什么样的生活？

答：平平安安，希望国家能把工资提高到一年 7000 元就感到很满足了。

问：你对现在的社会或你自己的未来有信心吗？

答：很有信心，让村子里的人过得更好一些，自己努力一些。

问：你有什么打算（计划）吗？

答：自己的村子有更好发展，可以多和周边的村子进行交流，买卖牛羊。

问：什么是你生活中最重要的？为什么？

答：最重要的是家人平安，孩子上学。

问：你觉得你与周围环境和谐吗？

答：很和谐。

问：你觉得藏传佛教对你个人与社会的和谐有帮助吗？

答：不好回答。

问：你觉得近十年来国家和政府实施的惠民政策，哪些对你的影响最大？你希望政府还应在哪些方面制定出更好的政策？

答：低保，九年义务教育，希望低保金提高一些，希望能让全村每一个小孩都能上学。

问：你希望生活在一个稳定的与和谐的社会环境里吗？它有什么好处？如果社会出现混乱有什么坏处？

答：当然希望，一个和谐稳定的环境对发展有很大的帮助，如果出现混乱影响发展。

受访者三十：女　79 岁　家有四口人

访谈时间：2013 年 7 月 27 日

访谈地点：受访者家的客厅

该受访者在我们整个访谈中，都是一边和我们聊天一边转着手中的转经筒，她是一个很健谈的人，我们每问一个问题她都会不停地回答，可惜我们听不懂她在说什么，只能通过翻译来了解。

访谈内容：

问：你觉得自己是个幸福的人吗？为什么？

答：挺幸福的，自己的身体比较健康，儿子都长大了。

问：你能说说你对幸福的理解吗？

答：平平安安，儿子跑车能平安。

问：你对现在的生活感到满足吗？还要怎样就会更好？

答：满足，女儿在照顾我，女婿在外工作。

问：你平时过得充实吗？

答：充实，转经筒、念念经，有时间就去看孙子。

问：你觉得自己高兴吗？什么时候最开心？

答：高兴，过节的时候自己最开心，家人团圆。

问：你觉得生活有压力吗？

答：压力不太大，就是孙子生病不开心。

问：你觉得生活中最让人不高兴的事是什么？

答：孙子生病。特别疼爱自己的孙子。

问：生活中你感到空虚寂寞吗？

答：不空虚。

问：你觉得你的性格是内向，还是外向、乐观？你觉得人一生中最重要的是什么？

答：外向，开朗乐观，一生最重要的事是信仰和孩子们的平安。

问：你相信有来生吗？有因果轮回吗？

答：我相信有来生，有因果。

问：你希望自己过上什么样的生活？

答：就是念念经之类的。

问：你对现在的社会或你自己的未来有信心吗？

答：有信心。

问：你有什么打算（计划）吗？

答：继续念经，没什么打算。

问：什么是你生活中最重要的？为什么？

答：重要的是子女的幸福。

问：你觉得你与周围环境和谐吗？

答：挺和谐的。

问：你觉得藏传佛教对你个人和社会的和谐有帮助吗？

答：有帮助，教育人们不犯罪。

问：你觉得近十年来国家和政府实施的惠民政策，哪些对你的影响最大？你希望政府还应在哪些方面制定出更好的政策？

答：低保，我们家有一户低保，是我的孙子，每个月90元。全村480人，有三四个低保。还有九年义务教育。

问：你希望生活在一个稳定的与和谐的社会环境里吗？它有什么好处？如果社会出现混乱有什么坏处？

答：希望生活在一个稳定和谐的社会里，如果有混乱，就会有战争。

受访者三十一：男　28岁　主要以牧业为生，偶尔到拉萨做生意卖虫草等。

访谈时间：2013年7月26日上午

访谈地点：到那曲的火车上

该受访者是我们在去那曲的火车上遇到的，他带着弟弟去拉萨看病后，返回那曲。他家有七口人，两个孩子，一个两岁，一个四岁。火车上他坐在我们的对面，脸上时常挂着微笑，我们刚开始尝试与他沟通，没想到他懂的汉语非常少，我们不得不借助翻译。他是来自牧区深处的牧民，平时也做虫草的生意，这一次是为了给弟弟看病。看得出来他很关心自己的家人，同行的有他生病的弟弟，还有其他家人，他一路上照顾得很周到，他是这一家的顶梁柱。我们尝试着要给他做访谈，他爽快地答应了。访谈结束后，他还给我们展示自己脖子上带的天珠，告诉我们这是他们家传下来的。

访谈内容：

问：你觉得自己是个幸福的人吗？为什么？

答：是幸福的，因为平平安安，有财产自主权，有自己的信仰，国家对我们的政策很好。

问：你对现在的生活感到满足吗？还要怎样就会更好？

答：宗教上希望更自由，其他的国家政策是非常好，看病有医保，非常满足。

问：你平时过得充实吗？

答：很充实，平时做生意，照看家里，照看牧场。

问：你觉得自己高兴吗？什么时候最开心？

答：高兴，过节的时候自己最开心，家人团圆。

问：你觉得生活有压力吗？

答：没有很大的压力，只是要照顾孩子。

问：你觉得生活中最让人不高兴的事是什么？

答：信仰上没有自由，战争之类的，不和平。

问：生活中你感到空虚寂寞吗？

答：没有。

问：你觉得你的性格是内向，还是外向、乐观？你觉得人一生中最重要的是什么？

答：外向、开朗乐观。

问：你相信有来生吗？有因果轮回吗？

答：我相信有来生，有因果。

问：你希望自己过上什么样的生活？

答：过得更好，其他的没有了。

问：你对现在的社会或你自己的未来有信心吗？你有什么打算（计划）吗？

答：很有信心，做做虫草生意，把虫草生意做得更大一些，这次去拉萨做了一些虫草生意，今年的价钱比去年低了一些。

问：什么是你生活中最重要的？为什么？

答：最重要的就是信仰，之后是家里人的事情（照顾好家人）。

问：你觉得你与周围环境和谐吗？

答：很和谐。

问：你觉得藏传佛教对你个人与社会的和谐有帮助吗？

答：有帮助，藏传佛教是净化心灵，使人一心向善，如果每个人都有这样好的信仰，将来就不会有战乱。

问：你觉得近十年来国家和政府实施的惠民政策，哪些对你的影响最大？你希望政府还应在哪些方面制定出更好的政策？

答：一些没有生活能力的人，每个都有低保，还有医保。希望能多关注一下牧区深处那些生病的人，他们那没有医院，而且语言不通（我们当地的低保一个月是 160 元）。

问：你希望生活在一个稳定的与和谐的社会环境里吗？它有什么好处？如果社会出现混乱有什么坏处？

答：当然希望了，每个人都会平平安安，如果有战乱，不论是宗教还是科学都会受到严重破坏。

受访者三十二：男　43 岁　牧场主　信奉藏传佛教

访谈时间：2013 年 7 月 27 日上午 10 点

访谈地点：受访者家的客厅

该受访者的家里共有 6 口人，40 多头牦牛，1 匹马，羊群送给了亲人（全村最大户人家有 100 多头牦牛，100 多头羊）。一走出他家的门口，就可以看到他们家的牧场与牦牛。他家的布局：大厅供奉着十世班禅的佛像，每天他都会来这里点上一盏酥油灯祈福；厨房即是睡觉的地方，也是他们做饭的地方，我就是在厨房跟他进行的访谈。厨房的整个家具都显得有些破旧，大厅稍微好些，厨房与大厅仍然是黄泥土地。他们家有一个大冰箱，一般都是存放着牛羊肉，还有一台 12 寸左右的电视机。清晨的时候，他就要把牦牛赶到牧场，然后就可以去做自己的事情。这次在那曲访谈，我们一行人就是住在他家的。

该受访者平时去那曲镇打工，对子女的教育十分重视。他所有的幸福感来源于"儿女懂事""儿女努力读书"，如果孩子们不好好读书，他会觉得很伤心。他的家庭和睦，内心也很充实，但是当我们的提问涉及政府或社会的一些因素对幸福感的影响时，他就会拒绝回答这些问题。

访谈内容：

问：你觉得自己是个幸福的人吗？为什么？

答：是的，生活水平提高，日子过得充实。

问：你能说说你对幸福的理解吗？（你觉得值得高兴的事是什么？是怎样的？）

答：就是日子过得越来越好。

问：你对现在的生活感到满足吗？（满意吗？）还要怎样就会更好？

答：满意，在那曲地区打工和在家里放牧。让女儿上学，有知识就会更好。

问：你平时过得充实吗？（你平时都干些什么？在做这些时你感到很实在、很平和吗？）

答：充实。平时都做劳工。做这些的时候很平和，没有什么冲突。

问：你觉得自己高兴吗？什么时候感到最开心？

答：高兴。三个孩子都上学，一个孩子在家里放牧，所以特别高兴。平时的节日特别开心，比如明日的赛马节，不过节的时候就很少有时间娱乐。过节的时候，可以耍林卡，可以与朋友们一起打麻将、喝酒，很愉快。

问：你觉得生活有压力吗？

答：没有什么压力。孩子们很听话，家庭条件也不是很差。

问：你觉得生活中最让人不高兴的事是什么？

答：害怕孩子们不好好学习，如果孩子们不好好学习，那就会很不开心。

问：生活中你感觉空虚寂寞吗？

答：不空虚，家里人团圆，孩子们听话，很和睦。

问：你觉得你的性格是内向或外向、乐观的吗？

答：外向、乐观，爱聊天，见到谁都想聊几句。

问：你觉得人一生中最重要的是什么？

答：让孩子们上大学，如果孩子们上大学会有一些压力，但是不管怎么样都一定会让他们上大学。

问：你相信有来生吗？有因果轮回吗？

答：相信有来生，有轮回。

问：你希望自己过上什么样的生活？

答：儿女考上大学，家庭就会更好，知识改变命运。

问：你对现在的社会或你自己的未来有信心吗？（主要指社会的安定、公平、正义、安全、经济预期，个人的能力、调控、发展潜力等信心）

答：有点信心，虽然房子是国家盖的，但是没有低保。公平有待提高，因为低保有些人有，有些人没有，整个十七村，大概只有 3～4 户有低保。

问：你有什么打算（计划）吗？

答：卖牦牛来供养孩子们上大学。

问：什么是你生活中最重要的？为什么？

答：家庭和睦，家庭和谐才会有更好的未来。

问：你觉得你与周围环境和谐吗？（包括自然、社会、家庭）

答：和谐。与家庭成员很和睦；与周围人际关系和谐；与自己的身边的自然环境很和谐，因为从小在这里长大，很爱这里的一切。

问：你觉得藏传佛教对你个人与社会的和谐有帮助吗？

答：对个人和谐很有帮助。自己每天都会在佛面前点酥油灯，内心十分安宁。

问：你觉得近十年来国家和政府实施的惠民政策，哪些对你的影响最大？你希望政府还应在哪些方面制定出更好的政策？

答：房子与拖拉机费用自己拿一半，国家支持一半。今年，路已经开始修，希望能修好一些；桥不好，没有人管，希望有人管理。

问：你希望生活在一个稳定的社会环境里吗？它有什么好处？如果社会出现混乱有什么坏处？

答：（没有回答这个问题。）

（二）藏族牧民访谈资料的梳理和分析

草原上的牧民逐水草而居，具有一定的流动性和不稳定性。许多现代文明的产物，那些能给生活带来方便的现代设施对他们而言没有什么太大的意义，他们不用担心自己是否有大房子住，是否有各种电器，他们生活的形式很简单纯粹："天当被地当床"，哪里有水草哪里就是他们的家。同时由于国家特殊的教育惠民政策，他们的子女读书不花费一分钱，读书压力也不大，即使不能很好地完成学业，他们拥有草原、牛羊，也能很好地生存。此外，他们也有医疗保障，所以他们不会像内地或城市人口那样有来自住房、教育、就业、医疗等多方面的压力，他们的生活自由、快乐、简单。只要气候好，草场植被好，他们就能很好地生活。对10位藏族牧民的访谈，比较生动地反映了藏族牧民的生活状态。

受访者二十三，是地道的藏族牧民。他们一家世代生活在草原，相对而言他与外界接触较少，受到的物质文化冲击较少，满足感较强，情绪更加稳定与平和。当我们问及你觉得自己是个幸福的人吗？我发现他毫不犹豫地点头并回答："我觉得生活非常幸福"，反映出他对生活十分满意。同时他还说道，"每天都非常高兴"，"生活中没压力，没有不高兴的事，从来都不感到空虚，有痛苦，有压力对我们来说很惊讶，很奇怪，听到这种说法很不吉利，有这种事也很不吉利"。这反映出在他平时的生活中正性情绪的发生频率很高，很少体验到负性情绪，就连想一下那些不高兴的事都是不吉利的、不应该的。这充分说明他们对生活感到满足并体验到更多的正性情绪、较少的负性情绪。这三个方面的特点决定了他们具有很高的主观幸福感水平。

受访者二十四，是那曲职业技术学校高三学生，由于西藏政府在各级各类学校都推行双语教学，所以九年义务教育阶段的新一代牧民都能流利地使用汉语交流，这为他们认识外面的世界，走出高原走出牧场奠定了基础。在我们与她接触的过程中由于没有语言障碍，可以与她自由交流，彼此很快建立起了友好的关系，我们从她那里得到了很多帮助，为我们顺利完成牧区的访谈打下了良好的基础，我们都非常感谢她。所以民族之间要相互理解沟通，建立和谐稳定的民族关系，语言是重要的工具。因此，在西藏自治区推行双语教学有利于各民族之间相互交流、增进了解。西藏自治区政府实行的教育惠民政策为培养新型牧民、构筑新型的民族关系奠定了基础，起到了促进作用。

受访者二十五，是个对生活充满幸福感的、慈祥的藏族老人。他家有59头牦牛、106只羊、1匹马，可以说家底丰厚，生活无忧。他的生活状态基本代表了其他几位藏族牧民的状态。他们都很满足于每天放放牧、念念经、转转经筒的简单生活；都热爱自己的家庭，珍惜邻里之间的和睦友好关系；都认为自己的性格是开朗外向的；都支持和认同政府实施的各项惠民政策，但反对浪费资源、破坏自然的行为；对子女的教育都特别重视，甚至子女的上学问题和学习成绩是他们唯一觉得担心和容易引起焦虑的事情；都希望生活在和谐稳定的社会环境里，并一致认为藏传佛教对社会的和谐稳定有重要的促进作用，它能减少犯罪，规范人们的行为，使人多做好事、善事。总之，藏族牧民的生活给我的印象就是简单、纯粹、幸福、和谐！在牧区短短几天的停留中，我一直在思索和观察，在感悟和体会，希望能找到牧民生活的感觉。

青藏高原是世界上平均海拔最高的地方，特别是高原上的草原地区，海拔就更高。这里空气稀薄，气候变化大，不太适合人群居住，所以居住在草原上的牧民相对较少。然而，这里地域辽阔，牧民们生活居住的比较分散，平时难得见到其他人，因此彼此之间非常珍惜。同时，由于这里的资源丰富，牧民们也很少为了各自的利益而发生冲突或纠纷，反而在强大的自然面前，更需要彼此的团结和帮助，所以牧民们的人际关系非常好，非常团结。当问道："你觉得自己与周围人的关系怎样？"受访者二十三回答道："村寨的人都很团结，比较和谐。"这与生活在内地或者城市中的人们相比有很大的区别，城市和内地人口相对集中，各种资源相对有限，为了满足各自的需要，就不免会出现摩擦或纠纷，彼此的关系要紧张和淡漠一些。另外牧民们对草场的依赖性很强，正如受访者二十三所说："我们自己一生中最重要的就是草场、牧业，这是我们一切的来源。"对牧民而言，最重要的就是草原，正如农民对土地的依赖一样，牧民最基本的生活需求是靠草原获得的，他们通过放养牲畜交换生活中的其他必需品，所以他们格外重视对草场和周围自然环境的保护，在这里，人与人的关系、人与自然的关系是和谐的。

来到牧区，站在辽阔的草原上，望着碧水蓝天，眼前一片明朗，笔者的心情也随之舒畅、开阔起来。想必生活在这里的牧民们容易形成开朗、外向的性格。据我观察，牧民们特别喜欢以唱歌、跳舞来充实自己的生活，因为在这辽阔的草原上，不能有更多其他的消遣方式，所以这里的人们个个都爱说爱笑，或许正是通过这种方式才能排解他们独自放牧时的孤寂。同时，生存在这里也免不了要与恶劣的自然环境相抗争，这也就养成了牧民们坚忍、乐观的性格。

面对茫茫的大草原，人不免觉得孤单和落寞，然而藏族牧民正是有了自己认同的藏传佛教信仰，才使他们在精神上有了寄托和归宿，减少了对死亡的恐惧。当他们独自在外放牧时，他们会感觉到神灵的注目，在保护着他，给他们力量和安慰。当他们遭受苦难时，他们坚信，只要度过了这些苦难，自己的来生就会有幸福。信仰赐予了他们力量和希望，让他们在这里生生不息地生活着。

从这几个方面看，牧民们由于生活环境辽阔、资源丰富、人际关系简单和谐，生活压力较小，有丰富完善的精神信仰，对未来充满希望和憧憬，因而他们容易对生活做出满意的认知评价，容易在生活中体验到更多的正性情绪，较少的负性情绪，因而他们的主观幸福感水平高，具有和谐的心理特质和外向型的人格特质。对牧民们的访谈进一步说明自然生态环境、生活方式、民族宗教文化形态、政府民生政策等要素对形成高水平的主观幸福感、和谐心理特质以及开朗外向的人格特质具有显著的制约作用，因此它们也就成为笔者研究藏族社会和谐稳定的重要内容。在接下来的章节中，笔者还将就这些重要内容进行综合论述。

与藏族32位受访者的接触和交谈，使我们在量化分析的基础上进一步认识和了解了藏族不同职业、不同阶层个体的生存状态和他们鲜活的个人经历、情绪体验以及生活态度，并且能够有幸进入其细微的生活场景中与他们一起分享、体会，进而融入他们的真情实感。这使我从多个不同角度进一步加深了对藏族的认识和了解，在此过程中笔者对研究对象和研究问题有了更深的感悟。为了研究的系统性，笔者在以上分析的基础上将访谈资料做了进一步的归纳梳理，努力与前文得到的量化研究结果相互印证而得出相对客观理性的结论，以便为下一部分的综论提供论据。

第一，当问道："你觉得自己是个幸福的人吗？为什么？"在被访谈的32位藏族被试者中，有31位都毫不犹豫地认为自己是一个幸福的人，其比例占到99%。原因排序为：①家庭和睦、平安（7人提到）；②西藏自治区政府实施了很多惠民政策，如读书不交钱还有伙食补助等（5人提到）；③生活过得去，没什么可担忧的，生活水平在逐步提高，工作、感情顺利没受过挫折（4人提到）；④精神上有信仰、自由（3人提到）；⑤做善事、积德，做善良的人，有很多朋友，有父母的疼爱，孩子们长大了，能挣钱了，孩子的学习成绩好（2人提到）；⑥每一天都开开心心的，自己身体健康，和家人在一起，有财产自主权，日子过得充实（1人提到）。只有一位受访者回答："还可以。"其原因是："物价上涨过快，工资跟不上。"据此可以认为藏族受访者的生活总体是幸福的，同时影响其主观幸福感的因素是多元的，具体可归纳为以下六个方面：宗教；党和国家的民族政策和惠民政策；家人的关爱；有自由的闲暇时光；对子女的期待和对父母的孝敬；工作有成绩。

第二，当被问及："你对现在的社会或你自己的未来有信心吗？"所有受访者都回答："充满信心。"他们都认为生活会越来越好，特别对社会的经济、自己能力的发展比较有信心；但认为社会制度、安定、正义、公平是自己无法掌控的东西，不好回答有无信心。说明藏族民众普遍对未来的生活和个人的发展充满期待和希望，这与量化研究中藏族的自我和谐与心理健康两个指标的较高水平是一致的。因为众多研究表明，心理健康的个体对未来和自身能力具有良好的自我效能感，表现为对自己能力的期待和对未来社会的信心。据此，可以进一步认为藏族和谐心理特质处于较高水平的结论是具有合理内涵和心理支撑的。

第三，当被问及："你觉得近十年来国家和政府实施的惠民政策，哪些对你的影响最大？你希望政府还应在哪些方面制定出更好的政策"时，被访谈的31位受访者都认为自己在国家和政府实施的各项政策中受惠，只有1位受访者认为："我觉得没有，我知道政府有帮助群众修房的政策，但是我没有享受到，我是拉萨人，所以没有体会到什么特别的惠民政策，我都靠的是自己。"受惠民众对自身感受到的各项具体惠民政策做了回答："去年我家房子与拖拉机费用自己拿一半，国家支持一半，今年路已经开始修，希望能修好一些，桥不好，没有人管，希望有人管理"；"对我影响比较大的有农民安居工程，它给农民拨款、建新房，现在力度更大，当然还有一些拉萨的城镇居民比农民还要穷，比如说措美林这个地方特别穷，都没有工作，我觉得政府也可以考虑给这些比较穷的城镇居民一些帮助"；"对藏族的汉化影响比较大，具体就是表现在教育方面，比如大学课程里有藏语这门课程，但是学校很不重视"；"我一个亲戚家失火了，国家捐了钱帮助了他们"；"当我们遇到一些难题的时候，政府会帮助我们解决一些问题，比如会有一些拨款"；"政府帮助我们种木耳、天麻，今年还帮我们买了一些播种机。但政府有时候会唱高调，需要加大扶持力度，需要落到实处"；"政府会给每个牧民家庭资助一定的费用，另外学校还有餐补、校服费用补助，基本实现了九年义务教育"；"通电、修路，另外国家还会补助，中央扶持力度还是很大的，其他方面都很好，但有些人还存在浪费资源的情况"；"政府出资帮助我们盖房子，种地放牧都有补助，而且医疗和养老保险的政策让我衣食无忧，很满足了"；"就是给我们开发，去年我们这搞大棚，增产很多，而且引进了很多种地的机器，效率大大提高了"；"我们这边的环境很好，风景很美，所以我想搞旅游，希望政府能在经济上给我帮助，比如可以让我贷款"；"一些没有生活能力的人，每个都有低保，还有医保，希望能多关注一下牧区深处那些生病的人，他们那没有医院，而且语言不通"。这些惠民政策在广大藏族民众的生活、教育、个人发展、养老医保、基础设施等方面发挥了充分的保障作用，使藏族社会中每一个体都能感受到生活的希望和信心，感受到作为我国56个民族中一员的自豪和尊严，从而更加热爱西藏，为西藏社会的和谐稳定提供了政策和制度的保障。

第四，当被问及"你觉得你的性格是内向或外向、乐观的吗"时，被访谈的32人中有17位受访者回答："属于外向、开朗、乐观的性格，喜欢聊天，见到谁都想聊几句"，其比例占到53%；有3位受访者认为自己属于"内向但乐观，不太主动与人讲话"；还有两位受访者认为自己"属于中间类型的吧，和熟悉的朋友在一起的时候就比较健谈、外向，和不熟悉的人在一起的时候就比较内向"。总体来看，藏族的人格特征是外向、乐观、开朗的，这与量化研究中人格特征的测量结果相吻合。在我们访谈过程中，也体会到他们对远到而来的客人特别热情，我们很容易得到他们的帮助，彼此之间建立起友谊。并且从访谈内容中，我们可以感觉到具有这种人格特征的个体更容易与他人、与社会建立起良好的关系，同时也更容易构建起和谐稳定的社会组织系统。当问及"你觉得你与周围环境和谐吗（包括自然、社会、家庭）"，有受访者回答："和谐，与家庭成员很和睦；与周围人际关系和谐；与自己身边的自然环境很和谐，因为从小在这里长大，很爱这里的一切。"而且，不同个体的回答几乎都反映出他们拥有和睦的家庭关系和邻里关系，特别是藏族牧民的社会系统简单而纯粹、和谐而快乐，给我们留下了深刻的印象。

第五，还有一个问题是"您希望生活在一个稳定的社会环境中吗？有什么好处？如果出现动乱有什么坏处？"这个问题本来是一个不证自明的问题，但基于西藏社会特殊的历史发展轨迹，笔者还是设计了这个访谈问题，试图比较具体地了解藏族民众对社会和谐稳定的态度和认识。通过梳理该问题的访谈资料，可以看出所有受访者都一致认为："和谐的社会有安定、轻松的生活，好的发展机会，不会有骚扰人们正常生活的事情发生；动乱会给人们带来伤害、灾难、战争、疾病和死亡"；"当然是安定团结的环境，好的生活环境，大家会平平安安，我们不喜欢混乱的环境"；"当然愿意生活在稳定环境中啊，这样社会安定，人民也能安居乐业啊，出现动乱不论是对国家还是人民都没有好处"；"希望在安定的环境里，这样生命可以得到保护，混乱会对生命造成危害"；"希望生活在一个稳定和谐的社会里，这样的社会是法制、公正、公平的，如果出现混乱会影响生活"；"希望生活在一个稳定、和谐的社会里，这样我们的生活就会越来越好，如果出现像电视里的那些国家的混乱局面，打来打去的，这样个人再努力也没有用"；"因为平安是福，我还是比较喜欢现在的生活，如果出现了混乱，现在的一切都不存在了，不论是宗教还是科学都会受到严重的破坏"。这些回答从各个方面比较真实地反映出藏族民众渴望和平、安宁，希望生活在和谐稳定的社会环境里的强烈愿望。

第六，当问及"你相信有来生吗？有因果轮回吗"这一问题时，被访谈的32位受访者中有31位回答："相信有来生，有轮回，只要是藏族人都信的"；"我相信有来生，有因果，所以此生要做好事，来生才能有好报"；"从小的方面来讲，人与人之间有因果报应，大的方面，国与国之间战争获胜或失败都是因果的表现"，信仰比例占到99%。当问及"你觉得藏传佛教对你个人和社会的和谐有帮助吗？"有28位受访者认为藏传佛教对个人与社会的和谐很有帮助，其比例占到87%，还有两位受访者回答："不是很清楚"；1位回答："感觉没什么帮助"；1位受访者回避回答这一问题。归纳28位认为"有帮助"的受访者的回答有："自己每天都会在佛面前点酥油灯，内心十分安宁"；"藏传佛教净化心灵，使人一心向善，如果每个人都有这样好的信仰，社会就不会有战乱"；"对家庭的和谐，邻里之间的关系特别有帮助"；"我们信仰藏传佛教，心都是很仁慈的，比如家里的动物生病了，都会很心疼，对人更是如此，会不由自主地帮助他人，这样相互帮助，因此可以促进社会的和谐"；"它其实和党的政策是一样的，就是让人做好事，讲究好人好报，只要不信邪教就好"；"藏传佛教对扫除文盲有很大的帮助，因为要念经必须要认字，而且从心理上来说，佛教劝人向善，会让人做好事"；"佛教的教义要求我们做善事，社会上很多人做善事就是一种很大的社会力量，对社会的和谐有很大的帮助"；"松赞干布那个时代就是用佛教来管理这个社会，它已经成为一种社会力量或无形的制度来引导和约束人们"；"它对人的修养、心灵都有很大的帮助，个人都变好，社会也会和谐的"；"你们汉人讲道德，我们讲因果报应，我们做坏事会得到因果报应，每个人都这样想的话，都不会做坏事，人人向善，社会自然就和谐稳定了"。

这些回答从不同的角度充分说明藏传佛教对藏族民众的人生观、价值观以及心理行为影响至深，正是在这种宗教教义的感召下藏族社会中的每一个体一心向善、一心向佛，它折射出普通藏族个体的价值取向、思维方式和生活态度这些与文化有关的特质已深深烙上了藏族宗教的印记，这势必对藏族社会的组织结构产生深刻的影响。因此，笔者将在以下部分围绕藏族的文化内涵进行综合论述。

综上量化研究部分采用心理测量的方法对随机抽取的 534 位藏族样本的主观幸福感、自我和谐、心理健康以及人格特征进行量化分析；质化研究部分以深度访谈的方法对 32 位藏族典型个案的幸福观、和谐心理特质、人格特征及相关问题进行质化分析。量化研究反映了藏族个体和谐心理特质的一般趋势与总体特点，质化研究则旨在揭示藏族个体心理和行为的幽微隐秘特征。两种不同性质的研究方法所收集的材料处于不同的层面，经过分析梳理所得结果，有相同的，也有相异的，但却起到了相互补充和相互佐证的作用。量化研究描述了研究对象的存在状态和数量水平，质化研究则在更广泛的空间和更细致的层面上提供了鲜活生动的具体例证，两相结合使我们对藏族民生与社会和谐稳定的特征有了较为理性的判断和较为客观的结论。

第一，藏族被试的主观幸福感处于较高水平，特别是在对未来的满意度和情绪平衡方面远优于抽取的汉族样本的水平；32 位访谈对象中有 99% 的受访者认为自己是一个幸福的人。

第二，从藏族样本人口学因素和西藏自治区政府近年来制定实施的民生政策对藏族主观幸福感的影响分析，初步从个体基本属性和大的社会环境方面支持了藏族具有较高主观幸福感水平的结论。同时访谈资料反映出影响主观幸福感的因素是多元的，具体可归纳为：宗教，党和国家的民族政策和惠民政策，家人的关爱，有自由的闲暇时光，对子女的期待和对父母的孝敬，工作有成绩等。

第三，藏族样本的和谐心理特质处于高水平，访谈资料显示藏族和谐心理特质处于较高水平的结论是具有合理内涵和心理支撑的。

第四，藏族被试的整体人格特征为外向稳定型，表现为热情、外向、乐观、好交际、随遇而安、知足常乐，做事比较冲动，喜欢冒险和追求刺激；个体人格特征为低特质性，故而表现为合群、善良、富于同情心、安静、不具攻击性，对自然和人类充满感情。

第五，访谈资料真实地反映出藏族民众渴望和平、安宁，希望生活在和谐稳定的社会环境里，不希望社会出现动乱。

第六，藏传佛教对藏族民众的人生观、价值观以及心理行为的影响至深，它折射出普通藏族个体的价值取向、思维方式和生活态度这些与文化有关的特质已深深烙上了藏族宗教文化的印记，这必然会对藏族社会的组织结构产生深刻影响。

以上结论综合反映出藏族个体在心理和行为两方面的特点，而分析解释这些特点就成为本研究不能回避的问题。尤其是在研究过程中，我们发现这些特点与藏族文化背景有着千丝万缕的联系，因此需要我们从民族文化的视野来厘清藏传佛教作为藏族核心文化内涵是怎样影响和作用藏族民众的精神世界和藏族社会组织系统的。只有当这一问题的研究得出客观、合理、理性的结论，我们才能评估在西藏构建和谐稳定的社会组织形态的可能性和必然性。据此，笔者在对随机抽取的藏族研究样本的量化和质化研究结果的分析基础上，将从民族文化的角度综合论述藏族的价值取向、思维方式、人格特征、生活态度等文化特质形成的基本心理原因以及由此形成的个体行为模式，并论述这样的行为模式对构建西藏和谐稳定的社会组织系统所具有的作用和意义。

第六章　藏族的文化内涵

第一节　藏文化的基础

一　文化的基本概念

　　文化作为人类社会的现实存在，具有与人类自身同样古老的历史。人类从"茹毛饮血，茫然于人道"的"直立之兽"[①] 演化而来，逐渐形成与"天道"既相联系又相区别的"人道"，文化在这一过程中被创造出来。在文化的创造与发展中，人是主体，自然生态环境是客体，而文化则是人与自然、主体与客体在实践中的对立统一体。这里的"自然"，不仅指存在于人身之外并与之对立的外在自然环境，也指人类本能的各种生物属性以及由这些个体构建起来的社会组织系统。文化的出发点是从事改造自然和社会的活动，进而也改造自身即实践着的人，人创造了文化，同样文化也创造了人。因此，文化的实质性含义是"人化"或"人类化"，是人类主体通过社会实践活动，适应、利用、改造自然环境而逐步实现自身价值的过程。这一过程的成果既体现、反映在自然生态环境的不断改变上，也体现、反映在人类个体与社会组织系统的不断提高和完善上。由此可见，凡由人类创造出来的，可以通过学习获得并通过各种信息媒介传承于后世的，超越本能的，人类有意识地作用于自然环境和社会的一切活动及成果都是文化。[②]

　　"文化"是中国语言系统中古已有之的词，《周易》有所谓："观乎天

---

　　①　王夫之：《读通鉴论》卷二十，中华书局，1984，第78页。

　　②　汪凤炎、郑红：《中国文化心理学》，暨南大学出版社，2005，第2~12页。

文以观时变；观乎人文，以化成天下。"① 这大致是我国论述"文化"的开端，不过此时其含义是指通过了解人类社会的各种现象，用教育感化的方法治理天下，与今天使用的文化概念有一定区别。今天使用的文化概念一般是这样解释的：文化，从广义来说，指人类社会历史实践过程中所创造的物质财富和精神财富的总和。而与之相对的狭义的文化则专指精神文化而言，即社会意识形态以及与之相适应的典章制度、政治和社会组织、风俗习惯、学术思想、宗教信仰、文学艺术等。② 1952 年，美国文化学家克罗伯和克拉克洪发表《文化：概念和定义的批评考察》一文，对西方自 1871 年至 1951 年关于文化的 160 多种文化定义作了梳理与评析，并在此基础上给文化下了一个综合定义：文化由外显的和内隐的行为模式构成；这种行为模式通过象征符号而获致和传递；文化代表了人类群体的显著成就，包括他们在人造器物中的体现；文化的核心部分是传统的（即历史的获得和选择的）观念，尤其是它们所带来的价值；文化体系一方面可以作为活动的产物，另一方面则是进一步活动的决定因素。③ 这些文化的综合定义基本上为现代东西方的学术界所认可，影响广泛。因本研究是以文化为背景探索其对个体心理行为的影响和制约，以及对个体进一步活动的决定作用，所以本研究中关于民族文化的概念是以一般文化观念为内涵和基础进行建构的。

综观各种文化定义，可以看出文化的范围是如此广泛，大则宇宙观、时空观、人生观、价值观；小则衣食住行、婚丧嫁娶，一切社会的生活方式、行为规范、思维方式，一切生活用品、高科技成果等都属于文化的范畴。为了研究的方便，我们在本研究中将文化的概念内涵划分为三个层次，即观念文化、制度文化和器物文化。所谓观念文化，主要是指一个民族的价值体系、思维特点和心理结构，是个体一切行为的本质影响因素，是一种深层次的文化。所谓制度文化，是指在哲学理论和意识形态的影响下，在历史发展过程中形成的各种制度，它们或历代相沿，或不断变化，或兴或废，或以各种文本形式的典章制度出现，或以某种"潜规则"的形

---

① 周振甫译注《周易译注》，中华书局，1991，第 76 页。
② 侯玉波、朱莹：《文化对中国人思维方式的影响》，《心理学报》2002 年第 2 期。
③ 申荷永：《中国文化心理学心要》，人民出版社，2001，第 67～71 页。

式默存于人们的心灵深处，是一种中层次的文化。器物文化，是指那些体现一定生活方式的具体存在，如住宅、服饰、用品、艺术等，它们是人的创造，也为人服务，它看得见、摸得着，是一种表层次的文化。① 深层、中层和表层文化相辅相成共同构成了文化的核心内涵。笔者从主观幸福感、和谐心理特质以及人格特征所具有的主观性、整体性和相对稳定性这三个基本特征出发，主要从观念的层面重点讨论藏族的深层次文化内涵，即藏族的价值体系、思维方式和民族心理结构的基本特点，以及这些基本特点对藏族主观幸福感、和谐心理特质、人格特征的影响与作用。

二　藏族先民对人与自然关系的认识

之所以从人与自然关系的认识入手来研究藏族的深层次文化内涵，是因为文化是人类对大自然理解和感受的经验总结，是对自然环境改造成果的综合产物，② 因而一个民族对他们所生活的自然生态环境以及由此形成的对这些环境的认识，会成为民族文化的起源和演进的出发点，会对一个民族的整体心理行为、价值体系、文化形态产生重要的影响与作用。所以，我们讨论藏族的深层次文化内涵是从藏族先民对人与自然关系的认识开始的。

在远古时代，藏族先民对自然的认识是通过对自然和人类起源的认识而获得的。藏族先民最初认为天地是混沌相连的，万物是阴阳一体的，后来由"大鹏"和"太阳"把它们分开。因为古人没有足以描述物质世界漫长而复杂的地质演变过程的科学知识，所以在《斯巴宰牛歌》中讲道："斯巴宰杀小牛时，砍下牛头放高处，所以山峰高耸耸；割下牛尾栽山阴，所以森林浓郁郁；剥下牛皮铺平地，所以大地平坦坦。"③ 《朗氏世系史》中也指出，"世界由日照风吹形成一种镜像，上面结上白霜，霜化为露，露汇为江河，江河蒸发而形成云，江河中的尘土形成大地，而江河中的水泡同大地之精气相合，形成世间神鬼动植物和众生，地、水、火、风、空

---

① 〔美〕克莱德·M. 伍兹：《文化变迁》，云南教育出版社，1989。
② 南文渊：《藏族生态伦理》，民族出版社，2007，第169页。
③ 参见扎布编《藏族文学史》，青海民族出版社，2001，第10～12页。

之精华形成一枚大卵，卵液形成了芸芸百姓"，① 这说明世界的构成是物质聚合的结果。应该看到，古藏人对自然的这些认识和理解是非常原始和朴素的，"大鹏""太阳"完全是与人的生存息息相关的自然之物，它们大都具有人性，与人不同的只在于他们不死或具有超人的威力。同时，古代藏族先民对自然界中高山、森林、大地生成的认识，对世间万物构成的认识，都是以青藏高原的自然环境为认识对象，具有一定的客观性，因而这种认识带有浓郁的地缘特色和物质客观性的特点。

古代藏族对自然的认识，无疑是一种原始、朴素的唯物主义自然观，天地万物不是人造的，也不是神造的，是天地宇宙自然所造，因此自然力是不可触犯的，在自然面前，没有任何人的力量可以与之相比，人是非常渺小的。人与自然是共生共存的伙伴关系，自然界的一切物质作为有生命的主体理应受到尊重，人没有被赋予特殊的地位，人与所有生物体处于同等地位，他们相互依存、互为一体，共同构成生命世界。人类深深地认识到自己仅有的一点财富是多么来之不易，除了勤劳、勇敢等人为的因素，更主要的还是取决于大自然的恩赐、牲畜的帮忙，因此人类要爱护和尊重自然界的一切，要与自然界保持和谐的关系，个体的所有行为规范与准则都必须以对大自然的道德为出发点。藏族先民这种对大自然的认识和解释，蕴含着最初的原始宗教情感。在高原特殊的自然环境中，藏族先民为了表达对自然的感激和珍惜而赋予它们形象和具体的人格，山山水水都有神灵存在，神山、神湖、神树、神鸟无处不在，无处不有，它们成为自然环境的灵魂与生命。崇敬自然也就是崇敬神灵，崇敬自然的人，受自然界诸神的保护；违抗自然的人，受诸神惩罚。这种自然崇拜的宗教观念，实际上体现出人与自然关系的准则，它反映了人们顺应自然，协调人与自然关系的一种愿望和行为，也是藏族成为一个信奉宗教的民族的认识基础。（正如受访者一所说的："我信奉苯教。我很厌恶现在有些人为了获得眼前的利益而过度开矿、伐木，破坏了自然，只满足自己这代人的需要，不给子孙后代留下生存的物质基础。其实，做事要尊重自然，做人要顺其自然。"）于是，藏族从这一朴素的唯物主义思想中演化出一套人与自然的关

---

① 大司徒·绛曲坚赞：《朗氏世系史》，赞拉·阿旺、余万治译，西藏人民出版社，1986，第4~5页。

系准则和人对自身生活的判断准则。

关于人的起源，藏族有猕猴变人的传说。《西藏王统记》中记叙道：一灵异猕猴受了戒律，被令前往雪域藏地修行。猕猴于是来到雅隆河谷的山洞里。正值猕猴"潜修慈悲菩萨心，生起胜解"时，一个岩山罗刹女来至其前，对猕猴施尽媚态蛊惑诱引之计，对猕猴曰："我等二人可结伉俪。"猴答："我乃圣观自在菩萨之持戒弟子，若做汝夫，破我戒律。"女魔复起，向猴作悲言，她乃前身注定降为妖魔，今日定钟情于此猴，作为恩爱夫妻。如果她不能成为猴的眷属，那么日后必然成为"魔侣"，杀害万千有情的生灵，所以还是"请慈悲许我吧"，那猕猴听后，心中念道："若作彼夫，坏我戒律，若不相许，亦造大罪。"于是，猴一个筋斗，至圣观自在菩萨前请启良策。圣者赐言："汝可作岩魔之夫。"于是猕猴与魔女结合，生下六只性格各异的小猴，被送到果树林中，各自觅食。三年后，父猴前往探望，发现已繁衍为五百只。然而果实已尽，又无其他食物。众猴问及父母，"将何为食，双手高举，状至凄惨"。父猴见状，自思忖：生下这么多后裔，是遵圣者兹命，事至如此，还是去启请圣者。圣者告曰："汝之后裔由我抚养。"尔时，圣者起至须弥山，取来青稞、小麦播于地上。其地即充满不种自生之谷香。众猴因饱食诸谷，尾巴渐渐变短了，更能言语，逐渐变为今天的人类。而后人越来越多，为了生存，人类就开始靠自己，开道修渠，从事农业，修建城邑。① 这则神话经过数千年流传，十分生动地反映了雪域高原藏族先民的起源和对人类自身的看法：人只是大自然的一部分，是具有灵性的动物。

从以上藏族先民对自然和人类起源的认识中，可以看出藏族是一个充满智慧的民族，在其对人与自然关系的认识中蕴含着深刻的哲学思想。第一，大自然是宇宙的产物，不是人或神的产物，是独立于人的意识而客观存在的。第二，人是由猕猴经过长期的与自然交互作用演变而来的，人类只是大自然的一部分，是具有灵性的动物，大自然的威力高于人力，人必须遵循自然的规律行事，人与自然是和谐共生的。第三，人类为了生存和抵御自然的威力，性格各异的个体必须结成社会群体，去共同劳动、共同生活，并要求在这个过程中以一定的社会组织系统协调、建构和谐稳定的

----

① 索南坚赞：《西藏王统记》，刘立千译，西藏人民出版社，1985。

社会形态。这些思想和行为准则是生活在这块雪域高原上的人对自然、宇宙和自身相互关系的领悟成果，是藏族文化内涵的重要组成部分，它一直支撑着这个民族在这块生存条件最差但最美丽的高原上繁衍生息，创造出异于其他民族的灿烂文化。它显示着人类生存、发展的客观真理性和能动性，同时它也是藏族对一切事物做出价值判断和一切行为的出发点。

三 藏族的价值观和幸福观

价值问题一直是古今中外众多哲学家苦苦思索的问题。所谓价值观是指社会成员用来评价行为、事物以及从各种可能的目标中选择自己合意目标的准则。[①] 价值观是一种内心尺度，它存在于人性中，支配着人们的行为、态度、信念、理解等，支配着人们认识世界，使人们明白事物对自己的意义而达到自我了解、自我定向、自我设计等，它也是驱使人们行动的内部动力。价值观通过人们的行为取向及对事物的评价、态度反映出来，是世界观的核心，是决定人们行为的出发点。

价值观是人们的社会意识，是对社会存在的反映。人们所处的自然环境和社会环境，包括人的社会地位和物质生活条件，决定着人们的价值观。处于相同的自然环境和社会环境的人们，会产生基本相同的价值观念，每一社会都有一些普遍价值标准，由此可发现社会成员普遍一致的或大部分一致的行为定势，或曰民族心理定势。

青藏高原是一个自然灾害频发的区域，雪崩、泥石流、地震、冰雹多发。当山洪暴发时，再强壮的身体也会化为泥水；当雪峰崩塌时，再凶猛的动物也会哀鸣、逃窜。生活在雪域高原的藏族世世代代都面对着意想不到的灾害，人在瞬间就可能消失得无影无踪。古代先民是多么想获得像雄鹰一样的翅膀，翱翔在蓝天；像牦牛一样强健的体魄，行进在茫茫的雪域高原；也想像猕猴一样轻盈地跳跃在陡峭的山峦。在这样的自然环境中，面对超强的自然威力，藏族先民只能以大自然的秉性作为价值尺度来衡量一切事物，如果人们的行为在这个尺度的范围之内，人们就能安然地生活，如果超出这一尺度就会灾难临头。藏族对大自然有着比其他民族更深刻的体验，他们对雪山、湖泊和所有的自然对象都满怀敬畏和崇拜，并赋

---

① 方天立：《儒道的人格价值观及其会通》，《长白论丛》1995 年第 2 期。

予它们神性和灵性，同时也赋予它们生命和希望的寄托以及对未来的告诫。他们深深地认识到，人的一切活动都必须置于大自然的威力之下，人的力量与大自然的力量相比是多么的渺小和微不足道，如果人们的行为超越了这个界限或凌驾于自然之上，人们的生存就会受到威胁，生活就会瞬间崩塌。笔者认为，藏族这种对大自然的原始认识是苯教和佛教能在藏区传播与发展的心理条件，也是今天藏传佛教能在雪域高原成为藏文化重要标志的思想因素。藏传佛教以吸收藏族原始传统文化为其个性特征，而这一特征又是佛教长期在西藏地区传播的必然结果。因此，今天我们所说的"藏文化"实际是指西藏地区藏族文化的复合体。

藏传佛教在藏区很容易把藏族对大自然的认识和体验所形成的价值尺度进一步转移到个体自身的范畴内。藏传佛教认为，宇宙中的有情生命处于一个永无止境的生死轮回之中，人在流转中没有片刻停留的自由，没有固定的贵贱、强弱、贫富、高低的位置，也没有一成不变的亲仇利害关系。① 这种轮回流转，就像一个上下转动不息的水车忽上忽下地变换着位置。上界的人和八禅神通广大的天人的三善趣，也会坠入下界畜生和地狱的三恶趣，下界地狱、饿鬼、畜生也会转入人天之道。推动这个巨轮转动的力量是一种虚妄颠倒的无明意识和这种意识支配下的善恶行为。爱和善是上升的因业，恨和恶是下坠之因业，所以因果必然报应，多做善事，积善行德必然会得到来世好的回报，作恶多端就会坠入下界地狱，吃苦受穷。生命是肉体和精神的特殊结合形式，肉体有生死，精神则前后连续，与轮回"水车"同在，今生的因就是来世的果。在这一基本轮回中，人们可以通过苦谛、集谛、灭谛和道谛的修炼来摆脱痛苦，获得人生最高境界的幸福。苦谛指人生是一个充满痛苦的过程，这些痛苦可以归纳为八种，生苦、老苦、病苦、死苦、怨憎会苦、求不得苦、爱别离苦、五阴炽盛苦，甚至更多的苦。集谛揭示人生苦恼产生的原因是人的贪求欲望和爱，所以灭谛就是要灭除贪爱欲望，断除产生苦恼的原因，使自己永远不再轮回于生死的苦海，而达到藏传佛教所追求的最高幸福境界"涅槃"。道谛指达到灭除痛苦、进入"涅槃"境界的方法和途径，即八正道：正见、正

---

① 多识：《佛法三根要义》，民族出版社，1996，第14页。

思、正语、正业、正命、正精进、正念、正定。①

藏传佛教给广大的藏族民众赋予了三个不同层次的终极理想。它认为作为一个健全的人，首先要树立起脱离三恶趣，向往人天善趣的理想境界，就是要把一切有情众生引导到信仰三宝，深信业果的佛教轨道上来，把他们造就成一个厌恶三恶趣，渴望转生到三善趣中来的人；其次还要进一步出离三界生死，即不但要彻底否定三恶趣的世界，而且还要彻底否定三善趣的世界，因为虽然人天善趣比地狱、畜生、饿鬼三恶趣的世界好得多，但仍是痛苦，因此必须解脱，才是理想的归宿，这样便引发了出离之心、菩提之心；最后藏传佛教进一步提出，一个信仰三宝的人，必须树立起从轮回世界的洞穴里解脱而进入"涅槃"世界的志向追求，有了这样的主体意识和人格理想，也就具备了解脱自己的能力，就会大发菩提心，誓求成佛共享佛果，就能够脱离整个生死轮回的世界，获得真正安身立命之处，这样便达到了佛的境界。② 在这三个不同层次的境界中，第一境界是最低的，凡是信仰佛法的人都能达到；第二个境界是只求自己从六道轮回中解脱出来，断除烦恼，灭绝生死得到涅槃；第三个境界则是致力一切众生的解脱，慈悲为怀、普度众生，这也是最后、最高的境界。这三个境界对藏族影响最大的是第一个和第三个。对广大的普通藏族个体来讲，厌离三恶趣，希求转生到人天善趣是最基本的追求，至于解脱成佛之类的事，他们认为那是望尘莫及的；对于少数高僧大德以及修炼密法的人来说，他们的理想就是成佛，他们研习佛教经论，坚持实践的目的就是要解脱轮回，进入常、乐、我、净的"涅槃"世界。这就是藏族个体在修持藏传佛教时所追求的两种不同的理想境界。

从中我们可以看出，藏传佛教对现实人生的价值做出"苦"的判断，是出于藏传佛教超脱世俗的需要而必须做出的一种价值判断，这也是其人生观的理论基石。因为如果不宣讲现实人生的苦难也就显示不出彼岸天堂的幸福。由此可见，藏传佛教哲学思想的主要特点是否定人生价值，轻视现实社会，轻物质重精神，提倡止恶行善，相信因果报应，主张来世幸

① 周锡银、望潮：《藏族原始宗教》，四川人民出版社，1999，第89页。
② 班班多杰：《藏传佛教哲学境界》，青海人民出版社，1998，第7页。

福，向往佛国天堂。① 对藏族而言，只要有幸福来生的预期目标和佛国天堂的理想境界，今生的苦也就不算是苦，因此他们特别容易对现实的生活感到满足，容易为所有的痛苦找到价值解释的平衡点，以一种平和的心态与稳定的情绪面对人生。他们不再信仰武力，不再为物质世界的利益和欲望所左右，因此能够获得高水平的主观幸福感。可以这样认为：藏族在其特殊的自然生态环境和藏传佛教的哲学观念影响下形成的终极理想、价值观念和道德准则，是一种关于人生幸福和如何获得幸福的理论和方法，是一种帮助藏族民众在特殊的自然生态环境下生存并获得心理平衡的观念。这一观念体系势必成为藏文化内涵的核心，势必会影响藏族广大民众的价值观并成为人们进一步活动的决定因素。

藏传佛教的基本价值观契合了藏族在恶劣的自然环境下寻找精神寄托、解释自然现象的需求，因而成为雪域高原上广大藏族民众的一种信仰体系、一种潜在的精神力量，它渗透藏族的精神世界，深深地烙在人们的心里，从而影响藏族的价值观、人生观，进而成为人们思想行为的准则。在这一价值体系的影响下，藏族很自觉地把人世间的各种苦难转嫁到自身，他们既要顾及大自然的各位尊神，又要服务于至高无上的各位佛和菩萨，因而只能以藏传佛教中的"苦"来达到对众神的顺应，把苦归于自己所造之业，要摆脱这种苦，希望自己的轮回向着理想的位置转动，就要以最大限度的善行、布施、修功德和求神拜佛来换取优于这个现实世界的来世，这样才能获得来世的幸福生活。藏族对这一理想境界的追求是执着的，甚至是不惜一切的。很多信徒一路磕头磕到布达拉宫、大昭寺的释迦牟尼像前，把自家最值钱的东西供奉给寺庙，他们对于自己的精神家园倾注毕生的心血，把急功近利的世俗社会抛到了九霄云外。（正如受访者四所说的："对于有没有来生和因果轮回这个问题你根本不需要问，我告诉你99%的藏族人都相信。所以我们藏族人要在今生做善事来积德，为来世造福。小时候我也搞不懂为什么要这样做，爷爷这样告诉我，今年我们在地里种下麦子不是为了现在，而是为了来年的丰收，所以我们这辈子做好事就是为了来世。"）因此对诸佛、菩萨和神的尊崇和顺应以及对苦的解释和幸福的理解，最终决定了藏族文化的价值取向和整个民族的思维特点。

---

① 扎洛：《藏传佛教文化圈》，青海人民出版社，1998，第33～37页。

四　藏族的思维特点

民族思维特点是每个民族都具有的以自己独特文化为基础的、体现在认知结构、认知风格和逻辑思维体系方面的特征。藏族的思维特点是建立在其对人与自然关系认知基础上的，因而其对事物的认知结构、认知方式和逻辑思维体系均具有浓厚的藏文化特点，这一思维特点成为藏族对所有事物进行判断和评价的根本影响因素。

（一）藏族的认知结构分析

最早提出"认知结构"概念的是英国学者 F. 巴特里特（Frederick Bartlett），随后著名学者约翰·史密斯（Mary John Smith）对其加以细致研究，给出认知结构在人们学习过程中的定义：支配个体对信息的选择、解读和储存的一套心理机制。[①] 在文化认知心理学中，它也指在文化演进的过程中人们形成的对思维起决定作用的观念的组成方式。[②] 从学习心理学的角度看，认知结构具有三个作用：选择信息、解读信息和储存信息。认知结构具有归纳的特性，它能从个体过去的经验中生成一套规则或归纳特性，用于影响人们按特有的方式选择、处理、解释、预测各种信息，这一过程有可能是人们有意为之，亦可以是在认知结构支配下的无意识行为。认知结构是在人们全部知识经验的基础上形成的，因此，不同文化、社会、教育背景下成长的人们就会形成不同的认知结构，具有不同的信息解读机制。对民族群体而言，文化认知结构是人们在本民族文化所拥有的知识领域内的观念的组织结构，其意义在于它能潜藏于人们思维的整个过程之中，指导、规范或限制人们的思维方向。[③] 比如众多心理学家曾研究过一种影响人们情感体验的"愉快原则"，即人们在情感领域中总是趋近那些能引起愉快情感体验的事物或行动，也就是说人们在行动时总是不知不觉地按照自己觉得愉快的方向前进。在人们的思维过程中也同样存在着这种"愉快原则"，即在思维的过程中人们总是选择那些易于思考的，能够引起愉快体验的思维路径进行思维。那么，什么事物能使人们感到愉快，

---

① Mary John Smith, *Persuasion and Human Action*, Wadsworth Publishing Company, 1981.
② 龚文库：《说服学——攻心的学问》，人民出版社，1994，第210页。
③ 巴登尼玛：《文明的困惑》，四川民族出版社，2000，第72页。

什么事物使人们感到厌恶，以及对事物进行怎样的选择和解读，这就受由文化因素决定的认知结构的制约了。

　　人们从一出生就置身于文化的世界里，在整个社会化的人生过程中每时每刻都会受到文化的熏染和影响，什么能做，什么不能做，怎么做好，怎么做不好，所有这些都为前人所创造的文化所规定。随着人们的不断成长，文化所规定的行为在人们心理结构上便形成一种定势，人们按此模式行动，就会为其他社会成员所承认和赞扬；这种承认和赞扬又会成为强化因素而内化到人们的认知结构中而形成固定的模式，这种模式不仅存在于人们的显性行为中，而且也存在于思维过程中，隐性地限制或引导人们的思路沿着符合文化规定的要求并能引起愉悦的方向延伸。这种认知结构模式实际上就是该民族文化或创造这种文化的全体成员的共同文化特点在人们身上的反映，它也成为一个民族有别于另一个民族的重要标志和特征。

　　藏族的认知结构是以前面讨论的人与自然的关系原则和藏传佛教的价值体系为出发点的。藏文化中人对自然的理解既是文化生成和发展之源，也设定了人们思维中主体与客体的基本关系，加上后来藏传佛教的作用，藏族在对待主体与客体的关系时，是以客体和他人为基础，个体的思维和行为被限制在一个狭窄的范围。对藏族来说，如何在雪域高原这种险恶的自然环境中生存下去是最为重要的，人们不求生存得有多么好、多么奢侈，只求能满足基本的生存需求，自然的位置高于一切。因而人们在恶劣自然条件下的被动性和在藏传佛教众多神灵的压力下所形成的极度利他性，构成了整个藏族思维的认知结构特点。人们在思维的过程中总是不自觉地调整自己的思维路线，反省自己如此思考问题是否会给客体带来什么不利或损害，如此的行为是否会对"来世"有利，是否对"成佛"有利？个体的所有需求都退到了极点，只要有遮风挡雨的地方，只要能填饱肚子就行了，个体的能动性就在于把自我最大限度的消解，"我"只是"他"或"她"的存在条件，我的一切都是为他服务的，至于我也就不存在了。这种"他"是除主体"我"以外的所有客体，包括宇宙、大自然的一切事物。所以在高原上，当某种特殊情况出现在眼前，如远方突然乌云翻滚、雷电轰鸣时，人们便不由自主地祈祷，心中想的是自然界是否会因人们的越轨行为而要给予处罚，人是否做了不利于"他人"的行为，是否在什么地方冒犯了神灵，人们会不由自主地由人与自然的特殊关系而衍生出对善与恶的因果关系的联想和思考。每当要做一件事情，首先想到的不是事情结果会给自己带来什么好处，而是这些事情是否违背祖辈们理解自然过程中所形成的那种行为准则，如果是违背这个行为准则的，即使是对自己有好处，那也只是暂时的好处，实际上是造了不好的"业"，终将会大难临头。猎人也只是为了满足自己的生活所需，才去捕猎，超出这个度的捕猎是不道德的，是罪过。藏族民众在吃肉之前，首先想到的不是味道的好坏，而是默默地为死去的牲畜祈祷，愿它快快超度，顺利进入轮回，并请它原谅自己为了生存而不得已吃了它的躯体。在生活中如果自己吃了亏、受了骗，首先想到的不是恨，而是自己得以有了赎罪的机会而免去了来世的灾难……这些，都是由藏文化决定的藏族特有的认知结构对人们认识事物和思维判断影响的结果。这样的认知结构决定了藏族必然是一个善良、虔诚的民族，去圣地朝圣，一定要一步一步地走或三步一叩头地朝圣地前行，有马坚决不骑，有车坚决不乘。朝圣的人们口里念叨的不是为自己免除灾难，也不是为自己祈求什么，更不是要招财进宝，而是祈愿天下苍生美满如意，其范围从宇宙到地球，到地球上的凡有情生命，再到人类的安宁和幸福。这就是修功德，只有天下的苍生都好了，自己才能好，因为自己本来也属于芸芸众生中的一员。由于雪域高原特殊的自然环境，人们找不到更好的祈愿方式，只有在那条条通往圣地、神山的道路上付出努力。因而在那条条通往理想彼岸的道路上留下一代又一代藏族民众虔诚的脚印，上面积淀着人们太多的希望和梦想。①

　　这种以至善为愉快，以极度利他为愉快的潜在的认知结构对藏族的思维起着潜移默化的影响，它使藏族能够比较正确地理解人在宇宙空间和万物中的位置与意义。藏族注重的是生存而不是把自然客体当作对立面去征服，在每个藏族个体心中总是怀抱着对大自然的深厚感情，对大自然赐予的每一点财富都倍加珍惜，很少出现为了满足自己的私欲而破坏大自然的情况。②藏族将对自身生活的满意度建立在尊重客体和他人的基础上，在潜意识中不断地限制自己的欲求，缩小对客体超出基本生存范围的索取，一碗酥油茶，一坨糌粑，一小块肉干也就满足了，因而他们更容易获得心

① 常霞青：《麝香之路上的西藏宗教文化》，浙江文化出版社，1998。
② 刘勇、冯敏等《道孚藏族多元文化》，四川民族出版社，2005，第6页。

理上的平衡和安宁，更容易获得高的主观幸福感，具有和谐的心理特质。（正如受访者五说的那样："我们的满足感也很强，要饭的要到足够的钱，满足他一天的生活就不会再要了。我们会有多少钱就过多少钱的日子，这与宗教有关系。幸福感是源于宗教的，这一生所做的一切都是为了来生。在西藏偷盗、贩毒都很少，宗教对人生的态度也有影响，为了来世，今生我们就要做到善。藏族人祈祷不仅仅是为了自己，而是为了众生，整个生灵，认为自然界应该是和谐、平安的。"）这一隐性的认知结构也为藏族建立起了一套独特的逻辑思维体系。

（二）藏族的认知风格

为了更全面地认识藏族的认知特点，笔者曾于 2005 年采用实证的方法调查了藏族三个村寨被试的认知风格，写成《关于藏族认知风格的调查研究》[①] 一文。从中得出的结论对于我们今天深度挖掘藏族的认知特点和思维方式具有重要的参考价值。

所谓认知风格（Cognitive Style）是指个体在认知活动中，作为认知主体所表现出来的个性特点，称为风格。[②] 一般而言，人们在认知活动中会表现出很强的个性化习惯特征，这种习惯特征主要表现在认知能力、情感反应以及生理反应等方面，它影响着认知主体对认知对象的感知、对认知环境的反应和利用以及与外界的交流活动。已有研究表明，人们在认知活动中所呈现的这种个性化习惯特征，有些是受生理条件影响生而有之，但更多的则是受生态环境、文化、社会传统的影响而后天习得。[③]

西方国家，尤其是美国关于认知风格的理论研究和实践应用在 20 世纪 80 年代末期已达到了很高水平，取得许多重要成果。[④] 特别是 H. A. 威特金等人提出的场依存—场独立（Field Dependent-Field Independent 简称 FD－FID）的认知风格类型理论，为深入研究形成人们不同认知风格类型

---

① 王庆：《关于藏族认知风格的调查研究》，《西南大学学报》（人文社会科学版）2007 年第 4 期。

② 谢斯俊、张厚粲：《认知方式：一个人格维度的实验研究》，北京师范大学出版社，1988。

③ 郑雪、陈忠永：《认知操作和认知方式与生态文化因素的关系》，《心理学报》1995 年第 2 期。

④ 李浩然、刘海燕：《认知风格结构模型的发展》，《心理学动态》2000 年第 3 期。

的影响因素提供了理论和实践的可能性。认知风格的"场依存"与"场独立"理论是指人们在对信息进行感知和抽象时存在着个体差异，威特金将这种差异区分为"场依存"与"场独立"两种类型。两者的差异主要表现在人们知觉信息时是使用外部线索还是使用内部线索来进行认知的组织与抽象。场依存性的被试往往倾向于依赖外部线索（如参照体）接受知觉对象，对客观事物的知觉倾向于以外部参照作为信息加工的依据，他们的态度和自我知觉更易受周围环境或人们、特别是权威人士的影响和干扰，在决定某些想法前，常常注意和了解他人的想法与做法。而场独立性的被试则往往倾向于依赖内部线索（如直觉、已有的感知经验），即以其本人所储存的信息为参照系来感知对象，他们具有较高的认知改组能力，在认知活动中较少受他人的影响和干扰，倾向于在抽象、分析的水平上对信息进行加工并独立采取某种行动。

关于个体或群体在"场依存"和"场独立"上表现出来的差异的原因，威特金曾提出社会化模式①，博瑞（Berry）提出了生态文化模式②，一些研究者还提出了文化融合模式③。参照这些模式，笔者提出了"从生态文化到认知风格的系统模式"，并以这一模式为出发点来分析和研究藏族的认知风格。在这一构想下，笔者采用北京师范大学 1998 年修订的《认知风格镶嵌图形测验量表》作为认知风格的测验工具，于 2005 年 6 月初在西藏选取了林芝地区工布江达县巴河镇的秀巴村、色朗村和墨竹工卡县的日多乡三个村寨作为调查点，并对从中随机抽取的 135 位 18 岁以上的藏族成年人，对其认知风格进行了调查。

通过对测量数据的全面分析，我们得出了有关藏族认知风格的重要结论。

第一，135 位藏族成年人总体认知风格倾向的代表值 T = 55.7（量表使用手册显示是以 T = 50 为平均水平的，超过 50 则说明被试为场独

---

① H. A. Witkin, R. B. Dyk, H. F. Paterson, *Psychology Differentiation*: *Studies in Development*, New York: John Wiley, 1962, pp. 5 – 32.

② J. W. Berry, *Human Ecology and Cognitive Style*: *Comparative Studies in Culture and Psychological Adaptation*, New York: John Wiley, 1976, pp. 37 – 67.

③ D. Sinha, "Exposure to Industrial and Urban Environments and Formal Schooling as Factors in Psychological Differentiation," in *International Journal of Psychology* 23, 1988, pp. 707 – 719.

立性，不及 50 则说明被试为场依存性），说明其总体的认知风格倾向于场独立性。也就是说，被调查的藏族成年人总体认知风格是倾向于场独立性。

第二，藏族成年人总体认知风格虽倾向于场独立性，但在不同的生态环境和生产方式下其认知风格却呈现明显的差异：海拔在 3000～3500 米从事农耕的 72 位被试的 T 值为 43.3，说明其倾向于场依存性；海拔在 3500～4000 米从事多种经营的综合型生产方式的 33 位被试的 T 值为 55.7，说明其倾向于场独立性，且独立性较强；而海拔在 4000 米以上从事畜牧业的 24 位被试的 T 值为 51.8，也倾向于场独立性，但其场独立性却略逊于农牧综合类型。也就是说，以农业为主的人群场独立性最低，主要倾向于场依存，而从事畜牧业的人群场独立性明显升高，并主要倾向于场独立。而场独立性倾向最强的却是从事多种经营的农牧综合型的人群。

如前所述，藏族栖居的青藏高原是地球上最大的内陆高原，这里有连绵不断终年积雪的雪山冰峰，高大的喜马拉雅山脉阻挡了西南季风带来的暖湿气流。整个青藏高原因海拔较高，对外交通相对隔绝，加之气候高寒、地广人稀，所以在这样的生态环境下，无论是从事农业、畜牧还是从事多种经营的农牧综合型生产方式，都要求生活在这里的人们必须具备很强的独立性的空间判断能力和很高水平的心理分化能力。因为在这种生态环境中，人们能参照的外在信息相对较少，茫茫大草原一望无际，人们很难寻找外在的参照物，在劳动和生活中更多的只能以自己独立的感知经验来辨别方向、时间、食物、水源等生存要素，人们更多的是靠直觉和已有的感知经验感知事物，久而久之生活在这里的人们就形成了以场独立性为主要倾向的认知风格。当这里的人们以这样的认知风格来认识自然，并在相应的自然环境下生存时，他们更多的是依靠自己独立的标准来判断事物的性质和好坏，以本人所储存的信息为参照系来感知对象，从而具有较高的认知改组能力。他们在认知活动中较少受他人的影响和干扰，倾向于在抽象、分析的水平上对信息进行加工并独立采取某种行动。同时这一认知风格类型决定了他们不喜欢与别人做比较，喜欢根据自己内心的经验和观念来判断事物，在个人经验和现实之间容易达成平衡而具有高水平的自我和谐能力，同时也容易做出对生活满意的评价，不易受到由于社会比较带来的情绪波动的影响，[1] 进而影响到主观幸福感水平。研究结论从认知、思维方面解释了为什么把藏族样本与汉族样本相比较，藏族被试的主观幸福感、自我和谐与心理健康处于较高水平的原因。同时对藏族认知特点的分析和研究结果，也为我们进一步理解和认识藏族的逻辑思维体系提供了重要参考。

（三）藏族的逻辑思维体系

藏族从远古时代起由于受其特有的认知结构和认知风格的影响，在逻辑思维体系上采用了辩证的思维方式，并一直延续至今。从日常生活中的巧妙修饰、神话传说到苯教教义都体现了这种思维方式。后来佛教传入，这种思维方式与佛教中的逻辑理论、因明学相结合，更上升到了一个独特的境界。在远古苯教创世传说[2]中我们可以看到藏族思维中辩证统一的特点。苯教创世传说讲很早以前，世界有五种本源的物质，赤杰曲巴把它们收集起来放入体内，然后念声"哈"，由此便产生了风，当风以光轮的形式飞快地旋转时就产生了火。风吹得愈厉害，火燃得愈旺盛，热火和冷风就产生了露珠。在露珠上又出现了微粒，这些微粒被风搅起，在天上飞来飞去，落到地上堆积成山。从五种本源物质中又产生出一个光卵和一个黑卵，光卵呈立方形，黑卵呈锥形。赤杰曲巴用一个光轮来敲击光卵，光卵便产生了火花，火花向上散开形成了托塞神，火花向下飞去形成了达塞神，在卵的中心产生了什巴桑波奔赤，他是现实世界的国王。同时赤杰曲巴的对手，格巴梅本那波使黑色的卵在黑暗的王国里爆炸，黑光升腾，产生了愚昧和迷惑，黑光向下则生出迟钝和疯狂。从黑卵中心跳出一个黑光的人，叫门巴塞敦那波，是虚幻世界之王，这两个国王分别是神和恶魔的法师，继此之后又生出了世间万物。[3] 从这个苯教创世传说中我们可以看出，古代藏族民众对事物的认识存在着辩证统一的二元论，无论是光明还是黑暗，智慧还是愚昧，善还是恶，神还是魔，创造还是毁灭等，都是以成对矛盾的运动形式出现的，并同时存在于某一矛盾的范畴之中，又由这

---

① 郑雪关于社会比较给主观幸福感带来的影响的相关研究。参见严标宾、郑雪《主观幸福感研究综述》，《自然辩证法通讯》2004 年第 2 期。

② 王尧、陈庆英：《西藏历史文化辞典》，西藏人民出版社，1998，第 25 页。

③ 大司徒·绛曲坚赞：《朗氏世系史》，第 6~8 页。

些矛盾运动而派生出新的物质和新的理解。这充分说明藏族是一个具有严密逻辑抽象思维能力的智慧民族，也正因此，藏传佛教体系中包含着精深的因明学逻辑体系，其历代高僧的因明学著作把抽象思维和形象思维有机地结合在一起，显示出高度的智慧性和浓厚的高原特色，它们补充、丰富、完善和深化了藏传佛教的文化价值体系。

此外，藏族的思维重平静和安稳。自古以来，藏族就渴望没有自然灾害，农牧丰收，渴望稳定、和平、安宁、祥瑞，渴望慈悲为怀、普度众生。一句"扎西德勒"总是在雪域大地上相互祝福，它是藏族求稳、求静思维特征的最好表现形式。① 从古到今藏族在生活的各个方面都表现出客观、稳定的特性，婚礼上有三支神箭，转神山的圈数，磕头的次数都要能被三整除，佛、法、僧"三宝"，佛教中的"三因""三缘"……无不包含"三"这个数。因为"三"这个数稳定吉祥，它使得人们认识事物不是采取非此即彼的形而上学方式，而是从整体性、和谐性和客观性上把握事物的基本特征。② 这种认识论不仅表现在藏族人民认识事物的方法上，而且也表现在他们的民族心理特征与惯常的思维方式上。藏族通常不会以人为中心来评判事物，而是具有整体的辩证逻辑思路。比如一场漫天大雪覆盖了草原数日不化，致使大批食草家畜冻饿而死，一般人会认为这是一场灾难，但牧民自己并不是这样认为的，他们会从不同的方面去认识：虽然大批食草家畜冻饿而死，但对草原植被是好事，降雪使来年春天牧草茂盛；大雪使老弱病残的动物死亡，留下健壮动物更能适应环境；大雪对调整家畜数量和放牧方式具有积极意义。③ 正如《老子》第五十八章所说："祸兮，福之所倚；福兮，祸之所伏。"讲的就是矛盾的对立统一。"祸"使人悲伤，"福"使人快乐，因此"祸""福"之间是一个对立矛盾。然而"祸"又有可能使人吸取教训而产生"福"，"福"也有可能使人乐极生悲而产生"祸"，因此"祸"与"福"之间又是辩证的对立统一矛盾体，处于一个不断运动变化的过程。藏族正是用唯物主义的辩证逻辑看待事物，用一种顺从自然的方式思考问题，这就能更全面客观地认识事物的

---

① 巴登尼玛：《文明的困惑——藏族教育之路》，四川民族出版社，2000，第 110 页。
② 〔意〕图齐：《西藏和蒙古的宗教》，天津古籍出版社，1989，第 221 页。
③ 南文渊：《藏族生态伦理》，民族出版社，2007，第 221 页。

运行规律而平静地面对一切。这种重平静、安稳的思想再加上宗教意义就塑造出藏族独特的生活态度和情绪特征：日出而作，日落而归，不竞争、不反抗，不大喜也不大怒，像平静的神湖和永不褪色的雪山。应该说，这是藏族长期以来与大自然相互作用后产生的，安静求稳的思维模式的集中体现。

综上所述，独特的自然生态环境和生存条件决定了他们对大自然和人类本身有着独特的理解和认识，他们从民族整体性上具有尊崇自然、人是大自然不可分割的一部分、自然威力不可抗拒的朴素的自然观；具有追求至善目标高于追求物质利益的价值观；具有以利他为思维起点和目的，并重平静和安稳的辩证思维方式。这些内容相互作用、相互融合、互为因果、互为条件，共同构建了藏文化的基础。这些独特的思想经过千百年的积淀，最终形成了藏文化深层次的内涵，并塑造出藏族独特的民族性格，从而在本质上决定了藏族是一个热爱和平，追求和谐稳定的民族。由此，笔者所做的藏族文化内涵的分析对前面的量化和质化研究结论具有强大的支撑作用。

第二节　藏文化的深层次内涵及民族性格

一　藏文化的深层次内涵分析

文化的深层次内涵即文化的基本特质是指文化发展过程中最精微的内在动力和思想基础。[①] 它具有两个基本特点：一是具有广泛的影响，为大多数民众所接受领会，并具有熏陶作用；二是具有激励进步、促进发展的积极作用。因而在人类社会长期发展的过程中，成为指导和推动人类文化不断前进的基本思想和基本观念，成为人类文化不断发展的基本精神动力和精神支柱。

众所周知，人类从原始时代起就是从宇宙、大自然的结构和秩序中领悟到人类社会具有鉴别真、善、美与假、恶、丑的能力，它是人类对宇

---

① 张岱年：《中国文化的基本精神》，《齐鲁学刊》2003 年第 5 期。

宙、大自然等外部力量做价值判断的结果，是人类文化基本精神的发源地，其中包涵着许多共同的本质。然而，由于世界各民族生活的自然生态环境不同，从而对宇宙法则、秩序、力量的价值判断形式也不同。因此，各民族所创造形成的文化观念和哲学范畴也存在很大差异，特别是由于各个民族的文化和哲学都沿着各自不同的道路发展，这些文化观念和哲学范畴、概念又不断地演化、衍生、引申出各种含义或不断被赋予新的意义，这就形成和发展出了世界各族人民不同的民族文化的深层次内涵即文化的基本特质。

藏文化是在世界海拔最高地域所形成的文化，它持续发展，已有数千年之久，其生生不息、延绵不绝的核心动力就来自藏族对人与自然关系的认识和由此形成的"出世成佛，求善克己，坚韧不拔"的深层次文化内涵。① 这一文化内涵贯穿于藏文化演进的整个过程，它默默影响和形塑着藏文化发展的格局以及藏族的民族性格。

藏族受佛教的影响，不杀生，不乱砍滥伐，不贪图享受，即使在大雪封山最困难的时刻也把最后一坨糌粑让给畜生。面对严酷的自然灾害，他们表现出超乎想象的坚韧、乐观，无论多么险峻的雪山冰峰，多么边远的峡谷草地，都能听到他们悠扬动听的旋律和坚定沉稳的舞步。这种"善良"和"坚韧"以及对"来生"的期盼，使他们远离现实社会的仇恨、伤害和不愉快，人与人之间、人与自然之间充满了温馨和恬静。因此，他们就能比别的民族体会到更多的正性情绪，更少的负性情绪，更容易对生活感到满意。正如我们在采访藏族牧民二十三时，他谈道："我感觉生活非常幸福，在国家的政策下拥有幸福的生活。生活特别好，非常幸福，宽松，我有娱乐、打麻将的时间，家庭、国家的政策都很不错，打打小麻将，非常自由，政策非常宽松。精神上无忧无虑，很自由，我喜欢过节日，如赛马节。"（问：什么事让你最高兴？答：我每天都非常高兴。问：生活中有压力吗？有不高兴的事吗？答：生活中没压力，没不高兴的事，从来都不空虚。有痛苦，有压力对我们来说很惊讶，很奇怪，听到这种说法很不吉利，有这种事也很不吉利。问：你觉得人一生中最重要的是什么？答：放牧、牧业。问：牧业要怎样才会更好？答：

---

① 丹珠昂奔：《论藏文化精神》，《安多研究》1998 年第 2 期。

天空下雨，有草，牧业才好。）从中我们可以感受到藏族牧民对生活的体验是单纯而简单的，对生活持肯定的态度。特别是他还谈道："有痛苦，有压力对我们来说很惊讶，很奇怪，听到这种说法很不吉利，有这种事也很不吉利。"这句话说明他们根本没有把自身的欲求放在重要的位置，只要满足了基本的生存条件，他们就对生活满意了。这与很多人任由自己的欲望无限膨胀，对生活永远感到不满足，因而永远也没有幸福的主观感受形成了鲜明的对比。

藏族的善不是来源感官直觉意义上的那种简单的感受，而是一种产生于人性深处的愿望和对人世间大爱的情感，这种情感包含藏族对世间万物的理解和对人自身位置的认识和领悟。① 就行为方式而言，藏族的善行是靠克己来实现的，生产力不发达，科技水平相对落后，使得人们在表达善意时只能采取最简单的行为方式，那就是将个体自身的欲求压缩到最低限度，而以最大的努力来为自我以外的所有有形生命服务。特别是后来佛教传入藏地，更以其系统而高深的理论进一步把藏族的"善"加工、规范，形成一股潜在的精神力量渗透藏族的精神世界，并以宗教的方式深深地烙在他们的心中，体现于他们的思想和行为之中。从精神上看，这是善在理论体系上的建立和意境上的升华。从文化品行上看，这种精神力量塑造出藏族独特的外向稳定型人格特征，那就是热情、外向、乐观、好交际，随遇而安、知足常乐的特性。

二 藏族的人格特征分析

前文对藏族被试进行的人格测量结果显示藏族属于外向稳定型人格，其内涵包括热情、外向、乐观、好交际，随遇而安、知足常乐等特性。现在看来，这一民族性格是由其文化的深层次内涵和基本特质决定的。

人类所面临的客观存在对象首先是自然界，自然界为人类的生存与发展提供了现实空间，也为人类创造文化提供了充分的条件。由于不同民族所面对的自然环境千差万别，在漫长的人类文化与自然互动的过程中形成了各民族文化的特质，并最终在民族文化心理中积淀起来，成为

---

① 杜永彬：《关于西藏构建和谐社会的调查与研究》，《中国藏学》2007 年第 2 期。

塑造个体人格特征的核心要素，并促使个体的人格结构朝着相似性的方向发展。这种相似性既具有维系社会稳定、有利于人们生存的功能，又使得每个个体都能稳固地"嵌入"整个文化形态，从而塑造特定的民族性格。

藏族所生活的区域地理环境险恶，对每一个个体而言，其力量显得十分渺小，个体唯有组织起来，团结协作才能生存、繁衍。因而这就要求藏族个体必须具有热情、外向、乐观、好交际等人格特征，这样人与人之间才容易相处，才能在生产和劳动中团结互助抵御恶劣的自然条件，特别是在边远的农牧地区更是如此。有苦同吃、有难同当，一人的事就是大家的事，大家的事就是人人的事，正如受访者十一回答的那样。（问：你跟周围邻居关系怎样？答：关系较好，互相帮助。）在藏区团结互助表现在生活和生产的方方面面，晚辈对长辈，长辈对晚辈，同辈之间，素不相识的人之间，只要有困难就会获得帮助，而且给人帮助绝不会想到要获得回报，但受人帮助必设法感恩图报，而且不必非要报答当事人，只要把别人帮助的好心用于报答人类，多做好事、积善行德就行了。帮助别人的本质是获得心灵的愉悦，是发自内心的自愿，在藏族人中有一个说法："只要有人的地方，你永远不会饿死。"可见在西藏地区人与人之间的和睦相处，团结互助的思想观念已深深地沉淀在每个人心中，成为人们行为的重要特征。在这种人际关系的氛围中，人们的心情是愉快的，情绪是放松的、平稳的，社会也就会是和谐稳定的。正因如此，藏族才能够在极端恶劣的自然环境里生存、繁衍，并创造出独特灿烂的藏文化。

由此看来，藏族的热情、外向、乐观、好交际等人格特征已构成千百年来人与自然相互作用而产生的基本生存方式和社会组织结构的核心内涵，随着文化的演进而深深地扎根在每个人的心中，成为整个藏族共同具有的人格特征。这一人格特征在我们到桑耶寺途中遇见的受访者八和导游身上就表现得非常突出（见前文访谈资料），他们热情、健谈、乐观、幽默，乐于助人，与他们相处令人感到愉快，没有压力。同时在我们到当雄县藏族牧民家进行调查和访谈的过程中，我们也充分体会到了这一点。受访者二十三一家热情好客，对我们的到来充满了喜悦，临近的牧民也赶过来看热闹，在整个受访的过程中他们一家四口始终面带微笑有问必答，并拿出了几乎所有的待客之物，如酥油茶、酸奶、糌粑、牛肉干、薄饼等，并不时殷勤地为我们倒酥油茶、添酸奶、加白糖，我们感受到他们从心底流淌出来的真诚和热情。

在雪域高原，人们的生存条件要比其他地域困难得多，产品是通过极其艰苦的劳作才获得的，所以藏族非常珍惜大自然，珍惜物质产品，懂得节制自己的物质欲望，表现出"求善克己"的文化特质。藏族认为人是大自然的产物，大自然哺育了人类，传说中古时的猕猴就是在大自然的孕育中逐渐演变为人的，因此藏族对大自然有着特别深厚的感情。他们认为每一种生灵都是大自然的一部分，它们同人一样都珍惜自己的生命，也有疼痛、苦难和欢乐，人没有权利为了满足自己无边无际的欲望去伤害它们。因而藏族民众在生活中不吃除了为了生存所饲养的牲畜以外的其他牲畜，比如鱼、鸟等，人与耕牛、马、牧犬都有着深厚的感情。除了为生存而猎杀某些动物以外，猎人也绝不乱捕滥杀，人们普遍认为只要维持了基本的生存需要，就不应无度地向自然索取，知足才能常乐。[①] 在藏区有无数的神山、神湖，这些固然是自然缔造的，也是由人的文化所传递并加工而成的，但不能否认其中包含着藏族对大自然情感的寄托，对自己生存环境的依恋、崇敬和热爱。也因此，藏族民众绝没有"人定胜天"的观念，也没有"战天斗地"的行动，随遇而安，靠天吃饭是藏族的突出特点，因而在人与自然的关系上，人以被动适应为主，很少有与自然抗争的思想和行为，人们随遇而安，知足常乐。总之，青藏高原独特的自然环境和文化特质塑造出了藏族热情、外向、乐观、好交际、随遇而安，知足常乐的民族特征以及藏族个体合群、善良、富于同情心、安静、不具攻击性，对自然和人类充满感情的人格特征。这些特征自然会对藏族生活的各个方面产生极为本质的影响，同时也必然会影响藏族社会组织结构的和谐性和稳定性。

---

① 杜永彬：《关于西藏构建和谐社会的调查与研究》，《中国藏学》2007 年第 2 期。

第七章 藏族人格特征对构建西藏和谐社会的作用机制分析

　　人格是人们在适应环境的过程中形成并表现出来的一种稳定的行为模式或个人特点，是人们在与环境的交互作用中逐渐形成的内心世界的组织与结构。[①]

　　人格被认为是人们心理结构中最本质和最稳定的因素之一，是决定人们情绪体验、对事物的认知判断、目标价值取向和个体心理和谐健康的关键因素。主观幸福感是指以人们的主观判断为标准界定的幸福，即人们依据自己设定的标准对其生活质量所做的整体评价。[②] 面对相同的生活境遇人们怎样设定标准，怎样对生活质量做出价值评判，必然会受到民族文化和个体人格特征的左右和影响。同时，人格也是个体在适应现实环境和展示自我积极存在这一过程中所形成的和谐、自由、健康心理行为的前提和基础，它为个体具有和谐的内部心理机制和行为上的高效能提供了可能性，使个体心理形成有效的平衡调节机制，使个体思想、情感、行为处于协调平衡的状态，充分认识自己，积极地面对环境和社会生活。因此，人格也与个体的自我和谐和心理健康水平具有紧密的联系。大量研究表明，人格是决定和预测主观幸福感、自我和谐与个体心理健康的最好指标之一，那么，藏族的人格特征作为个体最稳定和最本质的心理特征通过藏族个体的主观幸福感水平以及个体的自我和谐、心理健康水平对构建西藏和谐稳定的社会组织系统产生了怎样的影响和作用？本章意在讨论人格对藏

[①]　王登峰、崔红：《解读中国人的人格》，社会科学文献出版社，2005，第1~3页。

[②]　P. T. Costa, J. Robert, R. McCrae, A. B. Zonderman, "Environmental and Dispositional Influences of Well-Being: Longitudinal Follow-up of an American National Sample," in *British Journal of Psychology*.

族和谐心理特质的作用机制，分析人格是通过什么原理对藏族个体的主观幸福感、自我和谐以及心理健康产生作用和影响的，同时在这一基础上进一步论证藏族个体和谐心理特质是构建西藏和谐稳定社会组织系统的内在要求。

第一节　人格对藏族个体和谐心理特质的作用分析

一　人格对主观幸福感的作用

藏族在长期与大自然的交互作用中，在独特的藏文化熏染过程中形成了热情、外向、乐观、好交际、随遇而安、知足常乐的人格特征，他们合群、善良、富于同情心、安静、不具攻击性，对自然和人类充满感情。其中热情、外向、乐观、好交际的特征使他们容易接近快乐，容易与人相处，容易体验到更多的正性情绪，容易在人种进化的过程中形成快乐的遗传基因和生物传递倾向，具有这种遗传倾向的个体更容易对生活做出满意的评价，从而获得高水平的主观幸福感。藏族是一个充满快乐的民族，有人说："藏族人能说话就会唱歌；能走路就会跳舞；能喝水就会喝酒。"可见这是一个充满活力、热情，性格外向的民族，这样的人格特征容易与他人和自然快乐地相处，从而具有稳定愉快的正性情绪体验。而幸福一般是与外向性相联系的，在前面测量的藏族的正性情绪的分值为 8.26，负性情绪为 7.33（汉族为 3.03 和 2.94），也从客观上说明了这一点。同时，藏族随遇而安、知足常乐的人格特征使他们在评判自己的生活质量和制定评价标准时以适应、顺应自然法则为出发点，将个体自身的欲望和需求置于自然和他人的需求之下，而以利于除自身以外的所有有形生命体为价值目标取向，自我则退居一个狭窄的空间，安于现状和命运的轮回，对一切生活境遇都能从宗教论中找到合理的解释，所以他们容易获得对生活较高的认知评价。西藏民主改革后的 50 多年里，在党和国家的大力支持与帮助下，广大藏族民众的生活品质和精神生活也确实有了大幅度的提高。现在除少数牧区，几乎所有的家庭都有了固定的住房，国家投入巨资实施农牧民安居工程已让全区农牧民安居工程累计完成投资 219.27 亿元，覆盖全区35.05 万户农牧民；2013 年已有 6.95 万户农牧民住上安居房，到 2014 年，西藏地区所有农牧民都将住进安全适用房屋。2007 年藏族农牧民人均收入已达到 2788 元，城镇居民人均收入达到 11131 元。2007 年藏区粮食作物种植面积 171770 公顷，比上年增加 110 公顷；全年工业实现增加值 25.71 亿元，比上年增长 17.1%。同时国家已累计投入 7 亿多元用于西藏的文物保护工程，维修开放了 1400 多处宗教活动场所；2008 年还将投入 5.7 亿元对 22 处文物古建筑进行维修，[①] 到 2013 年这些工程都已陆续完工，投入使用。这些惠及民生的政策措施对改善藏族群众的生活条件和宗教活动场所提供了充分的物质保障，使他们更容易对整体生活感到满足，更容易获得对生活较高的认知评价。在我们测量的生活满意度指标中，藏族达到了 5.41（汉族为 4.62），32 位藏族受访者一致认为现在的生活很好，没有什么值得担忧的，他们都对生活持满意的态度。同时我们观察和接触的藏族个体总体上给人的印象也是快乐的，无忧无虑的，对生活充满希望的。这充分说明，藏族的人格特征使他们容易获得较多的正性情绪体验，容易对生活给出比较高的满意度，从而在整体上获得高水平的主观幸福感。由此可以看出，藏族文化影响和塑造了藏族个体的人格特征，而人格又通过控制个体的情绪体验、认知评价、目标价值取向对个体的主观幸福感产生了重要的影响。这也就从更深层面上解释了藏族具有较高水平主观幸福感的原因。可以想象，在一个具备高水平主观幸福感的社会组织系统中，个体更容易建构起和谐稳定的人际关系系统，社会更容易建立起公平、正义的制度系统。

二　人格对个体自我和谐与心理健康的作用

通过前文的量化研究结果显示藏族样本的和谐心理特质处于高水平（自我和谐总维度的平均分为 18.71 分，显著低于常模。自我和谐量表使用手册显示自我和谐总维度分值越高，自我和谐程度越低；反之亦然。见第三章相关内容）；质化研究中的访谈资料也充分显示藏族和谐心理特质处于较高水平的结论是具有合理内涵和心理支撑的。也就是说，我们所调查的藏族被试不仅具有较高的主观幸福感水平，而且自我和谐水平也处于较高层面。那么，这一结论同样受藏族文化背景下的民族人格特征的作用

---

① 《从数字看西藏变化》，新华网，2008 年 4 月。

和影响吗？

自我和谐就是个体具备对自身各种矛盾的主动调节能力，使其达到相互协同统一的一种状态。人在社会化过程中，个体与客观世界的相互作用，反映到主观世界经常表现出各种不一致、不统一的现象，如自我意识中的理想我与现实我的矛盾，个人自我概念与社会自我概念的矛盾，个体与个体之间在各个方面存在差异，社会制度也存在不合理和不公平的可能，当个体能主动地在实践中调整解决这些矛盾，协调这些差异时，就实现了自我和谐，身心就得到和谐地发展，随后在实践中还会出现新的矛盾，个体又能通过运用这种能力而达到新的自我和谐，如此我们可以认为这就是一个自我和谐的个体。而在现实的世界里，并不是所有个体都能拥有这种调节能力。罗杰斯认为个体的自我和谐与个体心理健康之间有着必然的内在联系，同时它也是个体行为符合社会规范的心理保障，是社会和谐稳定的重要基础。如果个体经常体验到自我与经验之间存在差距和不一致，就会出现内心的紧张和焦虑，即一种自我与经验的"不和谐"状态，这往往就构成了心理障碍的基础。① 这就是为什么现实社会中心理不健康人群大量存在的原因之一。

众多心理学家对此问题做了长期研究，他们认为个体所具有的这种调节能力与个体人格特征具有显著的关联，人格维度对自我和谐有一定的预测能力，其中乐观的个体其内心的和谐水平比较高；外向、善良和人际关系等人格维度有利于个体的自我和谐；在对自我灵活性的回归分析和相关分析中，合群、善良、诚信、沉稳、坚韧、机敏和直爽都与自我和谐表现为正相关关系。② 这些相关的研究成果与我们对藏族样本的研究结论基本吻合。

藏族被试的整体人格特征为外向稳定型，表现为热情、外向、乐观、好交际、随遇而安、知足常乐，做事比较冲动，喜欢冒险和追求刺激。藏族个体合群、善良、富于同情心、安静、不具攻击性，对自然和人类充满感情。这些人格特征使藏族个体容易达成身心的和睦、协调，即生理和谐

① C. R. Rogers, "A Process Conception of Psychotherapy," in *American Psychologist* 13 (1958): 142 – 149. A. M. Walker, R. A. Rablem, C. R. Rogers, "Development of a Scale to Measure Process Changes in Psychotherapy," in *Journal of Clinical Psyehology* 16, 1960, pp. 79 – 85.
② 崔红、王登峰：《人格维度与自我和谐的相关研究》，《中国心理卫生杂志》2005 年第 6 期。

与心理和谐的统一。千百年来，藏族个体在与客观自然的交互作用中，在藏文化"坚韧不拔，求善克己，出世成佛"的深层次内涵影响下总是能够用顺应客体的世界观看待人与人、人与社会、人与自然的关系，用唯物主义的辩证思维方式思考问题，用求善克己的态度处理问题，因而藏族社会组织系统中的个体对自己的精神追求、需要层次、思维方式、个性特点和行为方式等，能够保持一种和谐、和顺的状态。从心理学观点来看，对自我的认识与看法跟实际表现越一致，或者其基本需要的满足层次越协调，自我也就越和谐。普瑞斯考特认为人的内心是由各种观念和态度构成的一个有组织的系统，如果内部各种成分之间没有严重冲突，个体就会逐步实现内部和谐或一致性，[①]个体在成长的过程中就会逐渐形成其特有的自我概念，同时个体会把自身的经验融合统一并形成其独特完整的人格。同时罗杰斯又对自我在这一过程中达成协调一致的基本原理进行了研究，认为个体有着维持各种自我知觉间一致性以及协调自我与经验之间关系的机能，个体所采取的行为大多数与自我观念相一致。但当各种自我知觉之间出现冲突或者个体体验自我与经验之间存在差距、出现矛盾对立时，个体就会出现内心紧张和纷扰，即不和谐的状态。此时个体会运用防御机制（如认知改组、选择性知觉等）来对经验进行加工，使之在意识水平上达到与自我相一致。如果防御成功，个体达到和谐状态，就不会出现适应障碍，若防御失败就会出现心理适应障碍，导致行为异常。而研究证明，具有乐观、外向、热情、善良的人格特征和唯物辩证思维特征的个体其防御能力和对经验的再加工能力更强。比如前面举例："一场漫天大雪覆盖了草原数日不化，致使大批食草家畜冻饿而死，一般人会认为这是一场灾难，但藏族牧民自己并不是这样认为的，他们会从不同的方面去认识：虽然大批食草家畜冻饿而死，但对草原植被是好事，降雪使来年春天牧草茂盛；大雪使老弱病残的动物死亡，留下健壮动物更能适应环境；大雪对调整家畜数量和放牧方式具有积极意义。"[②]通过这样的辩证思维，那些可能具有矛盾冲突的认知和观念被改组了，经过改组之后的信息更容易使个体

① L. Prescott, "Self-consistency: A Theory of Personality," in *The American Journal of Psychology* 4, 1946.

② 南文渊：《藏族生态伦理》，民族出版社，2007，第 221 页。

达到和谐状态，个体在心理和行为上更容易与他人、与自然达成和谐一致。而内向神经质个体在现实社会中容易对任何事物都"横挑鼻子竖挑眼"，满腹牢骚，不见阳光，只看阴影，把自己搞得心不平气不顺，心理长期处于紧张焦虑的状态，当然就不容易处理好人与人、人与社会、人与自然的各种关系了，这就容易导致与他人、与自然的不和谐，进而导致整个社会的不和谐。近年来社会上出现了很多这样的案例，比如蓉城公交爆炸案、首都机场爆炸案等，一个重要原因是因为当事个体的人格具有缺陷，不能将现实与自我经验进行合理的加工和改组，造成自我不和谐而出现行为障碍，进而给社会的和谐稳定带来了极大的危害。因此如果每个个体内心都充满矛盾和不满、冲突和对抗，要构建和谐社会是不可想象的；如果每个人内心都很充实、积极、乐观、友善，那么构建和谐社会就有了最基本的要素。由此可见，要实现人与人、人与社会、人与自然的和谐相处，关键取决于社会组织系统中每一个体具有外向稳定的人格特征及其由此而形成的高水平的自我和谐和健康的心理。

通过对藏族深层次文化内涵的分析，笔者基本认清了藏族具有较高水平主观幸福感、自我和谐与心理健康的内在本质原因，那就是藏族所生活的自然生态环境形成了他们尊崇自然、人为大自然不可分割的一部分、自然威力不可抗拒的朴素的自然观；形成了追求至善目标高于追求物质利益的价值观以及以利他为思维起点和目的的辩证思维方式，进而形成了他们"坚韧不拔，求善克己，出世成佛"的深层次文化内涵。这些深层次文化内涵熏染和塑造了整个民族共同的外向稳定的人格特征，那就是热情、外向、乐观、好交际、随遇而安、知足常乐，这些人格特征通过调控和制约个体的情绪体验、认知评价和加工、目标价值等中介因素而形成了藏族较高水平的主观幸福感、自我和谐与个体心理健康，它们共同构成了藏族较高水平的和谐心理特质。而个体的和谐心理特质对构建和谐稳定的社会组织系统具有什么作用呢？

第二节　藏族和谐心理特质对构建西藏社会和谐稳定的作用分析

前文的分析从多个角度证实藏族是一个具有高水平和谐心理特质的民

族，他们在现实世界里容易对生活持满意的态度，情绪体验倾向于正性情绪；具备对自身各种矛盾的主动调节和认知加工能力，是身心和谐统一的健康民族。那么，这些和谐心理特质对构建西藏和谐稳定的社会形态具有什么作用呢？

社会和谐是一个复杂的组织结构系统。我国社会经历了 30 多年的经济改革，催生了大量的利益主体和利益群体，形成了多元化的利益格局，不同利益主体、利益群体之间的差异和矛盾冲突也在不断积累，构成社会的各个部分、各种要素之间存在一定的差别和矛盾冲突。特别在西藏社会，还存在着宗教文化对社会各群体的影响和制约，在这样的背景下构建和谐稳定的社会形态，除了要有效协调各方面利益关系，不断创新和健全社会管理体制和法治体系，还依赖于社会个体具备和谐健康的心理特质。因为只有社会系统中充满身心健康的个体才能不断焕发出创造力，保持社会前进的活力；只有互信互爱互助的良好人际关系，才能最大限度地减少社会生活中的各种内耗和摩擦，才能不断增加社会的价值认同和凝聚力，才能包容和承认合理的社会差异，从心理的层面化解各种社会矛盾冲突，减少社会生活的风险和代价，使人们在彼此信任和相互关爱中，感受做人的价值和尊严，体验生活的美好和人生的幸福；并在尊重和认同人类其他成员价值的同时，尊重和认同自然环境中所有生物的共同价值。唯有如此，才能真正构建一种民主法治、公平正义、诚信友爱、充满活力、安定有序、人与自然和谐相处，全体人民各尽其能、各得其所而又和谐相处的稳定社会形态。[①] 藏族历来就是一个崇尚和平、追求和谐，具有高水平和谐心理特质的民族，因此在西藏构建和谐稳定的社会形态是具有强大心理支持的，这也是西藏社会自身发展的必然选择和内在要求。

藏族是一个具有独特性格的民族，他们深受藏族传统文化熏染，特别是藏传佛教宗教思想深刻影响藏族的社会心理和社会情感。他们淡泊人世，淡化权利意识，淡化社会角色，在民族行为坐标上形成了出世成佛、求善克己的文化特征，造就了藏族不求闻达、甘愿淡泊名利、与世

---

① 《中共中央关于构建社会主义和谐社会若干重大问题的决定》，人民出版社，2006，第 25 页。

无争、不计得失、超脱现实、荣辱不惊、进退从容、安于现状的价值取向和普遍的出世态度。这些特征造就了藏族高水平的和谐心理特质，对藏族社会心理的发展影响深远，并进而影响西藏地区的社会稳定与发展。

首先，藏族个体自我和谐、心理健康，具有较强的心理调适、融合能力和健全的心理机能，同时具有外向稳定的人格结构以及自我与现实经验的和谐统一。因此，藏族个体普遍能用正当手段满足自己基本需要，能适当克制个人的物质欲望，容易体验到幸福的感觉，而且其民族性格中普遍具有积极向善自我发展的天性。正如受访者三说的那样："……我们的满足感也很强，要饭的要到足够的钱（满足他一天的生活）就不会再要了，我们会有多少钱就过多少钱的日子，这与宗教有关系。"正因藏族个体具有这些心理和行为特点，所以在社会组织系统中一些社会矛盾可以得到妥善解决，社会中各种差异和利益冲突可以得到缓解，公平正义的精神和法治观念以及各种法律法规更容易受到尊崇。所以从理论上讲，在西藏社会的组织结构中创建以心理健康为内核的具有一定民主和科学精神的法治文化是可能的，藏族民众不仅能在理性层面上认同并接受司法权威，而且能在情感和心理层面上尊重并信仰司法权威，而这正是构建民主法治和公平正义社会的特点。

其次，藏族个体热情、外向、乐观，他们具有蓬勃的生命活力，积极的内心体验，良好的社会适应能力。众多研究表明，当个体对社会有正确认知，具有积极向上的人生态度时，才能构建起充满活力、充满创造力的社会。因此，在西藏构建充满活力、安定有序的和谐社会是具有人格特征基础的。不过有一点笔者特别关注，人本主义心理学家认为人是追求不断成长与自我实现的，需要是一切动力的源泉，而藏族个体由于深受藏传佛教思想影响，在意识深处潜藏着克己、出世的人格特征，他们重来世轻现实，他们淡化权利意识、淡化社会角色，与世无争、安于现状，这样的价值取向和出世态度对建立合理的社会竞争机制是不利的，在某种程度上可能影响社会向前发展的动力和社会活力。所以在西藏构建和谐社会的过程中特别要充分了解构建和谐社会中各要素的基本需求，加大采取相应激励措施的力度（比如在西藏自治区实施的惠民教育政策规定：实行九年义务教育，学生读书住校全免费，送优秀的藏族孩子到内地学校学专业、学技

术等，这些政策和措施就是激励机制），只有这样才能在西藏社会真正实
现和谐社会充满活力这一基本特征。当然强调充满活力有利于激发创造力
和竞争性，但无序竞争将极大地破坏社会和谐。所以安定有序与充满活力
是辩证的统一体，两者相辅相成缺一不可。社会安定有序为个体发挥创造
力和竞争力提供了重要的外部环境保障，它强调的是社会个体安居乐业，
社会保持安定团结。从与访谈对象的接触中，我们强烈感受到藏族民众渴
望和平、安宁，希望生活在和谐稳定的社会环境里。他们指出，"和谐的
社会有安定、轻松的生活，好的发展机会，不会有骚扰人们正常生活的事
情发生；动乱的年代会给人们带来伤害、灾难、战争、疾病和死亡"；
"当然是安定团结的环境，好的生活环境，大家会平平安安，我们不喜欢
混乱的环境"；"当然愿意生活在稳定环境中啊，这样社会安定，人民也
能安居乐业啊，出现动乱不论是对国家还是对人民都没有好处"。健康心
理学认为，人既是追求新的刺激与不断成长的，也是趋向平衡的。趋向
平衡与追求不断成长，既反映了人格完善的不同水平，也反映了个体心
理主动性的不同程度。因此从心理健康出发，在激发创造力的同时倡导
健康的竞争心理，才能为构建充满活力而又安定有序的西藏和谐社会打
下基础。

再次，藏族个体合群、善良、富于同情心，心理健康。这样的人格
特征能在社会组织系统各社会成员之间营造出平等友爱、融洽相处的社
会氛围。合群、善良、富于同情心是个体利他意识的表现，这样的个体
具有合理的自我意识和律己意识，能够在真诚、真实、守信的基础上建
立起与他人诚信友爱的社会关系系统。社会诚信的理念作为一种引导社
会活动朝有序方向发展的社会意识，一方面，其本质是对于信用、信任、
信誉等属性和价值的抽象概括而形成的社会认同观念，如果全社会建立
起了这样的认同观念，则社会就具备了最基本的和谐内涵。另一方面，
从藏族个体心理健康的外部特征看，他们的行为符合社会规范，人际关
系和谐，社会适应良好；从心理健康的内部特征看藏族个体拥有诚信、
积极、通达、健康的人生态度，能享受人生的乐趣也能直面人生的困难，
懂得尊重差异，乐于吸取新经验，结交新朋友，拥有富于建设性的人际
关系；同时他们富有同情心和利他精神，能在帮助他人、乐于付出的过
程中发展自己并增强自我价值感。因此，藏族个体更有可能真正发自内

心地去践行诚信友爱的社会交往，从而构建起健康和谐的社会环境。人本主义心理学认为，个体之所以会出现心理障碍，出现自我的不和谐，是因为他感觉到内心的需求没有得到实现，或这些需求即使得到了实现，也得不到社会的赞许。研究证明社会系统中个人价值选择得到的尊重程度与个体心理健康程度之间呈现正相关。因此，一个良性运行的社会组织系统应该是在不违反法律、不损害他人和社会利益的前提条件下，使所有个体的个人价值选择都最大限度地得到尊重、接纳。从社会组织系统的运行规律来看，积极发掘心理健康的社会交往和社会适应潜能，倡导诚实守信、平等友爱、与人为善的社会交往准则，鼓励个体发展建设性的人际关系，尊重多样化的生活方式和思维方式，积极吸纳社会生活中有益于自身发展的新思想、新观念、新技能，将有利于调节社会情感和社会认知，促进社会成员人格、意志、品格的完善，有利于形成诚信友爱、积极健康的良好社会氛围。据此，笔者认为，在西藏构建和谐社会的根本要素在于提高社会成员的主观幸福感水平，促进个体的自我和谐达到高水平的心理健康。幸福是个体生活的终极目标，因此和谐社会的终极目标不是利润最大化，而是幸福最大化。

最后，藏族个体安静、不具攻击性，对自然和人类充满感情。藏族先民认为人类只是大自然的一部分，是具有灵性的动物，大自然的威力高于人力，人必须遵循自然的规律行事，人与自然是和谐共生的关系。因而藏族个体能够比较正确地理解人在宇宙空间和万物中的位置与地位，藏族注重的是生存而不是把自然客体当作对立面去征服，在每个藏族个体心中总是怀抱着对大自然的深厚感情，对大自然赐予的每一点财富都倍加珍惜，很少出现为了满足自己的私欲而破坏大自然的情况，他们总是小心翼翼地与客观自然界保持着和谐的关系。纵观人类发展历史，从人类社会产生至今，人与自然的关系经历了三个阶段——崇拜阶段、征服阶段和协调阶段，人类社会的发展观也相应地从亲和型发展观、对抗型发展观发展到今天的共生型发展观，和谐社会发展观是可持续发展观，属于共生型发展观。可持续发展观关怀人与自然的未来价值，把人类和自然的生存价值作为终极关怀目标。因此人与自然和谐相处是可持续发展最核心的问题①，

---

① 李明华：《和谐社会中的人与自然》，《学术研究》2004 年第 11 期。

然而，这个问题的决定因素在于人对待自然的观念和态度。藏族由于生活在最具独特性的自然环境中，他们对自然的认识和感受比很多民族要深刻得多，直接得多。他们对自然的感悟和认识恰好契合了产生于20世纪90年代生态心理学的基本观点。生态心理学的研究试图把生态学和心理学结合起来，考察人与自然的关系，探究保护生态环境的心理根源，探讨人与自然的和谐问题。生态心理学以格式塔心理学派的整体主义观点为指导思想，认为人类只是普遍联系、相互作用的生态系统中的一小部分，生态系统的和谐、平衡和完整保障与提高着人类的生活质量，破坏它就是对人类自己的损害。生态心理学认为，人类保护自然不仅是为了获得持续的、更好的外在生存环境，也是内心本能的需求。人类与自然界之间除了物质联系外，人的心灵与自然界还有一种强烈的情感联结，即生态潜意识（ecological unconscious）。这种情感联结是人类固有的天性，是进化的产物。① 生态心理学探寻人类的环境意识和环境行为背后的心理根源，认为生态潜意识是人的本性之一，是人类保护自然行为的最深层情感根源。西藏特殊的生态环境和以农牧为主的生产方式决定了藏族个体与大自然有着不可割裂的情感联结和强烈的生态潜意识，他们必然能与客观自然界和谐相处。而在现代化的工业社会里，个体与自然的关系不断疏离，特别是生态潜意识又与所谓的工业文明和科技文明背道而驰。② 所以，现代化社会里人们的生态潜意识虽然时时显露，但总体上是被掩盖和抑制的。我国在现阶段确立以人与自然和谐相处为核心的发展观，是希望为生态潜意识的合理显现提供现实的可能。从对藏族个体和谐心理特质的研究和对藏族文化全面认识的过程中，我们感受到自然对人类具有重要的心理价值，人与自然的和谐相处是人类的内在本能，是心理健康的自然要求和重要标志。③ 藏族个体悦纳自我、善待他人、善待与人类共同存在的生物和人类所赖以生存的环境，能体验生活的美好和人生的幸福，是心理健康的个体。正是自我尊重和尊重人类其他成员的价值这一逻辑体系，促进了心理健康的个体能够尊重和认同其他生物乃至环境的价值，实现人与自然的和谐相处共

---

① 刘婷、陈红兵：《生态心理学研究述评》，《东北大学学报》（社会科学版）2002年第4期。

② 金一波、王大伟：《心理健康是和谐社会的精神基石》，《山东师范大学学报》（人文社会科学版）2006年第3期。

③ 刘婷、陈红兵：《生态心理学研究述评》，《东北大学学报》（社会科学版）2002年第4期。

生发展，从而构建起真正的和谐社会。因此心理健康是人与自然和谐关系的必然要求。

从藏族个体和谐心理特质的角度出发，研究其对藏族社会组织系统中"民主法治、公平正义、诚信友爱、充满活力、安定有序、人与自然和谐相处"等问题的作用机制和内在联系，将进一步从实证和理论的层面厘清西藏社会个体和谐心理特质对社会和谐稳定起到的最本质的制约作用。从以上的分析可以看出：构建和谐社会既需要从社会的政治、经济、意识形态等方面入手进行全面的法律、法规和各项规章制度的设计，同时也需要从提高社会成员的和谐心理特质水平入手，做好培育社会成员健康心理特质的有关工作，才能从更本质的角度增强社会和谐稳定的精神内涵。唯具有精神支撑的和谐社会才是真正具有生命力的稳定社会形态。

要提高社会个体和谐心理特质的水平就应从以下四方面考虑。

第一，吸收民族文化中的合理内涵。自我和谐是一个思想、道德、文化、情感等多方面的学习和修养过程，应通过吸取民族文化中的精华，树立正确的人生观、道德观、价值观；提高认知水平，用正确的世界观、方法论看待事物；认清事物间的矛盾，按客观规律办事，有效地处理存在的问题，化解各种矛盾；达到思想和谐、内心和谐与整个社会的和谐。

第二，培养和谐的思维方式。和谐的思维方式是唯物辩证的思维方式，是在对立统一中以建设性态度促进发展的一种思维方式。和谐的思维方式使社会个体能够客观、公正、历史地看待问题，用积极的态度化解矛盾，用平和的心态接受差异，不与自己作对，不与环境作对，用积极乐观的态度面对一切。

第三，节制过分的欲望。研究表明破坏个体自我和谐的"罪魁祸首"是贪欲，特别是对物质的占有欲望。

第四，保持平和的心态和积极进取的精神。自我和谐很大程度取决于和谐的心态。从心理学角度说，和谐的心态就是主观追求与客观现实比较顺和的状态。"心平则气和、气和则神安"，只有心态和谐，才能理性处理所欲与所得的关系，正确对待社会合理的差异。

综上所述，自我和谐、心态和谐，是一种自律，是一种人生境界。让我们对社会的给予深怀感恩之心，对一时的不足抱有宽待之心，对社会和他人的疾痛投以关爱之心，对自我和谐的欠缺多一点反省之心，以自尊自信、理性平和、积极向上的心态，在集体、社会、国家的坐标上定位自己的追求，正确看待自己的得失，努力服务于社会。这样做，人们不仅会享受奉献社会的快乐，也会收获更多幸福，同时才能在自我和谐的基础上，实现"齐家、治国、平天下"的目标，最终实现社会和谐稳定。

第八章　总结与展望

　　本研究在量化研究部分采用测量量表对 534 位藏族进行了主观幸福感、自我和谐、心理健康和人格特征的量化分析，并与 218 位汉族成年人的样本测量结果进行了对比分析；在质化研究部分对选取的 32 位藏族典型个案进行了标准化的开放式访谈，对他们的和谐心理特质、人格、民生状态、生活态度等问题进行了质化研究。量化研究反映出藏族具有比汉族高的生活满意度和情绪平衡性，以及较高水平的自我和谐与心理健康水平。质化研究通过深入了解典型个案幽微隐秘的生活背景，揭示出影响藏族个体和谐心理特质的内部深层次文化因素以及由此形成的藏族个体的人格特征。两种研究方法所得到的结论起到了相互补充和相互佐证的作用，反映出藏族个体具有较高水平的主观幸福感、自我和谐与心理健康的客观性和合理性。同时，研究也进一步论证了正是因为藏族个体具有较高水平的和谐心理特质，并且充分享受到西藏自治区政府提供的各项惠及民生的政策措施，所以其心理特征为在西藏构建和谐稳定的社会形态提供了最本质的心理支持和精神内涵。换句话说，在西藏构建和谐稳定的社会形态是可能的、必然的，是藏族个体本能的心理和行为的必然选择。任何外来势力想绑架、扰乱西藏社会和谐稳定的企图都是没有客观心理支持的，是注定徒劳的。本章将对本书研究过程和结论做全面的归纳和总结。

第一节　研究的综合结论

　　在量化研究中，我们采用主观幸福感、自我和谐、心理健康三个指标组成的衡量藏族个体和谐心理特质水平的量表以及人格测量量表对藏族个体做了较为细致的量化描述，并主要通过藏族、汉族之间的横向和纵向比较，实现了对藏族主观幸福感水平高低和人格特征的界定，也揭示了藏族个体自我和谐与心理健康的客观状态。同时也初步了解了影响个体和谐心理特质的人口学影响因素和民生政策的影响作用。质化研究的结论进一步反映了影响藏族个体和谐心理特质的深层次文化因素的内涵，使我们对藏族个体和谐心理特质的影响因素有了更加全面的认识。第六章、第七章两章主要是在量化和质化研究的基础上论证藏文化的核心内涵以及由此形成的藏族人格特征，进而分析这些人格特征对藏族个体和谐心理特质的作用机制以及藏族和谐心理特质对构建西藏和谐稳定社会形态的影响作用。现将这些研究所得到的结论进行最后的综合评估。

一　关于藏族主观幸福感水平

测量数据显示藏族主观幸福感的生活满意度指标和情绪平衡指标分别为 5.77 和 5.93（见表 4 - 1，表 4 - 2），汉族为 5.21 和 5.08（见表 4 - 5，表 4 - 6），且二者之间的差异显著（P < 0.01）（见表 4 - 9，表 4 - 10）。说明被调查藏族被试的主观幸福感水平显著地高于汉族被试。这一结论在质化研究中也得到了佐证，藏族受访者都认为"自己很幸福，是一个幸福的人"。所以两相印证我们可以得出本研究的第一个结论：被调查的藏族被试具有较高水平的主观幸福感。

二　关于人口学因素对藏族主观幸福感的影响

所谓人口学影响因素是指以被试的基本属性为自变量考察其对因变量主观幸福感的影响作用。在本研究，我们主要调查了被试的性别、年龄、受教育程度和个人年收入四个方面的基本属性。在整理测量资料的时候，我们将藏族、汉族被试的性别属性划分为男性和女性两个水平；将年龄属性划分为青年（18~30 岁）、中年（30~50 岁）、中老年（50 岁以上）三个层次；将受教育程度划分为小学、中学（包括初中、高中、职业中学等）、大学和研究生以上四个层次；将年收入划分为低收入、中等收入和高收入三个层次。因此对人口学影响因素的考察，主要是通过从统计学的角度对各属性的不同层次之间的差异进行比较来实现的（主要采用了独立样本 T 检验和方差分析的方法）。

　　第一，我们比较了藏族被试的生活满意度和情绪平衡在性别上的差异。数据显示被调查的藏族个体对生活的满意度和情绪平衡在性别上没有显著差异（P > 0.05）（见表 4 - 11），说明性别不是藏族主观幸福感的主要影响因素。

　　第二，比较了藏族被试的生活满意度和情绪平衡在年龄上的差异。数据显示现在的生活满意度和情绪平衡在不同年龄人们那里有显著差异（P < 0.05）（见表 4 - 12），经 LSD 平均数多重比较发现，青年和中年人在生活满意度和情绪平衡上都有显著差异（P < 0.05）（见表 4 - 13），中年人的生活满意度显著高于青年人，然而青年人的情绪平衡性显著地高于中年人，可见年龄已成为影响藏族主观幸福感的客观因素之一。在质化研究中我们专门选取了四位保险公司的年轻人进行访谈，访谈结果显示他们都认为自己的生活很幸福，但有两位谈到对目前的状况不满意，主要是觉得工资太少，希望能多挣点钱。这说明青年人有了更多的现代意识，他们努力追求自己的事业和应有的物质生活，所以在生活满意度上对物质水平的要求高些。同时，这些青年人对来自父母和家庭的支持看得很重要，能够与父母快乐地生活在一起是他们的理想，他们非常孝敬父母，在情绪上比较平和。此外，他们对宗教的态度很理性，宗教意识比较淡漠，不太注重宗教的各种仪式，不会为了信仰而放弃在现实生活中的奋力拼搏。中年人的生活境遇与年轻人有差别，他们把主要精力放在孩子的成长和实现宗教理想上（比如受访者八、十、十一这三位中年人）。他们对生活更容易满足，只要下一代有出息就行了，但由于生活中面临的问题更加复杂多样，所以他们体验到负性情绪的机会要多一些。因此，人们对生活的理解和情绪的调控具有年龄上的特点。这些差异说明藏族社会也在向多元化的方向发展，年轻一代吸收了更多的现代意识，在文化上有了更多的选择，中年以上的个体比较传统，受藏文化的影响较深。

　　第三，我们进一步比较了藏族被试的生活满意度和情绪平衡在受教育程度上的差异。数据显示被调查的藏族个体对生活的满意度在受教育程度上没有显著差异（P > 0.05）（见表 4 - 14），即无论具有何种受教育程度的被试都对生活感到满意，而在情绪平衡上有极显著差异（P < 0.01）（见表 4 - 14）。平均数多重比较显示，差异主要集中在中学文化程度与小

学文化程度和大学文化程度这三个人群（P<0.05，P<0.01），且数据显示中学文化程度被试的情绪平衡最高，比小学文化程度的被试高0.48，比大学文化程度的被试高0.78（见表4-15）。这一结果与已有的研究不太吻合，[①] 国外的研究结果一般认为受教育程度与主观幸福感体验之间成正比关系，即受教育程度越高，对生活的满意度越高，情绪越稳定。在我们调查的藏族、汉族中都显示受教育程度越低情绪越稳定。笔者在藏族聚居区调查中发现文化程度为大学以上的被试一般都有到西藏以外的地方受教育的经历，他们大多在这一过程中受到其他文化的熏陶，然后又回到拉萨生活和工作，不同文化之间的冲突、融合可能会影响到情绪的稳定性和平衡性（这一推测还缺乏比较有力的证据支持，还需在藏族聚居区进行更深入的调查才能下结论）。但这一测量结果也从另一个角度说明文化因素应是主观幸福感的影响因素之一，这为在质化研究中沿着观念的方向研究藏文化的深层次内涵提供了思路。

第四，我们比较了藏族被试的生活满意度和情绪平衡在年收入上的差异。数据显示被试在生活满意度和情绪平衡上均不受年收入多少的影响，它们之间没有显著差异（P>0.05）[②]（见表4-16）。也就是说，藏族被试的主观幸福感并没有受到物质生活条件的影响，无论物质生活是丰富还是贫乏，藏族被试都具有较高的主观幸福感水平。[③] 这说明在藏族民众看来一个人幸福与否并不由物质生活的丰俭决定，而是由精神因素决定的。为此，笔者考虑以藏族民生政策制定、实施的情况来反映个体所处的社会环境，并且用个体在藏文化背景下所形成的和谐心理特质与人格特征作为衡量藏族个体精神生活状况的综合指标，以探讨这些精神生活状态的指标对藏族个体的主观幸福感产生的作用以及对藏族社会的和谐稳定产生的作用机制。

从以上对534位藏族被试主观幸福感的人口学因素分析来看，可以得

---

① Campbella, "Subjective Measures of Well-being," in *American Psychologist* 31, 1976, pp. 117 – 124.

② 这与何瑛的结论一致。参见何瑛《主观幸福感概论》，《重庆师范学院学报》2000年第3期。

③ 在本研究中对汉族的测量结果与之刚好相反，所调查的汉族在生活满意度上受年收入的显著影响（P<0.01）。也就是说汉族的主观幸福感水平很受物质生活条件的影响，收入越高，对生活的满意度就越高。

出以下结论。

在被调查的藏族被试主观幸福感的人口学因素中，性别和年收入不是影响主观幸福感的因素；而年龄和受教育程度在不同程度上影响个体的主观幸福感水平；中年人生活满意度高于青年人，而青年人特别是中学文化程度被试的情绪稳定性高于中年人和其他受教育程度的被试。

三　关于西藏民生政策对藏族个体主观幸福感的影响

研究表明，近年来西藏自治区政府制定、实施各项民生政策，为广大藏族民众的生存、发展和社会保障提供了制度的支撑，解决了民众生活中的许多后顾之忧，在建构社会保障机制方面做了大量的工作，因而广大藏族民众能够在大的社会环境中感受到来自政府和社会的支持，所以他们对生活持满意的态度，对未来充满期待。

四　关于藏族个体自我和谐、心理健康评定结果

在藏族被试自我和谐因素中，自我与经验的不和谐均值为 23.93，标准差为 3.04，比常模（均值为 46.13，标准差为 10.01）低，可确定藏族被试在该因素上表现出较高的和谐度；自我灵活性均值为 16.26，与常模（均值为 45.44，标准差为 7.44）相比较，可发现藏族被试自我灵活性优于常模；自我刻板性均值为 11.06，与常模（均值为 18.12，标准差为 5.09）比较，可发现藏族被试自我刻板性相对较低；自我和谐总维度的平均分为 18.71 分，显著低于常模（74 分为低分组，75～102 分为中间组，103 分以上为高分组）（见表 4-17）。由此可初步断定：藏族被试自我和谐水平总体处于非常和谐的状态。

藏族被试在心理健康因素中，正向情绪均值为 38.16，标准差为 8.96，心理症状与负向情绪均值为 24.19，标准差为 21.95，认知功能均值为 20.54，标准差为 5.83，心理健康总分平均值为 83.07，标准差为 23.07，与常模相比藏族被试的心理健康均数超过常模平均水平（75 分）；生理健康总平均值为 115.43，标准差为 28.93，高于常模平均水平（85 分）；社会健康总平均值为 84.18，标准差为 20.04，也高于常模平均水平（60 分）。综合评价藏族被试处于较高水平的健康状态，首先生理健康水平最高，其次为社会健康和心理健康。

以上各组数据综合评估显示，藏族个体的自我和谐与心理健康状态较好，一方面，这从个体心理特质的角度印证了藏族被试具有高水平主观幸福感的心理基础；另一方面，藏族被试的主观幸福感、自我和谐与心理健康这三个指标的测量结果，共同说明在西藏社会组织系统中构建和谐社会是可能的，甚至是必然的。

五　关于藏族个体的人格特征及与主观幸福感的关系

在 534 位藏族被试人格特征的各项指标中，特质性为 39.08，内外向为 53.93，稳定性为 49.35。据此可以初步确定藏族被试的人格特征总体为外向稳定型，低特征性个体（见表 4 - 19）；同时藏族被试人格特质的各项指标与主观幸福感的各项指标之间具有较高的相关关系，其中现在的生活满意度与内外向和稳定性之间达到比较高的显著相关，情绪平衡与稳定性之间也达到了显著的正性相关（见表 4 - 20）。从这两方面的结论可以看出：第一，藏族的人格特质具有稳定性，它决定了以上测量得到的藏族被试的各项心理指标也同样具有一定的稳定性，说明我们对藏族被试测量的和谐心理特质是藏族被试比较稳定的心理状态，是他们一以贯之的心理和行为基础；第二，藏族被试的性格特质是外向型的，他们在对人对事时经常表现出热情、乐观、好交际、随遇而安、知足常乐，做事比较冲动，喜欢冒险和追求刺激的秉性，这种特点决定了他们善于与人交往，建立起和谐的人际关系；第三，藏族被试特质性（P）的测量分值低于 50 分，说明他们属于典型的低特质人群，这种类型的个体合群、善良、富于同情心、安静、不具攻击性，对自然和人类充满感情，他们特别容易与他人、与自然建立和睦稳定的关系；第四，藏族被试的人格特质与他们的主观幸福感具有较高的相关关系。这几点都充分说明藏族被试的和谐心理特质不仅受到个体基本属性和西藏地区民生政策的社会大环境影响，而且也是由藏族个体自身具有的人格特质决定的。

六　关于藏族人格特征的形塑过程

所谓人格是指人们在适应环境的过程中形成并表现出来的一种稳定的行为模式或个人特点，是人们在与环境的交互作用中逐渐形成的内心世界的组织与结构。① 也就是说，人格是一种结构化的内在系统，它能对人们的反应特点和体验特点进行调控。众多研究表明，人格的形成受到遗传和环境的交互影响，特别是文化环境形塑着人们的人格特征。所以本研究通过个案访谈的形式了解藏族典型个体的生活背景、生活状态和生活态度这些细微的信息，并深入挖掘藏族的基本价值观和思维方式，探寻藏民族深层次的文化内涵，以及这些文化内涵是怎样形塑民族的人格特征，在此基础上剖析人们的人格特征对藏族个体和谐心理特质的作用机制。通过这一系列的研究工作，本研究基本弄清了藏族个体人格特征的形塑过程，那就是藏族所生活的自然生态环境使其形成了尊崇自然、认为人是大自然不可分割的一部分、自然威力不可抗拒的朴素的自然观；形成了追求至善目标高于追求物质利益的价值观以及以利他为思维起点和目的的辩证思维方式；从而进一步形成了他们"出世成佛，求善克己，坚韧不拔"的深层次文化内涵。这些深层次文化内涵熏染和塑造了整个民族共同的外向稳定的人格特征，那就是热情、外向、乐观、好交际、随遇而安、知足常乐，这些人格特征通过调控和制约个体的情绪体验、认知评价、目标价值等中介因素而形成了藏族高水平的主观幸福感、自我和谐与心理健康状态。

七　关于藏族个体人格特征对和谐心理特质的作用机制

藏族个体的人格特征使他们容易接近快乐，容易与人相处，容易体验到更多的正性情绪，容易在人类进化的过程中形成快乐的遗传基因和生物传递倾向，具有这种遗传倾向的个体更容易对生活做出满意的评价，从而获得高水平的主观幸福感。同时，这些人格特征还使藏族个体在出现自我知觉之间的冲突或个体体验到自我与经验之间的差距和矛盾对立时，能够运用防御机制（如认知改组、选择性知觉等）对经验进行加工，使之在意识水平上达到与自我相一致。藏族个体具有乐观、外向、热情、善良的人格特征和唯物、辩证的思维，因而其防御能力和对经验的再加工能力很强，他们善于运用辩证思维对具有矛盾冲突的认知观念进行改组，经过改组之后的信息更容易使个体自我达到和谐状态，个体在心理和行为上容易

---

① 王登峰、崔红：《解读中国人的人格》，社会科学文献出版社，2005，第 1～3 页。

与他人、与自然达成和谐一致。据此，我们可以断定是藏族个体的人格特征造就了藏族具有较高水平的和谐心理特质。

八　关于藏族个体和谐心理特质对西藏社会和谐稳定的作用机制

藏族个体具有较高水平的和谐心理特质，因此他们普遍能用正当手段满足自己基本需要，能适当克制个人的物质欲望，对社会有正确认知，具有积极向上的人生态度；同时在个体心理层面具有合理的自我意识和律己意识，能够比较正确地理解人在宇宙空间和万物中的位置与地位，对大自然怀有深厚的感情，对大自然赐予的每一点财富都倍加珍惜，他们总是小心翼翼地与客观自然界保持着和谐的关系。这些心理特点为在西藏构建"民主法治、公平正义、诚信友爱、充满活力、安定有序、人与自然和谐相处"的和谐稳定的社会形态提供了强大的心理支撑和精神内涵。据此，笔者可以肯定在西藏地区构建和谐稳定的社会形态是西藏社会自身发展的必然选择和自然规律。

综上所述，本研究得出如下结论。

第一，藏族被试具有较高水平的主观幸福感。

第二，在藏族主观幸福感的人口学因素中，性别和年收入不是影响主观幸福感的因素；而年龄和受教育程度在不同程度上影响个体的主观幸福感水平；中年人生活满意度高于青年人，而青年人特别是中学文化程度被试的情绪稳定性高于中年人和其他受教育程度的被试。

第三，广大藏族民众能够在大的社会环境中享受到不同程度的惠民政策，感受来自政府和社会的支持，所以他们对生活持满意的态度，对未来充满期待。

第四，藏族个体具有较高水平的自我和谐与心理健康状态。

第五，藏族被试的人格特征总体为外向稳定型，低特征性个体；藏族被试的人格特质与他们的主观幸福感具有较高的相关。

第六，藏文化的深层次内涵塑造了藏族个体的人格特征。

第七，藏族个体的人格特征造就了藏族具有较高水平的和谐心理特质。

第八，藏族个体具有较高水平的和谐心理特质，为在西藏构建"民主法治、公平正义、诚信友爱、充满活力、安定有序、人与自然和谐相处"

的和谐稳定的社会形态提供了强大的心理支撑和精神内涵。

通过对以上研究结果的综合分析，本研究基本厘清了以藏族个体和谐心理特质为研究切入点的"民族文化心理视野下藏族民生及社会稳定研究"课题的相关问题，这些问题如下。

（1）在同一个国度中为什么藏族的主观幸福感高于汉族？是什么原因导致的？

（2）是不是外向稳定型人格特征更有可能促成个体具有高水平的和谐心理特质？

（3）个体人格特征的形成与藏族的自然生态环境形成的文化内涵有什么内在联系？藏族独特的文化形态塑造了哪些基本精神特质和民族人格特征？

（4）这些基本精神特质和人格特征又是通过什么机制完成对个体和谐心理特质的影响作用的？

（5）个体和谐心理特质对构建和谐稳定的社会形态具有什么作用和意义？

在本研究中我们通过客观的量化测量、对比分析，通过深入访谈和运用逻辑推演的思维方法，力图多方位、多层次探寻这些问题的性质和答案，并借此达到本课题研究的目标。

第二节　研究启示——提高社会个体和谐心理特质水平的有效途径

追求幸福和内心和谐是人类的天赋权利，幸福是人生的终极目标。随着人类社会的不断进步和完善，希望生活在太平盛世、和谐社会，过上一种自己认为幸福、和谐的生活已成为现代人追求的理想和目标。然而，现实中并不是每个人都能触碰幸福的彼岸，更多的人只能在幸福的天堂外徘徊、惆怅。因而怎样才能获得比较高水平的主观幸福感、自我和谐与健康的心理，怎样才能寻找到提高主观幸福感的有效途径，就成为人们心中永远的"挪亚方舟"。

本研究的结果显示，藏族具有比汉族更高的主观幸福感水平，且藏族具有较高水平主观幸福感的主要影响因素，即个体基本属性、藏族所依存的自然生态环境以及由此形成的藏文化内涵等，这些影响因素是否会给我们探寻提高主观幸福感的有效途径一些启迪呢？

在这些影响因素中，自然生态环境和个体基本属性对个体而言因受种族、性别、认同、习惯等因素的制约，是不易改变的一种客观存在，具有相对稳定性。唯有文化因素具有变异性和不断交融、不断衍生的特性，而且它也是影响主观幸福感最为本质的影响因素，因此探寻提高主观幸福感的有效途径，可从探讨文化的角度出发来进行。而这种讨论笔者仍以藏、汉文化的对比来展开。

我们将藏文化和汉文化放在一个比较的平台来审视，但在这里笔者无意对这两种文化的孰是孰非进行评价，只是把它们视作两种不同类型的文化而已。问题是，哪种文化环境更容易使个体具有幸福的主观感受呢？

藏族生活在世界上自然条件较为恶劣的雪域高原，贫困、痛苦、灾难不时伴随着他们，因而他们对自然界、对人生有独特的理解和认识。自7世纪，佛教从印度传入西藏，其基本哲学观契合藏族在恶劣的自然环境下寻找精神寄托、解释自然现象的需求，佛教获得了在藏地的精神统治地位，其核心要义深刻地影响了藏族的宇宙观、价值观、人生观和幸福观，并与藏族在长期的与自然融合的过程中所获得的本土文化一起构成了藏族"出世成佛，求善克己，坚韧不拔"的深层次文化内涵。在笔者看来，这一深层次文化内涵，为藏族提供了安身立命之本，使不同信仰层面上的个体有了自己的精神家园、最后归宿和终极去向，它丰富了人生趣味，提升了人格境界，消除了精神烦恼，缓解了内心紧张，超越了生死执着，复活了理想追求，使人们的心境处于一种宁静、宽舒、坦然、达观、淡泊、乐趣、充实的状态。① 所以他们更容易在纷繁复杂、千变万化、嘈杂不安的现代社会中获得安宁、平静、自在的精神境界，更容易获得"自认为的幸福感受"即主观幸福感。

汉族主要分布在自然生态环境特别适合农作物耕种的冲积平原，在两千多年的发展过程中形成了维护和巩固农业社会体制的独特文化形态。汉

---

① 华锐、东智还认为："从心理疗法看，祈祷是释放潜意识的不良积淀，消除精神负担的妙法，有治疗身心疾病的功效。"参见华锐·东智《试述藏传佛教祈愿礼俗与健康》，《安多研究藏学论文》（第二辑），民族出版社，2006，第348页。

民族在长期的生产劳动中，根据自己的直觉观察发现无论是日月星辰还是四时寒暑，也都呈现为一种循环往复的规律。《易·系辞传》说："日往则月来，月往则日来，日月相推而明生焉。寒往则暑来，暑往则寒来，寒暑相推而岁成焉。往者屈也，来者伸也，屈伸相感而利生焉。"[1] 所以汉族深信自然界的循环往复是一个客观事实，非人力所能左右，所以人间善恶、人生命运、历史兴衰都有其自身的规律，"否极泰来，物极必反"成为汉族对待自然规律的基本哲学态度，并由此而形成了以稳定、秩序和现实为基础的汉文化形态。这一文化观念辐射开来，使汉族的哲学家认为他们所身处的大自然有无限的前程，虽然其运势时有兴衰，但它生生不息，永无止境，是一个值得生存和留恋的空间，因此现实的人生价值和人类理想终会实现，没有必要再去追求外在于人类社会的天国、彼岸和来生。现实人生的道德追求就是最高的人生价值，就是人生幸福的源泉。因此有学者认为汉族是一个缺乏宗教信仰的民族，一个世俗化的民族。[2]

在汉文化传统思想中，儒、道构成了自汉代以来最为重要的人生哲学和伦理学体系，这一体系包含着汉族对人生、对幸福的深刻理解。儒家将对幸福的理解蕴涵在其人生哲学与伦理学中，儒家创始人孔子提出了以"仁"为核心的人生哲学思想，"仁"指人与人之间的相爱关系，他把"仁"作为人之所以为人之理，作为人生及其幸福的最高准则，并提出"忠""恕"两重人生标准，从学、思、行三方面加强人生修养。孔子认为通过修养可以使人不走极端，行"中庸之道"，如此才能处理好人际关系，符合"仁"的道德标准。同时，儒家理论还推崇积极进取的人生，向外要"齐家、治国、平天下"；向内要修身养性，具有良好的道德品质，这样的人生才是幸福的人生。从秦汉到隋唐，随着封建社会的确立和发展，儒家学说对于巩固农业社会的稳定，维护封建社会的秩序，规范个体的行为都起到了积极的作用。道家的代表人物老子和庄子，在其理想的幸福人生哲学中把"无为"确立为首要的原则。老子说："圣人处无为之事，行无言之教。""是以圣人之治，虚其心，实其腹；弱其志，强其骨。常使民无知

① 韦政通：《儒家与现代中国》，上海人民出版社，1990，第27页。
② 梁漱溟：《中国文化要义》，上海世纪出版集团，2007，第12页。

无欲，使夫智者不敢为也。为无为，则无不至。"① 就是说，圣人以"无为"为事，无为并不等于什么事都不做，无为是指一切顺其自然，不强求，无为则无败；去掉智慧与欲望，过自然的生活，天下将大治，人们将过上幸福生活。这就是老子"无知无欲"的"小国寡民"理想，一种，"鸡犬之声相闻，民至老死不相往来"的原始初民的幸福生活。庄子继承老子的柔弱无为与无知无欲的处世哲学和做人标准，并加以发展，提出了幸福人生的标准是无情、无己、无所待、无用、不以人助天。从中可以看出，道家的人生哲学是排除人的主观努力，崇尚顺其自然的生活，唯有走上消极无为、出尘遁世之路个体才能通向人生幸福的最高境界，这与藏传佛教的哲学思想有很多共同之处，然其与儒家提倡的积极有为、治国平天下的理想人生境界和儒家将道德修养等同于幸福生活，行为有德就是得到了幸福，行为失德就无幸福可言的理念截然相反。道家与儒家的理想人格一阴一阳，构成了汉文化内在体系的矛盾性，对于生活于其间的个体来说，幸福是一个只有经过艰苦努力才能实现的理想目标。既要无为，又要修炼到圣人那样的德行才算是幸福的人生，对于普通人来讲要达到这样的目标却是很难的。因而千百年来深受儒道文化影响的汉族，特别是士大夫文人阶层在这样的人生哲理中艰苦追求，苦苦修炼，而个体的情感和主观感受长期处于某种被压抑和焦虑的状态，而不敢轻易认为自己已获得了幸福。② 在这样的文化环境中，汉族对幸福的理解和体会被赋予了过于沉重的内容，而降低了主观幸福感。

从人们对人生理想和幸福追求的角度看，相较而言，生活在藏文化环境中的人们更容易具有比较高的主观幸福感。这给我们探寻提高主观幸福感的有效途径第一个启示：对个体而言，首先必须为自己的精神和心灵找到一个安顿的家园。特别在今天这样一个工商科技高度发达，人文精神日见萎缩，人们感到孤独无依、紧张忙乱的世俗化氛围中，心灵安顿和精神家园已是人们获得幸福感受的重要源泉。藏文化的深层次内涵在某种程度上契合了现代人的精神需求，对于维护现代社会的秩序，保持人际关系的和谐，推动人心向善，保持生态平衡，人与自然的和谐，构建和谐社会等

---

① 《老子·上篇》，中华书局，1984，第 78 页。
② 参见萧功秦《儒家文化的困境》，广西师范大学出版社，2006，第 98 页。

都具有不容忽视的作用，因而被认为是世界上最具独特性的文化形态（当然它也只是具有精神归宿作用的众多文化形态中的一种）。本研究从藏族具有较高主观幸福感水平这一客观事实中得到的启发，就是无论身处哪种文化形态或者喜欢、信仰哪种宗教形态，只要这种文化、宗教形态能帮助你建立起一个合乎自然规律的、具有崇高理想价值的精神世界，你就有了到达幸福彼岸的可能性，当然这只是一种可能性，能不能真正获得高水平的主观幸福感还取决于人的人格特征。

从藏、汉文化对人们人格的影响和塑造的角度看，生活在藏文化环境中的人们，具有外向稳定的人格特征，更有可能获得高水平的主观幸福感。研究发现汉文化环境对人们的情绪反应具有限制和压抑的作用。[①] 在传统的汉文化中，当一个人做出情绪反应时，人们往往会从情绪的社会和伦理意义上进行解释，而很少从单独的情绪反应倾向进行解释。比如一个人取得了某件事的成功而高兴得手舞足蹈，人们就会说他张扬、骄傲、忘乎所以、小人得志、不谦虚谨慎。所以，在汉文化的熏染下，人们普遍比较压抑，注重内心的道德修养，因而具有内向稳定的人格特征。这种人格特征不利于建立良好的人际关系和社会支持系统并降低了对幸福的主观感受。因此，这给了我们探寻提高主观幸福感有效途径第二个启示：培养和塑造外向稳定的、健全的人格特征是建立良好人际关系，获得社会支持，更多地获得正性情绪体验，构建和谐社会的必备条件。当然，今天传统的汉文化在世界大同的格局下，在汉族与世界各国和各族人民的交往中发挥出巨大作用，同时也不断吸取和融入各种文化的精华而更加多元和成熟，汉族的人格特征也在不断地完善和健全。

最后从藏、汉文化对个体价值观的影响角度看，藏文化以宗教理想为价值取向，汉文化以世俗利益为价值取向。宗教理想抽象深远，虚无缥缈，会给个体带来精神慰藉。世俗利益现实可见，并可量化比较，有比较就有鉴别，就会分出优劣高低、大小多少，这些比较结果容易使人产生情绪波动和认知偏差而影响主观幸福感。研究证明面对社会比较信息，乐观者既能从有利的社会比较中受益，又能避免不利的社会比较危害，而悲观者无论在向上比较和向下比较中都会受到伤害，降低主观幸福感；快乐者

---

① 王登峰、崔红：《解读中国人的人格》，社会科学文献出版社，2005，第336页。

会以一种维持甚至提升主观幸福感和自我观念的方式做出反应，不快乐者会以一种坚持甚至增进其不快乐的方式做出反应。[①] 从对汉民族典型个案的认识了解和量化分析中，我们可以看到，他们对生活的满意度主要受物质因素的影响，物质生活条件好生活的满意度就高，物质生活条件差生活满意度就低，而物质生活条件是一个需要社会比较的相对概念，比较不当就极易影响个体的自我认知评价和情绪体验进而影响个体的主观幸福感水平。因此这给了我们探寻提高主观幸福感有效途径的第三个启示：要想获得真正的幸福，就要超越名利得失、荣辱毁誉，节制自身欲求，以追求崇高的精神理想为价值取向，这是获得高水平主观幸福感的必由之路。

当然从更广泛的角度看，宗教文化也有其弊端，它容易消解人们的进取和创造精神，不利于社会的进步和科学技术的发展。所以从文化的角度来探寻提高主观幸福感的有效途径，可以从更深刻和更广泛的角度审视藏、汉文化的特点，自觉吸取各种文化的精华，以便从本质上提高整个社会的主观幸福感水平，从而在全民幸福的基础上构建和谐稳定的社会形态。

第三节　研究的局限性和对未来的展望

一　研究的局限性

本研究经过运用量化、质化与比较研究相结合的方法，通过三个点的实地调查，分析了藏族民生特点，探讨了藏族和谐心理特质的现状和各种影响因素，特别是探讨了藏文化的深层次内涵对和谐心理特质的本质影响，同时也分析和阐释了藏族个体的和谐心理特质对构建西藏和谐稳定社会的作用和意义。应该说，本研究实现了研究的基本目标，完成了预设的研究任务。其研究成果对于我们以客观的尺度鉴别藏族社会的发展程度和人民的生活品质，认识藏族社会在民主改革以来所发生的巨大变化，构建社会主义的和谐西藏具有积极的现实意义。同时选择以藏族的和谐心理特

---

① 郑雪、严标宾、邱林、张兴贵：《幸福心理学》，第108页。

质为研究对象，对扩展我国积极心理学的研究范围，补充和丰富我国主观幸福感、自我和谐与心理健康的实证研究成果，对建构我国本土化的积极心理学理论体系，都具有一定的理论意义。

然而任何研究都有它的遗憾和局限性。回顾本研究所走过的路程，深感研究中存在一些遗憾和不足。对这些遗憾和不足的认真总结和梳理会为今后的研究提供宝贵的经验，也会成为下一步研究的动力源泉。

（一）关于研究样本

研究样本的选择是所有实证研究的重要前提，也是反映研究外在效果的重要尺度。因此笔者花费了大量的精力和时间选择藏族和汉族的研究样本，想了很多办法，同时也得到了众多友人的支持。但在实际操作的过程中仍然遇到了很多意想不到的困难。

在藏族样本的选择上，特别是在牧区样本的选择上，笔者遇到了很多困难。牧区地广人稀，要获得比较大的样本容量不是易事。为此笔者通过与当地乡、村一级的组织联系，取得他们的认同和支持，由他们出面组织牧民接受我们的量表测试。但在具体测试的过程中又发现牧民们大多文化程度不高，对量表中出现的问题，特别是关于人格特征的问题不能很好理解，而我们人员有限，且不会藏语，只能通过随行翻译与他们交流和沟通，其间出现了很多沟通不畅的情况。所以，通过这种方法收回的量表大多成为无效量表。后来我们只好改变策略深入牧民点采用个别测量的方法，由会藏语的经过我们培训的人员，把测量中的每一个问题都念给被试听，然后以问答的方式来完成量表的测试。虽然这样测量耗时长且效率低，但却不失为在藏区进行测量的有效方法。经过我们团队的共同努力，最终获得了534份藏族样本。这些样本与我们要完成对藏民族和谐心理特质整体情况的认识和了解来看，其代表性略显不足。这是本研究的最大遗憾，如果今后要再做类似的测量，可能还要动用更多的力量，采取更为有效的方法，并且在事先要做更为充分的准备，才能弥补这一遗憾。

在汉族样本的选择上，也有很多难点。汉族是我国的主体民族，其人口众多，居住地域辽阔，人员构成复杂，怎样取得具有一定代表性的样本，成为研究中的难点。为此笔者经过反复思考，并查阅了大量有关的研究资料，最终确定选取四川省的城市居民和农民作为汉族研究样本。因城市人口的复杂性和多样性，无法照顾到所有群体，所以考虑以在城市中心设点的方法对过往行人进行随机测量，以保证抽样的代表性，农村考虑以乡为单位进行测量。为此，笔者于 2013 年在成都市主城区的金牛区和武侯区设立两个自然点对过往行人进行了随机测量，同月又在距成都市 190 公里的南充市高坪区高坪镇和小龙镇进行了测量。在测量的过程中由于被试的态度各异，对测量的支持程度不同，所以获得的汉族样本比较有限，但由于随机性比较好，所以基本可以作为研究样本，但笔者只能说它具有一定范围的代表性。本书中所提到的"藏族"和"汉族"都主要是针对笔者所调查的样本而言，目前还没有足够的样本来说明藏族和汉族的总体特征。这也是本研究由于力所不及而造成的局限性。

（二）关于研究者自身知识积累的不足

笔者具有较为长期的从事心理学理论研究及其实践的知识背景。出于对藏族文化的好奇和热爱，有缘进入藏族历史的研究领域。但由于进入的时间不长，有关藏学的相关知识储备不够，深入藏区与藏族同胞共同生活和工作的机会不多，因而对藏族的理解和认识不够深刻，特别是对藏文化的感悟还缺乏大量的感性材料做支撑。因此本书对藏文化深层次内涵的剖析和对藏族人民生活的基本特点的描述还没有达到应有的水平，还有待提高，这将成为笔者今后努力的方向。笔者相信，凭借对藏学研究的浓厚兴趣和对藏族认识及相关知识储备的逐步深入，笔者在民族心理研究领域还有进一步深入的可能。

二　对未来的展望

本书对藏族和谐心理特质的研究还只是一个尝试和开端，其领域还有很大的研究空间，还等待更多有志者去探索和耕耘。笔者认为，这方面研究还有以下问题亟待解决。

首先，本研究是以对藏族和谐心理特质的研究作切入点，主要通过考察藏族个体的主观幸福感、自我和谐与心理健康的现状及其影响因素，试图从藏族个体心理和行为的微观层面来研究分析其对于构建西藏和谐稳定社会的作用和意义。这样的研究具有一定的新意，也能直达问题的本质，可以在一个比较微观的视角上对研究对象做深入的剖析，但因为社会毕竟是一个复杂的组织系统，宏观的研究视角还是非常重要的。所以未来如有机缘，笔者定当完成对西藏社会和谐稳定的宏观视角的探索。

其次，本研究只是针对藏族普通成年人的调查研究，对于藏族内部一些特殊群体的专门研究还有待补充，比如青少年、教师、僧侣和一些弱势群体（本研究的样本中虽涉及这些群体，但获得的数量有限，还没有获得良好的外在效度）。只有既关注普通群体又关注特殊群体的和谐心理特质，才能真正认识和把握藏族整体的和谐心理特质，进而在此基础上论证藏族社会和谐稳定的整体水平。

最后，本研究考察藏族和谐心理特质的影响因素是从藏文化的视野出发的，对于一些比较具体的，特别是有关民族心理学的相关影响因素还涉猎不多，还需要大量实证材料来补充，比如自尊、生活事件、心理控制源、归因倾向等与和谐心理特质相关的研究，有关研究成果的补充会为民族心理学的研究注入新的活力。

相信如果有更多的学者加入其中，未来关于藏族甚至其他更多民族的心理研究一定能结出丰硕的果实，建构我国本土化的积极心理学理论体系的夙愿一定能成为现实。

参考文献

一　著作

〔印度〕阿玛蒂亚·森：《生活水准》，上海财经大学出版社，2007。

〔法〕爱弥尔·涂尔干：《宗教生活的基本形式》，上海人民出版社，2006。

巴登尼玛：《文明的困惑》，四川民族出版社，2000 年。

白玛格桑仁波切：《生死的幻觉》，西藏人民出版社，2005。

柏拉图：《理想国》，外文出版社，1998。

班班多吉：《藏传佛教哲学境界》，青海人民出版社，2007。

北京大学哲学系外国哲学史教研室编译《西方哲学原著选读》（上、下卷），商务印书馆，1981。

《藏学论文》第二辑，民族出版社，2006。

《藏学研究丛书》（5、6、7、8 辑），西藏人民出版社，1995。

《藏族简史》，西藏人民出版社，1985。

《藏族社会历史调查》（1~6），西藏人民出版社，1987。

常霞青：《麝香之路上的西藏宗教文化》，浙江文化出版社，1998。

丹珠昂奔：《藏族文化发展史》，甘肃教育出版社，2001。

丹珠昂奔：《藏族文化散论》，中国友谊出版公司，1993。

东杜法王仁波切：《心灵神医》，中国藏学出版社，2006。

多识·洛桑图丹琼排：《爱心中爆发的智慧》，甘肃民族出版社，2005。

格央：《雪域的女儿》，西藏人民出版社，2004。

龚文庠：《说服学——攻心的学问》，人民出版社，1994。

《国外藏学研究译文集》（12、13、14、15 辑），西藏人民出版社。

何光沪：《宗教与当代中国社会》，中国人民大学出版社，2006。

黄家海、王开玉主编《社会学视角下的和谐社会》，社会科学文献出版社，2006。

黄维忠：《藏传佛教大趋势》，青海人民出版社，2007。

姜安：《藏传佛教》，海南出版社，2003。

蒋彬：《四川藏区城镇化与文化变迁》，四川出版集团，2005。

绛曲坚赞：《朗氏世系史》，西藏人民出版社，1986。

〔美〕克莱德·伍兹：《文化变迁》，施惟达、胡华生译，云南教育出版社，1989。

《李安宅、于式玉藏学文论选》，中国藏学出版社，2002。

李湘等：《儒教中国》，中国社会出版社，2005。

梁丽萍：《中国人的宗教心理》，社会科学出版社，2004。

梁漱溟：《中国文化要义》，上海世纪出版集团，2007。

凌纯声等：《20 世纪中国人类学民族学研究方法与方法论》，民族出版社，2004。

刘次林：《幸福教育论》，人民教育出版社，2005。

刘夏蓓：《安多藏区族际关系与区域文化研究》，民族出版社，2003。

刘勇等：《道孚藏族多元文化》，四川民族出版社，2005。

马戎：《民族社会学》，北京大学出版社，2004。

〔美〕梅·戈尔斯坦：《喇嘛王国的覆灭》，杜永彬译，中国藏学出版社，2005。

〔美〕明恩溥：《中国人的气质》，佚名译，中华书局，2007。

南文渊：《藏族生态伦理》，民族出版社，2007。

南文渊：《高原藏族生态文化》，甘肃民族出版社，1993。

任乃强：《西康图经》，西藏古籍出版社，2000。

沙莲香：《社会心理学》，中国人民大学出版社，2004。

沈宗濂、柳陆祺：《西藏与西藏人》，中国藏学出版社，2006。

〔法〕石泰安：《西藏文明》，耿升译，中国藏学出版社，1999。

石硕：《藏族族源与藏东古文明》，四川人民出版社，2001。

石硕：《青藏高原的历史与文明》，中国藏学出版社，2007。

石硕：《西藏文明东向发展史》，四川人民出版社，1994。

苏戍、甘敬：《雪域风情文化漫谈》，西藏人民出版社，2005。

索代：《藏族文化史纲》，甘肃文化出版社，1999。

佟锦华：《藏族传统文化概述》，中国藏学出版社，1990。

万明钢：《多元文化视野价值观与民族认同研究》，民族出版社，2006。

汪凤炎、郑红：《中国文化心理学》，暨南大学出版社，2005。

王登峰、崔红：《解读中国人的人格》，社会科学文献出版社，2005。

王森：《西藏佛教发展史略》，中国社会科学出版社，1997。

王尧、陈庆英：《西藏历史文化词典》，西藏人民出版社，1998。

〔美〕威廉·A. 哈维兰：《文化人类学》，翟铁鹏译，上海社会科学院出版社，2006。

韦政通：《儒家与现代中国》，上海人民出版社，1990。

韦政通：《中国文化概论》，吉林出版集团有限责任公司，2008。

萧功秦：《儒家文化的困境》，广西师范大学出版社，2006。

谢斯俊、张厚粲：《认知方式：一个人格维度的实验研究》，北京师范大学出版社，1988。

邢占军：《测量幸福》，人民出版社，2005。

徐晓萍：《中国民族问题报告》，中国社会科学出版社，2008。

杨国枢：《中国人的心理》，江苏教育出版社，2006。

扎洛：《藏传佛教文化圈》，青海人民出版社，2007。

张世文：《亲近雪和阳光——青藏游牧部落》，西藏人民出版社，2004。

张跃：《中国民族村寨研究》，云南大学出版社，2004。

张云：《青藏文化》，辽宁教育出版社，1997。

赵心愚、秦和平编《康区藏族社会历史调查资料辑要》，四川民族出版社，2004。

赵永红：《神奇的藏族文化》，民族出版社，2003。

郑雪、严标宾等：《幸福心理学》，暨南大学出版社，2004。

周锡银、望潮：《藏族原始宗教》，四川人民出版社，1999。

庄孔韶：《人类学概论》，中国人民大学出版社，2006。

二 论文

毕明、孙承毅：《城市居民主观幸福感的年龄差异研究》，《鲁行经院学报》2003 年第 2 期。

陈少华：《不同认知任务中人格特质对信息加工的影响》，华南师范大学博士学位论文，2002。

丹珠昂奔：《论藏文化精神》，《安多研究》1998 年第 2 期。

杜永彬：《关于西藏构建和谐社会的调查与研究》，《中国藏学》2007 年第 2 期。

方立天：《儒道的人格价值观及其会通》，《长白论丛》1995 年第 2 期。

格勒：《中国西藏文化的人类学研究》，《西藏民俗》1996 年第 1 期。

耿文秀：《上海城市弱势妇女群体主观幸福感及其影响因素的研究》，华东师范大学硕士学位论文，2002。

何彩平：《寄养儿童主观幸福感影响因素研究》，华东师范大学硕士学位论文，2006。

何亚芸、王艳：《高职学生主观幸福感及其影响因素研究》，《昆明冶金高等专科学校学报》2005 年第 6 期。

何瑛：《主观幸福感概论》，《重庆师范学院学报》（哲学社会科学版）1999 年第 4 期。

侯玉波、朱莹：《文化对中国人思维方式的影响》，《心理学报》2002 年第 2 期。

黄立清、邢占军：《国外有关主观幸福感影响因素的研究》，《国外社会科学》2005 年第 3 期。

李浩然、刘海燕：《认知风格结构模型的发展》，《心理学动态》2000 年第 3 期。

李岚：《成都市钟点女工主观幸福感结构研究》，四川大学硕士学位论文，2006。

李艳玲：《城市居民主观幸福感特点及影响因素研究》，山东大学硕士学位论文，2006。

李幼惠、吉楠：《主观幸福感研究的新进展》，《天津师范大学学报》2006年第2期。

李志、谢朝辉：《国内主观幸福感研究文献述评》，《重庆大学学报》2006年第4期。

苗元江、余嘉元：《跨文化视野中的主观幸福感》，《广东社会科学》2003年第1期。

邱林：《主观幸福感的结构及其与大三人格关系的研究》，华南师范大学硕士学位论文，2003。

邱林、郑雪、严标宾：《文化常模和目标调节模型：两种幸福感文化观》，《心理科学进展》2006年第2期。

邱秀芳：《高校教师主观幸福感的实证研究》，《华南农业大学学报》2007年第1期。

任志洪、叶一舵：《国内外关于主观幸福感影响因素研究述评》，《福建师范大学学报》2006年第4期。

石满、丁新华：《军校研究生主观幸福感和人格特征的关系研究》，《中国健康心理学杂志》2005年第3期。

石硕：《藏传佛教与藏民族的形成》，《四川大学学报》1997年第3期。

宋海燕：《我国主观幸福感研究现状与趋势》，《社会心理科学》2006年第2期。

王陈：《高校女教师主观幸福感研究》，广东汕头大学硕士学位论文，2005。

王巍：《青年军官主观幸福感和婚姻质量的关系研究》，河北师范大学硕士学位论文，2005。

王晓娟、夏春：《主观幸福感差异性研究现状及分析》，《社会心理科学》2004年第3期。

吴丹伟：《大学生的社会支持、自我价值对主观幸福感的影响研究》，河北师范大学硕士学位论文，2004。

吴明霞：《30年来西方关于主观幸福感的理论发展》，《心理学动态》2000年第8期。

邢占军：《主观幸福感测量研究综述》，《心理科学》2002年第3期。

邢占军、黄立清：《西方哲学史上的两种主要幸福观与当代主观幸福感研究》，《理论探讨》2004 年第 1 期。

严标宾、郑雪：《主观幸福感研究综述》，《自然辩证法通讯》2004 年第 2 期。

杨波：《人格结构模型的研究进展》，《西南师范大学学报》1998 年第 5 期。

杨俊龙：《主观幸福感的跨文化研究述评》，《甘肃政法成人教育学院学报》2007 年第 2 期。

尹海兰：《大学生主观幸福感及其与人格特征的相关研究》，河南大学硕士学位论文，2004。

张岱年：《中国文化的基本精神》，《齐鲁学刊》2003 年第 5 期。

张兴贵：《青少年学生主观幸福感与人格的关系》，华南师范大学博士学位论文，2003。

张艳：《西安国有企业退休老年人主观幸福感及其影响因素研究》，陕西师范大学硕士学位论文，2003。

赵吕生、刘源：《对民族精神概念的理解》，《广西民族学院学报》（哲学社会科学版）2005 年第 2 期。

郑雪、陈忠永：《认知操作和认知方式与生态文化因素的关系》，《心理学报》1995 年第 2 期。

郑雪、王玲等：《大学生主观幸福感及其与人格特征的关系》，《中国临床心理学杂志》2003 年第 2 期。

郑莺：《文化与主观幸福感文献综述》，《社会心理科学》2005 年第 6 期。

邹琼：《主观幸福感与文化的关系》，《中国心理卫生杂志》2005 年第 2 期。

三　英文文献

Diener, E., "Subjective Well-Being and Personality," in Hersen, M., Van Hetal ed., *Adanced Personality*, The Plenum Series in Social Psychology, New York: Plenum Press, 1998.

Diener, E., et al, "Subjective Well-Being: Three Decades of Progess," in *Psychological Bulletin*, 1999, Vol. 125, No. 2.

Oishi S. , et al, "Cross-Cultural Variations in Predictors of Life Satisfaction: Perspectives from Needs and Values," in *Personality and Psychology Bulletin*, 1999.

Tellegen A. , et al, "Personality Similarity in Twins Reared Apart and Together," in *Journal of Personality and Social Psychology*, 1988.

附　录

附录一：　访谈提纲

- 你觉得自己是个幸福的人吗？为什么？（认知）（从中提炼影响主观幸福感的因素）
- 你能说说你对幸福的理解吗？（你觉得值得高兴的事是什么？是怎样的？）（认知）
- 你对现在的生活感到满足吗？（满意吗？）还要怎样就会更好？（主要指物质方面和精神方面）（认知）
- 你平时过得充实吗？（你平时都干些什么？在做这些时你感到很实在、很平和吗？）
- 你觉得自己高兴（愉快、快乐、幸福）吗？什么时候感到最开心（高兴、愉快、幸福）？（正性情绪）
- 你觉得生活有压力吗？（负性情绪）
- 你觉得生活中最让人不高兴的事是什么？（负性情绪）
- 生活中你感觉空虚寂寞吗？（负性情绪）
- 你觉得你的性格是内向或外向、乐观的吗？（人格）
- 你觉得人一生中最重要的是什么？（目标）
- 你相信有来生吗？有因果轮回吗？（目标）
- 你希望自己过上什么样的生活？（目标）（从中提炼文化因素）
- 你对现在的社会或你自己的未来有信心吗？（主要指社会的安定、公平、正义、安全、经济预期，个人的能力、调控、发展潜力等方面的信心）（目标）

- 你有什么打算（计划）吗？（发展的需要）

- 什么是你生活中最重要的？为什么？（影响主观幸福感的因素）

- 你觉得你与周围环境和谐吗？（包括自然、社会、家庭）

- 你觉得藏传佛教对你个人与社会的和谐有帮助吗？（举例、具体）

- 你觉得近十年来国家和政府实施的惠民政策，哪些对你的影响最大？

- 你希望政府还应在哪些方面制定出更好的政策？（可以举例，最好具体一些）

- 你希望生活在一个稳定的社会环境里吗？它有什么好处？如果社会出现混乱有什么坏处？（具体实例）

附录二：主观幸福感测量量表

（一）阶梯量表

这里有一幅梯子的示意图，假定梯子的顶部代表您可能过上的最好生活，梯子的底部代表您可能过上的最差生活。您目前处于梯子的什么位置上？五年前您处于梯子的什么位置上？您认为五年后自己将处于什么位置上？（用笔在对应的数字打钩）

10		10		10	
9		9		9	
8		8		8	
7		7		7	
6		6		6	
5		5		5	
4		4		4	
3		3		3	
2		2		2	
1		1		1	
0		0		0	
目前您处于梯子的位置		五年前您处于梯子的位置		五年后您处于梯子的位置	

（二）情感量表

下面我们讨论一些问题，我们想了解您最近的感受。在过去一段时间里您是否感到……

1. 对某件事特别感兴趣？　　　　　　　　　　　是　　　　否

2. 感到坐立不安？　　　　　　　　　　　　　　是　　　　否

3. 因为别人对你工作的赞扬而感到骄傲？　　　　是　　　　否

4. 十分孤独或远离他人？　　　　　　　　　　　是　　　　否

5. 由于完成了某项工作而感到愉快？　　　　　　是　　　　否

6. 心烦？　　　　　　　　　　　　　　　　　　是　　　　否

7. 仿佛处于世界的顶峰（有飘飘然的感觉）？　　是　　　　否

8. 忧郁或非常不幸福？　　　　　　　　　　　　是　　　　否

9. 事情在按你的意愿发展？　　　　　　　　　　是　　　　否

10. 由于某人的批评而感到不安？　　　　　　　是　　　　否

附录三：人格测量量表

下面有 88 个问题，请您依次回答这些问题。回答时不用写字，只在每题后面的"是"或"否"画一个勾。这些问题要求按您自己的实际情况回答，不要去猜测怎样才是正确的回答。

1. 你是否有许多不同的业余爱好？　　　　　　　　　　　是　　　否
2. 你是否在做任何事情以前都要停下来仔细思考？　　　是　　　否
3. 你的心情是否常有起伏？　　　　　　　　　　　　　　是　　　否
4. 你曾有过明知是别人的功劳而你去接受奖励的事吗？是　　　否
5. 你是否健谈？　　　　　　　　　　　　　　　　　　　是　　　否
6. 欠债会使你不安吗？　　　　　　　　　　　　　　　　是　　　否
7. 你曾无缘无故觉得"真是难受"吗？　　　　　　　　　是　　　否
8. 你曾经贪图过分外之物吗？　　　　　　　　　　　　　是　　　否
9. 你是否在晚上小心翼翼地关好门窗？　　　　　　　　　是　　　否
10. 你是否比较活跃？　　　　　　　　　　　　　　　　　是　　　否
11. 你在见到一小孩或一动物受折磨时是否会感到非常难过？
　　　　　　　　　　　　　　　　　　　　　　　　　　是　　　否
12. 你是否会为自己不该做的事和不该说的话而紧张？　是　　　否
13. 你喜欢跳降落伞吗？　　　　　　　　　　　　　　　　是　　　否
14. 通常你能在人多热闹的地方尽情地玩吗？　　　　　　是　　　否
15. 你容易激动吗？　　　　　　　　　　　　　　　　　　是　　　否
16. 你曾经把自己的过错推给别人吗？　　　　　　　　　　是　　　否
17. 你喜欢与陌生人打交道吗？　　　　　　　　　　　　　是　　　否
18. 你是否相信保险制度是一种好办法？　　　　　　　　　是　　　否
19. 你是一个容易伤感情的人吗？　　　　　　　　　　　　是　　　否
20. 你所有的习惯都是好的吗？　　　　　　　　　　　　　是　　　否
21. 在公共场所你总是不喜欢抛头露面吗？　　　　　　　　是　　　否
22. 你会服用有奇异或危险作用的药物吗？　　　　　　　　是　　　否
23. 你常有厌倦之感吗？　　　　　　　　　　　　　　　　是　　　否
24. 你曾拿过别人的东西吗？（哪怕是一针一线）　　　　　是　　　否
25. 你是否经常外出？　　　　　　　　　　　　　　　　　是　　　否

26. 你是否从伤害你喜爱的人中获得乐趣？　　　　　　　　　是　　　　否

27. 你常为有罪恶之感而苦恼吗？　　　　　　　　　　　　　是　　　　否

28. 你在谈论中有时不懂装懂吗？　　　　　　　　　　　　　是　　　　否

29. 你是否宁愿去看些书而不愿去多见人？　　　　　　　　　是　　　　否

30. 你有要伤害你的仇人心理吗？　　　　　　　　　　　　　是　　　　否

31. 你觉得自己是一个神经过敏的人吗？　　　　　　　　　　是　　　　否

32. 对人有所失礼的时候你是否经常表示歉意？　　　　　　　是　　　　否

33. 你有许多朋友吗？　　　　　　　　　　　　　　　　　　是　　　　否

34. 你是否爱讲有时的确能伤害人的笑话？　　　　　　　　　是　　　　否

35. 你是一个多忧多虑的人吗？　　　　　　　　　　　　　　是　　　　否

36. 你在童年时是否很听话，要你做什么你就做什么，毫无怨言？

　　　　　　　　　　　　　　　　　　　　　　　　　　　是　　　　否

37. 你认为你是一个乐天派吗？　　　　　　　　　　　　　　是　　　　否

38. 你很讲究礼貌和整洁吗？　　　　　　　　　　　　　　　是　　　　否

39. 你是否总在担心会发生可怕的事情？　　　　　　　　　　是　　　　否

40. 你曾损坏或遗失过别人的东西吗？　　　　　　　　　　　是　　　　否

41. 交新朋友时一般是你采取主动吗？　　　　　　　　　　　是　　　　否

42. 当别人向你诉苦时，你是否容易理解他们的苦衷？　　　　是　　　　否

43. 你认为自己很紧张，如同"拉紧的弦"一样吗？　　　　　是　　　　否

44. 在没有废纸篓时，你是否将废纸扔在地上？　　　　　　　是　　　　否

45. 当你与别人在一起时，你是否言语很少？　　　　　　　　是　　　　否

46. 你是否认为结婚制度过时了，应该废止？　　　　　　　　是　　　　否

47. 你是否有时感到自己可怜？　　　　　　　　　　　　　　是　　　　否

48. 你是否有时有点自夸？　　　　　　　　　　　　　　　　是　　　　否

49. 你是否很容易将一个沉寂的聚会搞得活跃起来？　　　　　是　　　　否

50. 你是否讨厌那种小心翼翼开车的人？　　　　　　　　　　是　　　　否

51. 你为你的健康担忧吗？　　　　　　　　　　　　　　　　是　　　　否

52. 你曾讲过什么人的坏话吗？　　　　　　　　　　　　　　是　　　　否

53. 你是否喜欢对朋友讲笑话和有趣的故事？　　　　　　　　是　　　　否

54. 你小的时候曾对父母粗暴无理吗？　　　　　　　　　　　是　　　　否

55. 你是否喜欢与人混在一起？　　　　　　　　　　　　　　是　　　　否

56. 你如果知道自己工作有错误，这会使你感到难过吗？是　　否

57. 你晚上失眠吗？　　　　　　　　　　　　　　是　　否

58. 你吃饭前必定洗手吗？　　　　　　　　　　　是　　否

59. 你常无缘无故感到无精打采和倦怠吗？　　　　是　　否

60. 和别人玩游戏时，你有过欺骗行为吗？　　　　是　　否

61. 你是否喜欢从事一些动作迅速的工作？　　　　是　　否

62. 你的母亲是一位善良的妇人吗？　　　　　　　是　　否

63. 你是否常常觉得人生非常无味？　　　　　　　是　　否

64. 你曾利用过某人为自己取得好处吗？　　　　　是　　否

65. 你是否常常参加许多活动，超过你的时间所允许？是　　否

66. 是否有几个人总在躲避你？　　　　　　　　　是　　否

67. 你是否为你的容貌而非常烦恼？　　　　　　　是　　否

68. 你是否认为人们为了未来有保障而办理储蓄和保险所花的时间太多？

　　　　　　　　　　　　　　　　　　　　　　是　　否

69. 你曾有过不如死了为好的愿望吗？　　　　　　是　　否

70. 如果有把握永远不会被人发现，你会逃税吗？　是　　否

71. 你能使一个聚会顺利进行吗？　　　　　　　　是　　否

72. 你能克制自己不对人无礼吗？　　　　　　　　是　　否

73. 遇到一次难堪的经历以后，你是否在一段长时间内还感到难受？

　　　　　　　　　　　　　　　　　　　　　　是　　否

74. 你患有"神经过敏"吗？　　　　　　　　　　是　　否

75. 你曾经故意说些什么来伤害别人的感情吗？　　是　　否

76. 你与别人的友谊是否容易破裂，虽然不是你的过错？是　　否

77. 你常感到孤单吗？　　　　　　　　　　　　　是　　否

78. 当别人故意找茬时，你是否容易在精神上受挫伤？是　　否

79. 你赴约会或上班曾迟到过吗？　　　　　　　　是　　否

80. 你喜欢忙忙碌碌和热热闹闹地过日子吗？　　　是　　否

81. 你愿意别人怕你吗？　　　　　　　　　　　　是　　否

82. 你是否有时觉得浑身是劲，而有时又是懒洋洋的吗？是　　否

83. 你有时把今天应做的事拖到明天去做吗？　　　是　　否

84. 别人认为你是生机勃勃的吗？　　　　　　　　是　　否

85. 别人是否对你说了许多谎话？　　　　　　是　　　否
86. 你是否对某些事情容易冒火？　　　　　　是　　　否
87. 当你犯了错误时，你是否愿意承认它？　　是　　　否
88. 你会为一动物落入圈套被捉拿而感到很难过吗？　是　　否

附录四：自我和谐量表

1. 指导语：以下列出了有些人可能会有的问题，请仔细地阅读每一条，然后根据您的实际感觉与情况，请在符合自己情况的项目标记栏中打"0"。

2. 自我和谐量表

序号	项目	完全不符合——完全符合				
		1	2	3	4	5
1	我周围的人往往觉得我对自己的看法有些矛盾	1	2	3	4	5
2	有时我会对自己在某方面的表现不满意	1	2	3	4	5
3	每当遇到困难,我总是首先分析造成困难的原因	1	2	3	4	5
4	我很难恰当表达我对别人的情感反应	1	2	3	4	5
5	我对很多事情都有自己的观点,但我并不要求别人也与我一样	1	2	3	4	5
6	我一旦形成对事物的看法,就不会再改变	1	2	3	4	5
7	我经常对自己的行为不满意	1	2	3	4	5
8	尽管有使得做一些不愿意的事,但我基本上是按自己意愿办事的	1	2	3	4	5
9	一件是好事好,不好是不好,没有什么可含糊的	1	2	3	4	5
10	如果我在某件事上不顺利,我就往往会怀疑自己的能力	1	2	3	4	5
11	我至少有几个知心朋友	1	2	3	4	5
12	我觉我所做很多事情都是不该做的	1	2	3	4	5
13	不论别人怎么说,我的观点绝不改变	1	2	3	4	5
14	别人常常会误解我对他们的好意	1	2	3	4	5
15	很多情况下我不得不对自己的能力表示怀疑	1	2	3	4	5
16	我朋友中有些是与我截然不同的人,这并不影响我们的关系	1	2	3	4	5
17	与朋友交往过多容易暴露自己的隐私	1	2	3	4	5
18	我很了解自己对周围人的情感	1	2	3	4	5
19	我觉得自己目前的处境与我的要求相距太远	1	2	3	4	5
20	我很少去想自己所作的事是否应该	1	2	3	4	5
21	我所遇到的很多问题都无法自己解决	1	2	3	4	5
22	我很清楚自己是什么样的人	1	2	3	4	5
23	我很能自如的表达我所要表达的意思	1	2	3	4	5
24	如果有足够的证据,我也可以改变自己的观点	1	2	3	4	5
25	我很少考虑自己是一个什么样的人	1	2	3	4	5
26	把心里话告诉别人不仅得不到帮助,还可能招致麻烦	1	2	3	4	5
27	在遇到问题时,我总觉得别人都离我很远	1	2	3	4	5

序号	项目	完全不符合——完全符合				
		1	2	3	4	5
28	我觉得很难发挥出自己应有的水平	1	2	3	4	5
29	我很担心自己的所作所为会引起别人的误解	1	2	3	4	5
30	如果我发现自己某些方面表现不佳,总希望尽快弥补	1	2	3	4	5
31	每个人都在忙自己的事,很难与他们沟通	1	2	3	4	5
32	我认为能力再强的人也可能遇上难题	1	2	3	4	5
33	我经常感到自己是孤独无援的	1	2	3	4	5
34	一旦遇到麻烦,无论怎样做都无济于事	1	2	3	4	5
35	我总能清楚了解自己的感受	1	2	3	4	5

后 记

　　2004 年，机缘巧合我有幸进入藏学研究的殿堂，在大师们的引领下被藏族灿烂的历史和文化深深吸引，开始了我对藏族文化心理特质的探索之路。其间我多次深入西藏地区做田野调查，希望完成对藏族社会由感性认识升华到客观理性认识的过程，希望自己能将心理学的背景知识运用到分析藏族社会组织结构及个体心理行为的研究方向上，为我国民族文化心理的本土化研究做些许贡献。2013 年有幸通过"西藏历史与现状综合研究项目"的立项，使我的期望和努力有了进一步实施的可能和机会，我倍加珍惜！我希望尽最大努力科学客观地从实证的角度呈现研究成果——《论藏族社会的和谐稳定——以藏族和谐心理特质的研究为例》。然而，起心动念与现实结果未必一致，我努力想呈现的成果却受到自己能力、表达、学术功底和客观现实的种种限制而不尽如人意，但无论结果如何我都希望得到同行的斧正和赐教，以使自己在学术道路上有一个良好和扎实的开端，我愿意在民族文化心理研究方面继续努力！

　　在课题即将完成之际，我的内心充满了感慨！想到课题尚存许多不足，心存遗憾！回想在研究过程中给予我那么多关心和帮助的人们，感激之情油然而生！

　　从 2005 年至今，我曾多次深入西藏地区进行田野调查，其间我得到了当地政府的大力支持和帮助，他们为我的研究工作提供了诸多方便。同时我在西藏的朋友俞诚生、段佶昌等在生活上给予我诸多关照。特别是我在西藏工作的师兄美郎宗贞、杨永红、鲍栋、曹彪林等全力协助我的调查工作，使我深受感动，在此对他们表达最真诚的谢意！

　　感谢学术大师们的著作给予我思想的引领和研究的动力！

感谢我的学生吴娟、唐垚垚、李翠萍、吴雷、樊玉骋、常丹等对研究工作给予的大力支持！

最后我要特别感谢挚爱我的家人，他们对我的支持和理解，是我在面对诸多困难时仍能坚持下来并顺利完成研究任务的动力之源！

2017 年 6 月于成都

图书在版编目（CIP）数据

论藏族社会的和谐稳定：以藏族和谐心理特质的研
究为例／王庆著 . -- 北京：社会科学文献出版社，
2017.8
（西藏历史与现状综合研究项目）
ISBN 978 - 7 - 5097 - 7838 - 8

Ⅰ.①论…　Ⅱ.①王…　Ⅲ.①藏族 - 民族地区 - 社会
稳定 - 研究 - 西藏　Ⅳ.①D677.5

中国版本图书馆 CIP 数据核字（2017）第 182302 号

·西藏历史与现状综合研究项目·
论藏族社会的和谐稳定
———以藏族和谐心理特质的研究为例

著　　者／王　庆

出 版 人／谢寿光
项目统筹／宋月华　周志静
责任编辑／袁卫华　孙美子

出　　版／社会科学文献出版社·人文分社（010）59367215
　　　　　地址：北京市北三环中路甲 29 号院华龙大厦　邮编：100029
　　　　　网址：ｗｗｗ.ｓｓａｐ.ｃｏｍ.ｃｎ
发　　行／市场营销中心（010）59367081　59367018
印　　装／三河市尚艺印装有限公司

规　　格／开本：787mm × 1092mm　1/16
　　　　　印张：16　字数：262 千字
版　　次／2017 年 8 月第 1 版　2017 年 8 月第 1 次印刷
书　　号／ISBN 978 - 7 - 5097 - 7838 - 8
定　　价／99.00 元

本书如有印装质量问题，请与读者服务中心（010 - 59367028）联系

▲ 版权所有 翻印必究